Strategisch wirksam handeln

Bernhard Schmidt

Strategisch wirksam handeln

Warum wir eine neue Strategie zur Lösung unserer gesellschaftlichen, politischen und wirtschaftlichen Herausforderungen brauchen

Bernhard Schmidt
Neubiberg, Deutschland

ISBN 978-3-658-41903-5   ISBN 978-3-658-41904-2 (eBook)
https://doi.org/10.1007/978-3-658-41904-2

Die Deutsche Nationalbibliothek verzeichnet diese Publikation in der DeutschenNationalbibliografie; detaillierte bibliografische Daten sind im Internet über http://dnb.d-nb.de abrufbar.

© Der/die Herausgeber bzw. der/die Autor(en), exklusiv lizenziert an Springer Fachmedien Wiesbaden GmbH, ein Teil von Springer Nature 2023

Das Werk einschließlich aller seiner Teile ist urheberrechtlich geschützt. Jede Verwertung, die nicht ausdrücklich vom Urheberrechtsgesetz zugelassen ist, bedarf der vorherigen Zustimmung des Verlags. Das gilt insbesondere für Vervielfältigungen, Bearbeitungen, Übersetzungen, Mikroverfilmungen und die Einspeicherung und Verarbeitung in elektronischen Systemen.
Die Wiedergabe von allgemein beschreibenden Bezeichnungen, Marken, Unternehmensnamen etc. in diesem Werk bedeutet nicht, dass diese frei durch jedermann benutzt werden dürfen. Die Berechtigung zur Benutzung unterliegt, auch ohne gesonderten Hinweis hierzu, den Regeln des Markenrechts. Die Rechte des jeweiligen Zeicheninhabers sind zu beachten.
Der Verlag, die Autoren und die Herausgeber gehen davon aus, dass die Angaben und Informationen in diesem Werk zum Zeitpunkt der Veröffentlichung vollständig und korrekt sind. Weder der Verlag noch die Autoren oder die Herausgeber übernehmen, ausdrücklich oder implizit, Gewähr für den Inhalt des Werkes, etwaige Fehler oder Äußerungen. Der Verlag bleibt im Hinblick auf geografische Zuordnungen und Gebietsbezeichnungen in veröffentlichten Karten und Institutionsadressen neutral.

Planung/Lektorat: Isabella Hanser
Springer Gabler ist ein Imprint der eingetragenen Gesellschaft Springer Fachmedien Wiesbaden GmbH und ist ein Teil von Springer Nature.
Die Anschrift der Gesellschaft ist: Abraham-Lincoln-Str. 46, 65189 Wiesbaden, Germany

Das Papier dieses Produkts ist recyclebar.

Vorwort

Strategie ist immer noch ein Mysterium. Die Vielzahl ihrer Definitionen und Interpretationen, auf die ich in Kap. 2 eingehe, erschweren das Verständnis von, die Arbeit mit und den fachlichen Austausch über Strategie. Mein Ziel ist es, ein besseres Verständnis der heute praktizierten Strategie zu vermitteln, einschließlich ihrer Evolution, Paradigmen, Methoden, Grenzen und Irrtümer. Sie werden verstehen, was die Abhängigkeit von russischem Gas mit Strategieversagen zu tun hat, warum die Politik in der Pandemie einen Schlingerkurs fahren musste, wieso wir beim Klimaschutz bisher so wenig erreicht haben und weshalb wir bei Armut, Rassismus und vielen anderen politischen, ökologischen, ökonomischen, sozialen und gesellschaftlichen Problemen nicht recht vorankommen.

Nach meiner Überzeugung liegt das nicht am Fehlen guter Absichten. So haben sich nie zuvor in der Geschichte mehr Menschen für das Klima eingesetzt, und können doch den Anstieg der Welttemperatur offensichtlich nur schwer aufhalten.

Die aus meiner Sicht wesentlichen Ursachen liegen in den militärischen Paradigmen, die der heutigen Strategie zugrunde liegen. Kern meiner Kritik an der gängigen Strategie ist seine auf Kampf und Überlegenheit mittels Stärkung vorhandener Stärken geprägte Grundstruktur. Daher schlage ich ein neues Strategieprinzip vor, das auf der These basiert: *Vordringliche Strategieaufgabe ist es, das Veränderbare zu identifizieren und zu verändern.*

Dafür analysiere ich die seit Jahrzehnten weitgehend unverändert gebliebenen Strategieprinzipien und -Methoden und bewerte sie hinsichtlich ihrer Eignung für die Strategieaufgaben der Zukunft. Eine Übersicht über ihre Genese und die Ideen der wesentlichen strategischen Vordenker erklärt unser heutiges Strategieverständnis und versetzt Sie in die Lage, seinen Sinn und seine Strukturen besser zu verstehen.

Im Laufe meiner langjährigen Strategiepraxis habe ich mich mehr und mehr gefragt, warum ihre Sinnhaftigkeit kaum mehr hinterfragt werden. Nach und nach reifte bei mir die Überzeugung, dass Strategieverantwortliche, Politiker und alle, die Entscheidungen in komplexen Situationen fällen müssen, etwas Neues brauchen, um mit den Herausforderungen der Zukunft besser fertig zu werden. Das erklärt meine Motivation für dieses Buch. Angespornt wurde ich auch durch die teils beliebige und gedankenlose Verwendung des Begriffs »Strategie« in Talkshows, Interviews und Statements von Politikern und Experten zur Pandemie, dem Ukraine-Krieg, der Klimaveränderung und vielen anderen Problemen unserer Zeit.

Ich habe jedoch nicht den Anspruch, alles Alte über Bord zu werfen. Viele Elemente der bisherigen Strategie, insbesondere die Analysemethoden, sind weiterhin sinnvoll und nützlich; allerdings strukturiere ich sie neu im

Hinblick auf mein neues Strategieprinzip, das sich mit der Veränderung des Veränderbaren beschreiben lässt. Den Praxistest überlasse ich Ihnen, liebe Leserinnen und Leser. Wenn sich die neue Methode im Prinzip bewähren sollte, dann kann daraus vielleicht eine neue Strategie entstehen. Mein Mindestanspruch an mich ist jedoch bescheidener, nämlich Sie in die Lage zu versetzen, Strategien anderer profunder zu hinterfragen und selbst wirksamere Strategien zu entwickeln. Mit »Sie« meine ich nicht nur professionelle Strategieverantwortliche[1], sondern auch

- Unternehmer sowie Manager mit unternehmerischer Verantwortung, die nachhaltige Ziele verfolgen,
- Mitarbeiter*innen in strategischen Funktionen in Stab oder Linie, die die Entscheidungen ihres Managements verstehen wollen,
- Politiker*innen, die über eine Legislaturperiode hinausdenken,
- Berater*innen, die Strategien von Unternehmen und Klienten bewerten und entwerfen müssen,
- Verantwortliche in NGOs und Bürgerinitiativen sowie deren Mitstreiter*innen, damit sie ihre Ziele realistisch einschätzen können,
- Manager*innen von Forschungsorganisationen.
- Journalisten*innen, die strategische Entscheidungen verstehen wollen,
- BWL-Studenten*innen, die bisher noch die alte Strategie lernen und
- jeden, der wichtige Entscheidungen in seinem Leben treffen muss.

---

[1] Der Begriff ersetzt aus praktischen Erwägungen die gängigen Formulierungen Strategen, Strateginnen oder Strateg*innen. Es ist ein Überbegriff für Personen, die mit Strategieerarbeitung im spezifischen und weiteren Sinn befasst sind; u.a. meine ich damit auch Manager*innen, die in ihrer Funktion auch Strategieverantwortung haben.

Jede und jeder der in der Liste oben Genannten wird mit Strategien in unterschiedlicher Form und Funktion zu tun haben. Im Laufe des Buches analysiere ich Strategien oft anhand unternehmerischer Beispiele, mit denen also professionelle Strategieverantwortliche und Manager*innen befasst werden. Die Vorschläge, Analysen und Erkenntnisse können natürlich auch von anderen Gruppen genutzt werden, um Strategien zu bewerten oder gar für private Zwecke zu entwickeln. Wenn, was ich hoffe, Sie ein tieferes Verständnis über das Wesen und die Strukturen von Strategie durch dieses Buch erlangen, dann können Sie selbst Strategien entwickeln, ohne dazu umfangreiche Prozesse zu durchlaufen oder komplizierte und aufwendige Analysen durchzuführen. Wichtig ist mir, dass Sie in die Lage versetzt werden, Strategien zu erarbeiten, die wirksam sind. Das führt zu der Frage, warum Strategien überhaupt scheitern.

Bernhard Schmidt

Inhaltsverzeichnis

1 Auch beste Absichten können scheitern — 1

2 Die Bedeutung des Wortes Strategie — 15

3 Die Notwendigkeit von Strategien — 27

4 Das Wesen der Strategie — 39

5 Ursprung und Genese strategischer Konzepte — 49

6 Strategieschulen und ihre Prinzipien — 65

7 Kampf ist keine Strategie — 93

8 Churchill – ein Strategiegenie — 101

9 Die Schwäche der Stärkung von Stärken — 109

10	Kurzer Prozess mit dem Prozess	127
11	Kritik und Neuausrichtung	135
12	Wissen können und Nichtwissen beherrschen	143
13	Ziele und Visionen	155
14	Rationalität und Irrationalität	169
15	Komplexität und Ambiguität	183
16	Strategisch wirksam handeln	193
17	Ein kurzer neuer Prozess	203
18	Beispiele für wirksames strategisches Handeln	223
	18.1 Strategisches Krisenmanagement	224
	18.2 Eine Strategie für das Klima	235
	18.3 Bürgerinitiativen wirksam managen	249
19	Nun liegt es an Ihnen	259
Literatur		261

Zusammenfassung

Strategie ist immer noch ein Mysterium. Die Vielzahl an Definitionen und grundlegenden Thesen erschwert die Strategiearbeit, aber auch den strategischen Dialog. Mein Ziel ist es, ein tieferes Verständnis der heute praktizierten Strategie zu vermitteln, ihrer Evolution, Paradigmen, Methoden, Grenzen und Irrtümern. Sie werden lernen, was die Abhängigkeit von russischem Gas mit Strategieversagen zu tun hat, warum die Politik in der Pandemie einen Schlingerkurs gefahren ist, wieso wir beim Klimaschutz bisher so wenig erreicht haben und weshalb wir mit Armut, Rassismus und vielen andern politischen, ökologischen, ökonomischen, sozialen und gesellschaftlichen Problemen nicht recht vorankommen.

1

Auch beste Absichten können scheitern

Zusammenfassung Wir brauchen wirksame Lösungen für viele gesellschaftspolitische, ökologische und ökonomische Herausforderungen wie Pandemien, dem Umgang mit politischen Aggressoren und insbesondere der Klimakrise. Dabei fehlt es selten an guten Absichten oder gutem Willen, sondern an effektiven Maßnahmen, um die oft langfristigen und komplexen Probleme zu lösen. Kurz: Es fehlt oft an wirksamen Strategien. Die Ursachen dafür liegen in den militärischen Wurzeln der heutigen Strategie und ihrer mangelnden Eignung für die Komplexität und Dynamik moderner Problemstellungen. Insbesondere die als Strategieinstrument oft benutzte SWOT-Matrix führt zu falschen Strategien.

Wirksame Strategien gesucht

Napoleon Bonaparte gilt nicht nur in Frankreich immer noch als genialer Stratege, obwohl er in Moskau, Leipzig und Waterloo dramatisch gescheitert ist; letztlich auch an seinem Leben, das er im Exil auf der Insel St. Helena beenden musste.

Er ist kein geschichtlicher Einzelfall, denn das Scheitern bester Absichten haben wir erst am 24. Februar 2022 auf dramatische Weise erleben müssen; es war der Tag, an dem sich die Strategie des Wandels durch Handel und der Nachsicht gegenüber Russland als Illusion herausgestellt hat. Der Verursacher des Krieges lässt sich eindeutig identifizieren; an der dadurch ausgelösten dramatischen Energiekrise sind wir durch unsere selbstgewählte Abhängigkeit von russischem Öl und Gas allerdings auch mitschuldig. Sich vom Wort eines Präsidenten abhängig zu machen, bei dem man trotz Georgien, Syrien, der Krim und dem Donbass bis zum bitteren Ende an das Vernünftige im Menschen geglaubt hat, ist ein Beispiel an Strategieversagen von seltenem Ausmaß. Strategieversagen deshalb, weil der Bezug russischen Gases als strategische Brücke zur regenerativen Energieversorgung Deutschlands gedacht war, und damit genau diesen Energiewandel verhindert hat.

Aber auch in der Pandemie hätte ich mir mehr Strategiekompetenz gewünscht. Nie wurde im deutschen Fernsehen so viel das Wort »Strategie« verwendet wie in den ersten zwei Pandemiejahren. Im dritten Jahr muss sich die deutsche Politik trotzdem fragen lassen, warum sie zwischen Panikmache und Beschwichtigung immer noch keinen klaren Kurs für den folgenden Herbst und Winter findet. Gesundheitsminister Lauterbach warnte im Sommer 2022 eindringlich vor einem dramatischen Corona-Winter; parallel dazu wurden Beschränkungen zurückgefahren. Und warum hat die »Null-Covid-Strategie« in China versagt, deren Ziel es doch war, das

Virus vollständig und nachhaltig zu eliminieren? Die Erklärung dafür scheint mir einfach. Das Virus ist kein bekämpfbarer Gegner, den man durch zentralistische Unterdrückung eliminieren kann; und eine Pandemie ist wesentlich komplexer, als es sich die chinesischen Führer in ihrem monokausalen Denkvermögen je werden vorstellen können. China hat den Fehler gemacht, eine komplexe Herausforderung mit Kampf besiegen zu wollen. Das kann nicht gutgehen, wie ich in Kap. 7 ausführlicher darstelle.

Auch bei anderen Problemen stellen sich Fragen. Wieso können wir die globale Klimaerwärmung nicht unter Kontrolle bringen, obwohl seit Jahrzehnten in zahllosen Konferenzen darüber berichtet, gestritten, beschlossen und praktisch jeder Bericht in den Medien über die Natur mit einem Klima-Warnhinweis versehen wird?

Dann gibt es da noch die vielen anderen, fast vergessenen Konflikte. Sind die Afghanen nicht trotz jahrzehntelanger westlicher Aufbauarbeit praktisch über Nacht zwanzig Jahre in ihrer politisch-gesellschaftlichen Entwicklung zurückgefallen? Warum ist es sehr wahrscheinlich, dass auch nachfolgende Generationen noch den Konflikt zwischen Israel und Palästina erleben werden? Und wieso sind viele Staaten in Afrika immer noch arm und hilfsbedürftig, obwohl Spenden und Entwicklungshilfe dorthin fließen, solange ich denken kann?

Die Liste ließe sich beliebig verlängern. Bei den meisten Problemen fehlt es weder an umfassender Ursachenforschung, Geld, Warnern noch gutem Willen, sondern schlicht und einfach an wirksamen langfristigen Problemlösungskonzepten: also an Strategien. So sieht das auch Richard Rumelt (2011) [1], der aus seiner Praxis als Unternehmensberater Beispiele für gute, aber auch schlechte Strategien liefert. Wer sich gerne durch ausführliche Erfahrungsberichte inspirieren lassen möchte, dem kann ich das Buch empfehlen.

Strategien bestehen aus strategischem Denken und Handeln, deren Wirksamkeit auf der Annahme gründet, dass wir nicht hilflos unserem Schicksal ausgeliefert sind, sondern die meisten Probleme irgendwie lösen können, wenn wir es nur richtig anfangen. Insbesondere bei solchen, die wir Menschen selbst verursachen, sollten wir auch in der Lage sein, Lösungen zu finden. Allerdings hängen diese oft nicht nur vom Willen und Vermögen einzelner Menschen, Organisationen, Gruppen oder Nationen ab, sondern müssen die Interessen Vieler unter einen Hut bringen. Lösungen unter Einbeziehung vieler, oft widersprechender Interessen zu finden ist eine Kernaufgabe von Strategie. Aktivist*innen neigen offenbar gerne zur Annahme, die eigene Motivation, sich für die richtige Sache einzusetzen, müsse allein schon ausreichen, andere zu überzeugen. Aber selbst, wenn das Ziel geteilt wird, so muss man sich beim Weg nicht notwendigerweise einig sein. Wer Ziele verfolgt, die nicht ausschließlich den engen Radius des Individuums oder der Gruppe betreffen, der tangiert auch bei besten Absichten Interessen anderer Individuen oder Gruppen. Bürgerinitiativen bekommen das regelmäßig zu spüren (Abschn. 18.3). Gerade dann, wenn die Ziele als alternativlos gesehen werden, neigen manche Gruppen dann schon mal zu nachdrücklicheren Maßnahmen. Meist ist das ein Zeichen, dass etwas Wichtiges fehlt: nämlich eine wirksame Strategie, um Ziele im Widerstreit unterschiedlicher Interessen zu erreichen.

Die Kunst, Ziele zu erreichen ist nicht nur die geheime Passion von Strategieverantwortlichen in Politik, Unternehmen oder Generalstäben. Das Image als Geheimsache wird der Strategie nicht gerecht, daher wird es Zeit, offen über sie zu reden, und sie als Problemlösungs-Methode zu verstehen, die wir alle nutzen können, und es auch sollten. Unter unwirksamen Strategien können wir alle leiden, daher sollten wir auch in der Lage sein, sie kritisch zu hinterfragen und auch selbst zu gestalten. Vor allem dann, wenn sie uns persönlich betreffen. Was aber sind gute, wirksame Strategien? Was ist Strategie überhaupt?

> Der aus meiner Sicht zunehmende Mangel an wirksamen Konzepten zur Lösung drängender Probleme unserer Zeit hat mich motiviert, ein Buch ÜBER Strategie zu schreiben, welches die derzeitigen Strategiekonzepte und die ihnen zugrunde liegenden Paradigmen und Annahmen kritisch hinterfragt und dann einen neuen Strategieansatz vorschlägt.

Dafür werde ich zunächst den Kern der heutigen Strategie hinterfragen. In Anlehnung an Immanuel Kant könnte man dies so formulieren: »Kritik der reinen Kampfstrategie«, denn Kampf ist die Basis unserer Versuche, die Welt vor dem Klimawandel zu retten. Das klingt absurd und ist es auch; aber genau dazu leiten uns die gängigen Strategiemethoden an.

Eine wesentliche Ursache: die SWOT
Ich muss jetzt mit der Tür ins Haus fallen, weil ich an dieser Stelle schon auf ein Kernelement meiner Kritik an der heutigen Strategie kommen muss, die ich erst zu einem späteren Zeitpunkt in Kap. 9 ausführlicher beschreibe: die sogenannte SWOT-Analyse oder kurz SWOT. Wer schon mit Strategie zu tun hatte, sollte sie kennen. Für die anderen eine kurze Einführung an dieser Stelle.

Das Rückgrat der aktuellen Strategie ist die SWOT (Strength-Weaknesses-Opportunities-Threats, also Stärken-Schwächen-Chancen-Risiken). Sie wurde maßgeblich von Kenneth R. Andrews (1916–2005) in den frühen 1970er Jahren entwickelt.

Viele kennen sie, aber mit der richtigen Anwendung hapert es nach meiner Beobachtung häufig. Aber auch bei formal korrekter Nutzung ist die SWOT ein strategisches Labyrinth mit Irrwegen, Sackgassen und Abgründen. Wer da mit Glück herausfindet, läuft nicht selten anschließend in die falsche Richtung. Das ist nur dann nicht tragisch, wenn es sich um das Heckenlabyrinth in einem Lustgarten handelt; aber das Instrument der SWOT wird ja für wirtschaftliche, politische und militärische Entscheidungen hergenommen.

Für die detaillierte Begründung meiner folgenden Thesen bitte ich Sie, sich zu noch etwas zu gedulden, da ich den Ursprung und Genese der SWOT in den folgenden Kapiteln erst herleite, in denen ich aber schon auf die SWOT Bezug nehme.

Nun aber zu meiner wichtigsten Kernthese.

> Das größte Manko der SWOT: Für die essenziellen Herausforderungen unserer Zeit wie den Klimawandel liefert sie keine Problemlösungen.

Sie lässt sich ursprünglich von Konzepten für den frontalen Krieg früherer Heere auf freiem Feld ableiten, wo Siege oft nur durch die zahlenmäßige Überlegenheit an Mannschaften und Feuerkraft errungen werden konnten. Strategie war mehr oder weniger das Streben von Streitmächten nach physischer Überlegenheit in der direkten Konfrontation. Die überwiegende Methode, diese Überlegenheit zu erreichen, war, die eigenen Stärken (Soldaten, Feuerkraft, Schiffe, Flugzeuge, Panzer usw.) kontinuierlich zu stärken.

1 Auch beste Absichten können scheitern

Spätestens der 1. Weltkrieg hat die Sinnlosigkeit dieses Überlegenheitsstrebens auf fatale Weise deutlich gemacht. Das Befüllen sich immer schneller leerender Schützengräben mit neuen »Ressourcen« hat keiner Seite einen strategischen Vorteil verschafft. Im 2. Weltkrieg verlagerte sich der Kampf vom Schützengraben zunehmend in die Luft, in die Etappe, in die heimische Industrie und nicht zuletzt ging es um die – heute würde man sagen – Resilienz der Bevölkerungen. Die Multidimensionalität moderner Kriegsführung lässt sich mit einfachem Überlegenheitsstreben nicht mehr beantworten. Sonst hätte Russland die Ukraine, wie von manchen Militärexperten vermutet, innerhalb kürzester Zeit überrennen können. Das Überlegenheitsparadigma ist bisher nicht aufgegangen. Trotz der Erfahrungen aus den Weltkriegen wurde das einfache Prinzip der Überlegenheit auf wirtschaftliche Konkurrenzsituationen übertragen und damit die Basis für Strategiekonzepte gelegt, die wir heute noch, weitgehend unreflektiert, anwenden.

> Die der SWOT zugrunde liegenden militärischen Paradigmen führten zur Annahme, dass Überlegenheit auch im Wettbewerb zur Erlangung wirtschaftlicher Erfolge eingesetzt werden sollte.

Eine Folge dieses Paradigmas sind die Versuche, Monopole im Markt zu bilden, um jeden Widerstand potenzieller Wettbewerber durch schiere Marktmacht unterdrücken, oder auch den Staat erpressbar machen zu können (Stichwort: »too big to fail«). Kartellbehörden bemühen sich mehr oder weniger erfolgreich, diese Monopole im Sinne des Wettbewerbsgedankens und zum Nutzen der Kunden aufzulösen. Andererseits begeben wir uns auch gerne freiwillig in die Abhängigkeit von Monopolisten, sofern es finanzielle oder pragmatische Vorteile bietet. Amazon ist einfach ein sehr bequemes Einkaufsinstrument, und russisches Gas war uns recht, weil billig. Das billige Gas müssen wir nun teuer bezahlen; das war strategisch alles vorhersehbar.

Überlegenheitspositionen sind aber naturgemäß auf Bewahrung ihrer selbst ausgerichtet. »Never change a winning team!« Nur so lässt sich erklären, warum die deutsche Automobilindustrie viel zu lange an Verbrennungsmotoren festgehalten hat. Aus Sicht der Unternehmen kann das für lange Zeit eine vernünftige, profitable Strategie sein. Warum freiwillig auf Elektromobilität umschwenken, die wegen systembedingter geringerer Wertschöpfung entsprechend geringere Profite liefert? Was betriebswirtschaftlich Sinn macht, kann volkswirtschaftlich schädlich sein, weil es die notwendige Transformation zu emissionsfreier Mobilität verzögert.

Natürlich handeln Marktteilnehmer, auch in anderen Branchen, betriebswirtschaftlich rational und vernünftig, wenn sie versuchen, über starke Marktpositionen Umsätze und Gewinne zu steigern. Und warum sollten sie bei positiven Jahresergebnissen daran etwas ändern? Solange das Umfeld stabil ist, funktioniert die Stärkung eigener, profitabler Positionen in professionell geführten Unternehmen normalerweise auch recht gut. Aber mit der Stabilität ist das so eine Sache.

> Stabilität ist langfristig kein stabiler Zustand, auch wenn die Langsamkeit von Veränderungen oft diesen Eindruck erweckt.

Covid-19, der Ukraine-Krieg oder einige der vergangenen Wirtschafts- und Finanzkrisen haben zu teils disruptiven Veränderungen geführt, von denen Menschen und Unternehmen erheblich betroffen waren. Musste die Politik im Jahre 2008 nicht Banken vor dem Untergang retten, oder

2020 die Lufthansa? Stärke ist keine Überlebensgarantie, was schon die Dinosaurier leidvoll erfahren mussten. Für Krisen braucht man Resilienz, die weit weniger mit starrem Aushalten als mit Veränderungsbereitschaft zu tun hat. Wer sich aber, wie es die SWOT suggeriert, in stabilen Positionen mit immer dickeren Mauern abzusichern versucht, der ist für Veränderungen und Krisen schlecht gerüstet. Er wird einfach zu unflexibel. Manchmal muss man seine Burg verlassen, wenn starre Mauern keinen Schutz mehr bieten.

Komplexität, Dynamik und Unsicherheit
Es ist schwer, Probleme zu finden, die -um bei der Metapher zu bleiben- mit stärkeren Mauern gelöst werden könnten. Stattdessen erleben wir doch eher Bedrohungslagen, die sich mit Komplexität, Dynamik und Unsicherheit viel prägnanter beschreiben lassen. Die Pandemie hatte von allem etwas zu bieten und die verantwortlichen Experten und Politiker damit an die Grenzen ihrer Kompetenzen gezwungen, manchmal auch darüber hinaus. Experten sprechen bei der Pandemie wie auch dem Klimawandel, um nur zwei Beispiele zu nennen, von Systemen, deren Verhalten sich nur schwer präzise vorhersagen und noch schwerer beeinflussen lässt. Strategieverantwortliche haben es aber fast immer mit solchen Systemen zu tun, daher beschäftige ich mich ausführlicher mit Unsicherheit im Kap. 12 und mit Komplexität und Dynamik im Kap. 15. Hier aber zunächst einfache Definitionen.

Komplexität bedeutet, dass Zusammenhänge innerhalb von Systemen oder Prozessen nur teilweise erkenn- und bestimmbar sind. Ein Uhrwerk, so kompliziert es auch gefertigt werden kann, bleibt berechenbar und deterministisch; das Klima ist es nicht. Eingriffe in komplexe Systeme führen daher gelegentlich zu keinen, unerwarteten oder gar unerwünschten Reaktionen.

Dynamik bedeutet, dass sich Zustände mit variabler Geschwindigkeit verändern, im Grenzfall exponentiell. Eine mit Lichtgeschwindigkeit fliegende Rakete wäre zwar recht schnell, aber deshalb noch lange nicht dynamisch unterwegs. Gerade exponentielle Steigerungsraten werden anfangs oft unterschätzt und sind später nur mit erheblichem Aufwand begrenzbar; die Corona-Wellen haben dies eindrücklich demonstriert.

> **Beispiel**
>
> Es gibt dazu auch ein interessantes Gedankenspiel. Seerosen auf einem Teich verdoppeln sich pro Tag; am ersten gibt es eine, dann zwei, dann vier und so weiter. Am Tag zehn bedecken die Seerosen genau die Hälfte des Teichs: an welchem Tag ist der gesamte Teil bedeckt? Mancher würde nun auf den Tag zwanzig tippen, aber es ist der Tag elf.

Komplexität und Dynamik erschweren damit jede Planung, denn solche Systeme sind nicht mehr exakt vorherseh- und berechenbar. Eine langfristige Strategieplanung über teilweise zehn Jahre, wie sie in vielen Unternehmen noch existiert, ist daher oft sinnlos. In der Pandemie, so schien es, war jede Planung bereits nach wenigen Tagen obsolet. Pläne habe immer etwas Statisches; sie eignen sich daher nicht für dynamische Prozesse.

Unsicherheit bedeutet, dass wir uns zunehmend damit abfinden müssen, dass wir für Entscheidungen über keine ausreichende Informationsbasis verfügen, also schon dann entscheiden müssen, wenn wir es eigentlich noch nicht können. Wer weiß, der wählt, wer nicht weiß, der entscheidet. Wählen bedeutet, aus bekannten Alternativen eine zu nehmen, entscheiden hingegen, schon dann zu handeln, wenn die Alternativen noch nicht klar auf dem Tisch liegen. In der Pandemie standen wir vor der Frage, ob wir uns impfen lassen sollen, ohne die Langzeitwirkungen genau zu kennen. Wir konnten daher nicht wählen, sondern mussten uns zwischen zwei weitgehend unbekannten Risiken entscheiden: Erkrankung an Covid-19 vs. Impfschaden. Ärzte konnten im Laufe der Pandemie zwar die Wahrscheinlichkeit, das eine oder andere zu erleiden, statistisch recht gut abschätzen, uns aber für unser persönliches Schicksal keine Garantien geben.

Praktisch jede Maßnahme der Politik basierte auf mehr oder weniger gesicherten Annahmen, Einschätzungen und Abwägungen, aber selten auf einer soliden Datengrundlage. Man kann sich – das muss ich zur Ehrenrettung von Politikern in dieser schweren Zeit sagen – unter solchen Umständen auch falsch entscheiden, ohne gleich schuldig zu sein.

Bei jeder Entscheidung gibt es drei weitere Optionen, die nicht immer mitbedacht werden: das Nicht-, das Zufrüh- und das Zuspätentscheiden. Die Frage des richtigen Zeitpunkts ist eine typisch strategische Frage. In der Pandemie haben wir es erlebt: Jeder Lockdown war für die einen zu früh, für die andern zu spät, und für wieder andere überhaupt keine Option. Beim Klimawandel ebenso wie beim Immobilienkauf sind wir nach Meinung der jeweiligen Experten sowieso immer zu spät dran.

Stark zu sein reicht nicht
Im vorliegenden Kapitel habe ich versucht, die Gründe für die Schwierigkeiten zu beleuchten, warum strategische

Entscheidungen oftmals schwierig sind. Wir brauchen die richtigen Instrumente und einen neuen Denkansatz für die Lösung unserer aktuellen Weltprobleme, sonst scheitern unsere Strategien wieder und wieder.

> Mein neuer Strategieansatz: Veränderbares zu verändern ist wirksamer als Stärken zu stärken.

Strategien müssen über konkrete Handlungen zu den beabsichtigten Ergebnissen führen. In dieser Aussage stecken zwei wichtige Voraussetzungen: Erstens müssen die Handlungen tatsächlich etwas im Sinne des Ziels bewirken, und zweitens müssen Handelnde auch selbst handeln oder Handlungen bewirken können. Oder anders gesagt: sie müssen ihre Handlungen auf die Veränderung des Veränderbaren konzentrieren.

Leider beißen wir uns gerne mal am Unveränderbaren fest und wundern uns dann, warum wir unsere Ziele nicht erreichen. Kann ein Tellerwäscher aus eigener Kraft Millionär werden? Dieses fast schon religiöse Versprechen des sogenannten »American Dream« ist eine Illusion, die manchen US-Bürger in permanenter, aber trügerischer Hoffnung auf Unerreichbares hält. Unwahrscheinlich, dass ein Tellerwäscher aus dem Stand Börsenmakler werden und damit Millionen scheffeln kann. Seine Chancen sind eher gering, wenn er nicht wesentlich mehr als über die Kompetenz zum Tellerwaschen verfügt. Und wenn doch, warum sollte er dann mit Tellerwaschen seinen Lebensunterhalt verdienen?

Das Schicksal amerikanischer Tellerwäscher könnte uns egal sein, nicht aber die vielen anderen Probleme, mit denen die Welt konfrontiert ist und für die wir wirksame Lösungen suchen. »Wollen impliziert Können« ist eine ethische Binsenweisheit, die für Individuen, Unternehmen und Staaten gleichermaßen gilt. Und Können bedeutet, mächtig oder ermächtigt zu sein, etwas zu bewegen. Macht kommt von machen, und ohne Macht keine Veränderung. Sie hat zwar diverse negative Konnotationen, die sie suspekt machen: Willkür, Gewalt, Dominanz oder Unterdrückung. Wenn aber, wie durch Russland im Krieg gegen die Ukraine, Willkür, Gewalt und Dominanz gegen andere ausgeübt wird, wie kann man da guten Gewissens auf diese Macht mit Ohnmacht reagieren?

Eine Gruppe von deutschen Intellektuellen war im Frühjahr 2022 der Meinung, freiwillige Selbstbeschränkung und der Verzicht auf militärische Gewalt sei die richtige Antwort auf militärische Gewalt. Eine Schwäche gegen gegnerische Stärken einzusetzen, ist sinnlos. Manche könnten jetzt Gandhi ins Feld führen mit seinem »gewaltlosen Widerstand«. Der war allerdings bereit, sich für seine Gewaltlosigkeit zu opfern; das können wir von den Menschen in der Ukraine selbstverständlich nicht erwarten. Gandhi hat jedenfalls die politische Lage Indiens weitgehend in seinem beabsichtigten Sinne verändert.

Veränderungen, genau darum geht es mir bei Strategie. Und dabei meine ich ausdrücklich nicht, Veränderungen durch Kampf gegen andere, sondern durch Aufbau und Anpassung eigener Kompetenzen. Gegen nachlassende Umsätze, erstarkende Wettbewerber, gefährliche Viren, den Klimawandel, Rassismus, Arbeitslosigkeit, Hunger oder Ungerechtigkeit können wir nicht genauso kämpfen wie gegen feindliche Armeen. Wir brauchen intelligentere Methoden, tun uns damit aber offenbar schwer. Warum? Weil wir inzwischen so alternativlos auf Kampf als Methode für die Lösung unserer Probleme geprägt sind, dass sie ihn auch da als Mittel zum Zweck ansehen, wo sie vollkommen sinnlos ist. Unser militärisch geprägtes Verständnis von Strategie hindert uns daran, für die globalen

Herausforderungen effektive Lösungsansätze zu denken, geschweige denn zu entwickeln und umzusetzen.

Unsere Obsession, Probleme mit Kampf lösen zu wollen, ist ein wesentlicher Grund für Strategieversagen. Wir brauchen daher dringend ein neues Strategieverständnis und angemessene Methoden für die aktuellen Probleme. Dafür müssen wir uns zunächst mit den Definitionen von Strategie und ihrer Genese auseinandersetzen, die den Schlüssel zum heutigen Strategieverständnis liefern.

2

Die Bedeutung des Wortes Strategie

Zusammenfassung Strategie ist kein exakt definierter Begriff, sondern wird mit sehr unterschiedlichen Interpretationen verwendet. Das führt zu Missverständnissen in der Kommunikation über und der Erarbeitung von Strategien. Oft werden Strategie und Taktik sowie strategisch und operativ verwechselt. Strategie wird häufig mit Plan übersetzt, was vollkommen in die Irre führt. Pläne haben klare und erreichbare Ziele, bei Strategien müssen die Ziele erst noch definiert werden. Schach ist daher kein strategisches Spiel, weil das Ziele mit Schach Matt eindeutig ist. Das Ergebnis ist ausschließlich von den zwei Spielern abhängig. Beim Klimawandel sind globale Mehrheiten erforderlich, um ihn zu stoppen; statt persönlicher Fähigkeiten sind also Strategien erforderlich.

Es ist nicht möglich, genau eine Definition von Strategie zu geben, die für jeden eindeutig, einleuchtend und anwendbar ist. Dagegen können wir leichter sagen, was Strategie nicht ist. Ergänzen Sie bitte spontan den Satz: »Strategie ist ein…«

Vielleicht haben Sie eben an einen Plan gedacht, die ungeeignetste aller Definitionen für Strategie. Aber eins nach dem anderen.

Strategie stammt vom griechischen Wort »strategos«, dem Heerführer. Im heutigen korrekt-sperrigen Sprachgebrauch könnte man Strategie als das Heer-Führen und Strategieverantwortliche als die Heer-Führenden bezeichnen, was uns aber nicht weiterhilft. Das allwissende Internet liefert für Strategie viele Synonyme, Deutungen und Definitionen, unter denen eine Auswahl nicht leichtfällt. Hier eine Auswahl:

- Plan
- Taktik
- Berechnung
- Kalkül
- Spekulation
- Finte
- Technik
- Methode
- Herangehensweise
- Schlauheit
- Gerissenheit
- Arbeitsweise
- Schachzug
- List
- Diplomatie
- Raffinesse
- Täuschung
- Kriegskunst
- Verhaltensplan
- Spielverhalten

2 Die Bedeutung des Wortes Strategie

Bei so viel an Beliebigkeit grenzende Auswahl wundert es nicht, dass wir leicht aneinander vorbeireden. Um wieviel informativer könnten Talkshows sein, wenn die Teilnehmer eine gemeinsame Vorstellung von Strategie hätten; dann könnten sie sich wenigstens nur inhaltlich missverstehen, nicht aber sprachlich. Bei ähnlich unterschiedlichen Vorstellungen von der Farbe Rot würde es ziemlich chaotisch auf unseren Kreuzungen zugehen. Man kann daher in Diskussionen seinem Gegenüber gefahrlos vorwerfen, er habe keine Strategie, denn angesichts der Beliebigkeit der Definition kann so ein Angriff inhaltlich nur schwer pariert werden. Da eine einigermaßen übereinstimmende Begriffsvorstellung eine der wesentlichen Voraussetzungen für Kommunikation ist, werde ich nun ein wenig Klarheit und Ordnung in die Begriffe Strategie und ihrem Adjektiv strategisch bringen.

Pläne sind keine Strategien
Nun räume ich gleich mit einem großen Irrtum auf: Oft werden Strategie und Plan synonym verwendet, gelegentlich auch die pleonastische Kombination »Strategischer Plan«. Viele denken tatsächlich an einen Plan einfach deshalb, weil man sich darunter -im Gegensatz zu einer abstrakten Strategie- etwas Konkretes vorstellen kann. Einen Bauplan kann man anfassen, also im wahrsten Sinne des Wortes begreifen. Diese Pläne werden in der Regel von Architekt*innen oder Bauingenieur*innen gezeichnet; sind diese deshalb schon Strateg*innen? Sicher nicht.

> Ein Plan ist keine Strategie. Aber eine Strategie braucht durchaus einen Plan.

Tatsächlich liegt ein wesentlicher Unterschied in der Bedeutung und Festlegung von Zielen. Pläne basieren auf eindeutigen, messbaren und -ein ganz wichtiges Kriterium- erreichbaren Zielen. Wer würde Architekt*innen schon die Erlaubnis geben, einfach drauflos zu bauen? Niemand, denn wenn man einen Plan macht, steht das Ziel bereits fest und soll auch wie geplant erreicht werden. Sie (sollten) genau wissen, wie aus Steinen, Beton, Holz, Metall, Kabeln und anderen Utensilien mit dem korrekten Einsatz von Menschen und Maschinen ein Haus entsteht, und können daher Handlungsanweisungen an Handwerker*innen geben, wenn auch dabei oft genug einiges schief geht. Letztlich steht am Ende meistens genau das in der Landschaft, was auf dem Plan vorgezeichnet worden ist. Ansonsten wären auch sofort die Genehmigungsbehörden und Bauämter alarmiert, von den Auftraggebenden ganz zu schweigen.

Nun zum Kriterium der Erreichbarkeit. Auftraggebende nehmen sich nichts vor, was außerhalb ihrer finanziellen und sonstigen Möglichkeiten liegt. Der bayerische König Ludwig II hat dies beim Bau von Schloss Neuschwanstein zwar ignoriert, aber an dem muss man sich nicht orientieren. Die ägyptischen Pharaonen konnten seinerzeit zigtausende Bauern verpflichten, um Granitblöcke heranzuschaffen und zu Pyramiden aufzuschichten. Heute ist man schon froh, ein paar Handwerker zu bekommen, die man dann auch noch bezahlen muss. Ein Haus ist zwar ein deutlich bescheideneres Vorhaben als der Bau einer Pyramide, muss allerdings mit unseren Fähigkeiten im weiteren Sinne kompatibel sein; nur dann kann der Plan auch gelingen.

Bei ungleich komplexeren Problemen wie dem Klimawandel funktionieren Pläne im eigentlichen Sinn gar nicht mehr, denn das allgemein als wichtiger Grenzwert anerkannte 1,5-Grad-Ziel können wir nicht einfach einem »Klimaarchitekten« überantworten. Es gibt weder Generalunternehmer noch Regierungen, NGOs oder Geheimbünde, denen wir die Rettung der Welt übertragen, und die uns dieselbe sauber und CO_2-frei schlüsselfertig übergeben könnten. Im Grunde sind wir als CO_2-Produzierende alle mitverantwortlich, mehr oder weniger also die gesamte Menschheit. Ein CO_2-neutrales Leben gibt es nicht.

Damit kommen wir zu einem zentralen Problem bei der Suche nach Lösungen aus der Klimakrise, das sich aus dem simplen Satzfragment »wir sollten…« ergibt: Wer sind eigentlich diese »wir«? Diese Frage ist wichtig, weil eine falsche Antwort darauf den Blick auf Lösungen verstellen kann.

Wir, wer ist das?
Diese semantische, aus meiner Sicht aber nicht unwichtige Ungenauigkeit begegnet mir in vielen Interviews, Berichten und persönlichen Gesprächen zum Thema Klimaschutz und anderen Herausforderungen. Durchaus zu Recht besorgte Menschen sagen gerne »wir sollten…« oder »man sollte…«, um anzudeuten, was getan werden müsste, meinen aber eigentlich, was andere oder gar die gesamte Menschheit tun müsste. Könige und Pharaonen konnten den »pluralis majestatis«, also die Bezeichnung der eigenen Person im Plural, durchaus verwenden, um damit anzudeuten, dass sie selbst mehr sind als nur die eigene Person. Und wenn sie sagten »Wir bauen eine Pyramide«, dann meinten sie selbstverständlich nicht sich selbst, sondern ihre Untertanen. Sie brauchten für diese lapidare Aussage nur eins: die Macht, andere dazu zu bringen, sich ausbeuten zu lassen.

In unserer heutigen Welt mit ihrem ungleich größeren Problem des Klimawandels hat aber kein einzelner Mensch, Herrscher, ja noch nicht einmal ein Staat, die Macht, die Welt zu retten. Dazu kommt, dass nicht alle Menschen oder Staaten dem Klimaschutz hohe Priorität einräumen, weil es ihnen vordringlich an Sicherheit, Bildung, Gesundheit oder Nahrung mangelt. Wer heute Hunger hat, dem sind die Gletscher vielleicht nicht ganz so wichtig. Wir können also niemals für die gesamte Menschheit sprechen.

> Wer »wir« sagt, sollte immer ergänzen, wen er damit meint. Denn nur ansprechbare, handlungsfähige Personen oder Organisationen können handeln.

Dagegen sind das Klima, die Natur, der Kapitalismus, die Moral oder die Gerechtigkeit weder ansprechbar noch handlungsfähig, werden aber trotzdem gerne in Haftung genommen. Das ist genauso sinnlos, wie für die gesamte Menschheit sprechen zu wollen. Daher sind Appelle an das WIR inhaltlich wirkungslos, wenn auch kommunikativ wirkungsvoll.

Wenn sich beim Klima (wie auch vielen anderen Herausforderungen) etwas ändern soll, dann müssen Handlungen immer um die Handelnden konkretisiert werden. CO_2-Reduktionen zu fordern allein reicht eben nicht, wenn man nicht dazu sagt, durch wen und wie. Wobei die Verursacher nicht immer auch diejenigen sind, die handeln können oder wollen. Wir sind eben nicht die russische, amerikanische, chinesische oder indische Regierung, und können daher CO_2-Reduktionen nicht in dem Umfang beschließen, die dem Klima wirklich helfen würden. Könnten wir dies aber, wenn wir die deutsche Regierung wären?

Gerade diese Frage wurde im Herbst/Winter 2022 angesichts der Aktionen von Klimaaktivisten auf Straßen und in Museen intensiv diskutiert. Vor dem Hintergrund strategischer Wirksamkeit halte ich diese Aktionen für nicht zielführend, auch wenn der taktische Erfolg, Öffentlichkeit zu erzeugen, durchaus erreicht worden ist. Um nicht falsch verstanden zu werden: die relativ geringe deutsche Wirksamkeit in Bezug auf das Weltklima ist für mich kein Grund, nicht alles (vernünftige) zu versuchen, unsere Ressourcen und damit Emissionen weiter zu reduzieren. Nur können wir keinen Plan für die Welt schreiben, um den Klimawandel zu stoppen. Im Abschn. 18.2 versuche ich, eine neue Perspektive auf unsere Möglichkeiten zu entwickeln, die meinem vorgeschlagenen Prinzip folgt, das Veränderbare zu verändern. Dies setzt voraus, dass wir uns richtige, realistische Ziele setzen.

Ziele sind nicht gleich Ziele
Ein wesentlicher Unterschied zwischen einem Plan und einer Strategie ist also die Auswahl geeigneter Ziele. Was aber sind geeignete Ziele? Bei einem Fußballspiel ist das Ziel theoretisch einfach: man muss mindestens ein Tor mehr schießen als der Gegner. Fußball braucht daher weniger Strategie als kräftige Beine. Die Spielaufstellung selbst fällt unter die Rubrik Taktik. Mit meiner nächsten Aussage dürfte ich einigen Widerspruch bei passionierten Schachspieler*innen hervorrufen, ebenso wie bei einem ehemaligen Schachmeister Kasparow (2007) [2]. Schach ist weniger ein Strategiespiel, auch wenn es genau dieses Image hat. Es trainiert zwar strategische Fähigkeiten, aber am Ende gewinnt man nur mit Schach Matt. Keine andere Option ist möglich, wenn man gewinnen will. Wenn nur eine Option zum Sieg führt, dann ist keine Strategie erforderlich, dann muss man die Regeln des Spiels einfach nur besser beherrschen.

Welche Ziele aber verfolgt eine Organisation wie die Katholische Kirche? Welche Strategie verfolgen der Pabst und die Kurie? Mitgliedermaximierung scheint mir heute nicht im Vordergrund zu stehen, genauso wenig wie politische Macht. Bei aller berechtigten Kritik an ihrem Verhalten hier und da: Die Katholische Kirche hat eine Überlebensfähigkeit bewiesen, der auch die Reformation nichts anhaben konnte. Vielleicht ist ihr Strategieziel ganz einfach, bis zum »Jüngsten Tag« als Organisation zu überleben? Jedenfalls sind ihre Ziele nicht so eindimensional wie bei sportlichen Wettkämpfen oder Spielen. Wie man zu geeigneten Zielen kommt, damit beschäftige ich mich im Kap. 13.

> Die erste wichtige Erkenntnis für das Verstehen von Strategie ist daher: ihre Ziele sind nicht zwingend vorgegeben, sondern Ergebnis eines Auswahlprozesses, der einer Strategie vorgeschaltet oder deren Festlegung Teil einer Strategie selbst sein muss.

Strategisch, operativ und taktisch

Versuchen wir, uns dem Begriff Strategie über sein Adjektiv »strategisch« zu nähern. Die Übersetzung mit »planerisch« passt nicht, denn, um ein Beispiel zu nehmen, Architekt*innen sind zwar planerisch, nicht aber strategisch tätig. »Strategisch« ist kein eindeutiger, geschweige denn geschützter Begriff, weshalb er als Kompetenzattribut »Strategisches Denken« in manchem Lebenslauf auftaucht. Vielleicht müssen wir uns über den komplementären Begriff »operativ« nähern.

> Strategische Entscheidungen gelten als riskant und teuer, und daher als enorm wichtig. Bei operativen Maßnahmen geht es dann »nur« noch um die Art der Umsetzung strategischer Entscheidungen auf den untergeordneten Hierarchieebenen.

2 Die Bedeutung des Wortes Strategie

Generalstäbe geben die Richtung (Strategie) vor, in die ihre Soldat*innen laufen müssen. Die aber haben keine Wahl und müssen dort kämpfen, wo man sie hinschickt. Auch Mitarbeiter*innen am Montage-Band haben keinen Einfluss auf die zu montierenden Teile. Sie müssen nur das operativ umsetzen, was die unternehmerisch Verantwortlichen weiter oben in der Hierarchie beschließen.

> Strategisch Handelnde sind diejenigen, die sich nicht nach Vorgaben anderer richten müssen (oder dürfen), sondern Ziele festlegen können.

Das gilt natürlich nur in gewissen Grenzen, denn ich kann mir niemanden in einer Funktion vorstellen, der vollkommen ohne Rücksicht auf die Interessen oder Vorgaben anderer frei agieren kann. Außer vielleicht Elon Musk, aber auch der hängt von seinen Kund*innen und Aktionär*innen ab. Als private Individuen dagegen haben wir eine gewisse Entscheidungsfreiheit und damit auch die Verantwortung für Fehler und Irrtümer. Vor dieser Situation standen und stehen in der Pandemie auch viele Bürger*innen, die sich fragen, ob sie sich impfen lassen sollen. Auch das ist eine strategische Entscheidungssituation, weil die Konsequenzen einer Impfung sowie der Nicht-Impfung anfangs nicht gesichert waren. Wer so lange gewartet hat, bis die langfristige Sicherheit der Impfung nachgewiesen war, hat diesen Zeitpunkt womöglich nicht mehr erlebt, wenn er sich vorher mit dem Virus natürlich angesteckt hatte. Andererseits können wir die Verantwortung für unser Leben auch an niemanden delegieren; noch nicht einmal an unsere Ärztin oder unseren Arzt, geschweige denn den amtierenden Gesundheitsminister. Jeder Bürger und jede Bürgerin ist also immer wieder mit strategischen Entscheidungssituationen und damit Ungewissheit konfrontiert.

Zur Strategie gehört zwangsläufig auch der komplementäre Begriff »Taktik«, der überwiegend im militärischen Kontext verwendet wird. Nach Carl von Clausewitz (1780–1831), einem preußischen Generalmajor, Heeresreformer, Militärwissenschaftler und -ethiker, ist Taktik »die Lehre vom Gebrauch der Streitkräfte im Gefecht«, Strategie hingegen »die Lehre vom Gebrauch der einzelnen Gefechte zum Zweck des Krieges«. Auf Unternehmen übertragen gehören taktische Maßnahmen in die operative Planung, also den Einsatz der Produktionsmittel und Ressourcen zum Zwecke der Herstellung und des Vertriebs von Produkten. Die Frage, welche Produkte hergestellt werden sollen, ist dagegen strategisch.

Ist Strategie eine Wissenschaft?
Nach diesen eher semantischen Betrachtungen des Strategiebegriffs komme ich zu einer möglichen akademischen Klassifizierung. Ist Strategie vielleicht eine Wissenschaft wie etwa die Philosophie? Nein, sie ist keine Wissenschaft. Allerdings wendet sie wissenschaftliche Methoden an, zum Beispiel aus der Spieltheorie, Statistik oder Mathematik. Sie vermittelt keine normativen, wissenschaftlich abgesicherten Regeln, sondern ein Sammelsurium aus empirischen Erfahrungswissen, Heuristik, Überzeugungen und Theorien über das Verhalten und die Beeinflussbarkeit von militärischen, wirtschaftlichen sowie sozialen Systemen, und natürlich auch Menschen, im Hinblick auf ambitionierte Ziele. Allerdings sehe ich eine methodische Nähe zur Philosophie, denn auch diese stellt Fragen. Im Grunde müssen sich Strategieverantwortliche die drei Grundfragen der Philosophie stellen, die auf Immanuel Kant zurückgehen: Was kann ich wissen? Was darf ich hoffen? Was soll ich tun?

Strategieverantwortliche fragen sich Ähnliches. Wie schaut die Welt aus, in der ich mich bewege? Welche Ziele kann ich überhaupt erreichen? Welche Maßnahmen muss ich dafür ergreifen? Daraus leite ich eine weitere definitorische Erkenntnis über Strategie ab: sie ist die Kunst, die richtigen Fragen zu stellen.

Definitionen
Bisher habe ich mich vor einer konkreten Definition gedrückt, die vielleicht eine Illusion bleiben muss. Wie schon dargelegt, ist Strategie kein Plan. Viele haben schon einmal ein Strategiedokument in der Hand gehalten, oder einen Roman in Form eines Buches andächtig durchgeblättert. Aber weder können wir die Strategie, oder, wie im Falle eines Romans, die Geschichte selbst ergreifen. Es macht daher keinen Sinn, Strategie in eine »Definitionsschublade« zu zwingen. Daher biete ich Ihnen vier Definitionen an, die ich aber nicht als Dogma verstehe, sondern als erweiterbare, modifizierbare und veränderbare Empfehlungen.

> **Meine persönlichen Strategiedefinitionen**
> 1. Strategie ist die Kunst, in komplexen Problemstellungen unter hohen Unsicherheiten sinnvolle Ziele festzulegen, die dafür notwendigen Veränderungen einzuleiten und bei Bedarf, Ziele und Richtung anzupassen.
> 2. Strategie ist die Lehre von der Auswahl realisierbarer, sinnvoller Ziele und Handlungen, ohne zu wissen, ob Ziele und Handlungen sinnvoll und realisierbar sind.
> 3. Strategie ist der Aufbau von Fähigkeiten und die Schaffung von Voraussetzungen, die das Erreichen angestrebter Visionen wahrscheinlicher machen.
> 4. Strategie ist die Kunst, das Veränderbare zu verändern.

Für das Buch verwende ich folgende sprachlichen Konventionen, um so verständlich wie möglich zu sein.

- Strategie: Das Ergebnis eines Strategieprozesses, in der Regel schriftlich formuliert.
- Strategieprozess: Alle Analysen und Prozessschritte, die notwendig sind, um zu einer Strategie (in Form eines Dokuments etc.) zu kommen
- Strategieinstrumente: Analyse- und Darstellungsmethoden wie die SWOT, Markt- und Wettbewerberanalyse uvm.
- Strategieparadigmen: dem strategischen Denken zugrunde liegende Überzeugungen wie »Stärken müssen gestärkt werden«

3
Die Notwendigkeit von Strategien

Zusammenfassung Beim Schach, Fußball sowie den meisten Spielen sind die Ziele eindeutig. Kenntnis und intelligente Anwendung der Regeln, Glück, Kondition oder spielerisches Geschick sind Voraussetzungen zum Gewinnen; Strategie sind dagegen nicht erforderlich. Unternehmen dagegen brauchen Strategien zum langfristigen Bestehen. Eine Fokussierung auf operative Ergebnisse am Jahresende gefährdet die Überlebensfähigkeit. Auch Lebensplanungen sind von strategischer Natur, weil jeder seine individuellen Ziele festlegen muss und diese von anderen abhängig sind. Bei Automobilitätsstrategien ist die Optimierung des Verkehrs die eigentliche Strategieaufgabe, und weniger die Art des Antriebs.

Die Frage, wann eine Strategie notwendig ist, lässt sich nicht in einem Satz beantworten. Daher versuche ich zunächst eine Abgrenzung am Beispiel eines Themas, über das fast alle reden können: Fußball. Fußballtrainer brauchen keine strategischen Überlegungen anstellen; dagegen ist die Frage der Talentsuche im eigenen Land sehr strategisch, denn die Fehler, die dabei gemacht werden, lassen sich kurz vor einer Weltmeisterschaft natürlich nicht mehr korrigieren. Wenn die besten Bundesligatorschützen bei internationalen Meisterschaften für andere Nationen spielen, dann passiert das, was wir in Katar und Australien erleben mussten: eine frühzeitige Heimreise. An diesem Beispiel will ich deutlich machen, dass strategischer Sachverstand durchaus nützlich sein kann, auch wenn das Fußballspiel selbst, so wie alle anderen sportlichen Wettkämpfe, keine Strategien erfordern.

Die Strategieferne des Fußballspiels
Ich wundere mich immer, wenn von Fußballstrategie die Rede ist, denn alles, was auf dem Rasen passiert, ist das Ergebnis taktischer Entscheidungen. Aber es klingt professioneller, von Strategien zu reden, und überdeckt zudem, dass Fußball ohnehin weniger mit Planung als mit Zufall zu tun hat. Wahrscheinlich wird diese Aussage den einen oder anderen zu Widerspruch nötigen, daher liefere ich gleich die Begründung. Beim Fußball werden diejenigen Körperteile, mit denen der Mensch am geschicktesten agieren kann, seine Hände, nicht gebraucht; ihr Gebrauch wird manchmal sogar mit einem Elfmeter geahndet. Seit Anbeginn der Zeiten aber sind Hände als Waffe selbst oder zum Halten derselben im Kampf unabdingbar. Fußballer dagegen verzichten freiwillig darauf und müssen stattdessen den Ball mit Füßen treten oder mit dem Kopf dirigieren. Leider sind weder Köpfe, zumal mit oftmals schrägen Frisuren, noch Füße ergonomisch für präzise Flugbahnimpulse geeignet. Und genau da kommt der Zufall ins Spiel. Da kann man noch so viel im Vorfeld planen, vor mir aus auch Strategien

entwickeln…, ein Torschuss ist immer von der Position, dem Winkel und der Dynamik der Fußballerextremitäten im Verhältnis von Geschwindigkeit, Flugbahn und Drall des Fußballes sowie vom Auftreffpunkt beider abhängig, und somit zufällig. Genauso zufällig wie die Leistung von Schiedsrichtern. Bei oftmals nur einem Tor pro Spiel, was ich grundsätzlich für ziemlich langweilig halte, kann schon eine kleine Unaufmerksamkeit des Unparteiischen eine Partie entscheiden. Bei so viel Unwägbarkeiten lässt sich kaum eine planvolle Fußballstrategie entwickeln.

Fußball ist schon allein deshalb kein strategisches Spiel, weil professionelle Strategieverantwortliche zum Gewinnen niemals auf das Ausspielen einer Stärke verzichten würden. Das Leben ist eben kein Fußballspiel. Die Tränen über das Ausscheiden der Lieblingsmannschaft sind schnell getrocknet, und es gibt ja immer eine nächste Bundesliga, Weltmeisterschaft oder Champions League, bei denen die Karten wieder neu gemischt werden.

Falsche strategische Entscheidungen im realen Leben können dagegen sehr schmerzhalt und nachhaltig sein, und irreversibel; schließlich haben wir nur ein Leben. Gerade deshalb sollten wir sorgsam mit dem Leben, und unseren strategischen Entscheidungen umgehen.

Strategische Fehler sind nicht reversibel
Strategische Fehler können oft nicht ausgebügelt werden. Dies haben wir alle im Herbst/Winter 2022 leidvoll erfahren müssen. Die teuren Maßnahmen zur Sicherung unserer Energieversorgung im Herbst/Winter 2022 waren die Folge der strategischen Fehlentscheidung der Jahre davor, sich freiwillig in die Abhängigkeit russischen Gases und damit des Präsidenten zu begeben. Den operativen Vorteil billigen Gases müssen wir nun strategisch teuer bezahlen. Das gilt auch für die operativ scheinbar sinnvolle Verlagerung der deutschen Solarzellenfertigung ins

billige China. Wie gesagt: strategische Fehlentscheidungen sind operativ oftmals kaum aufzufangen, vor allem dann, wenn operativ bedeutet, kurzfristig Kostenvorteile zu realisieren. Langfristiges Denken und Handeln ist eine wesentliche Eigenschaft von Strategien, die aber auch im persönlichen Bereich oft vernachlässigt wird. Viele Krankheiten sind die Folge langfristigen Fehlverhaltens und lassen sich nach Meinung von Ärzt*innen auch auf falsche Ernährung und ungesunden Lebenswandel zurückführen. Die richtige Strategie kann uns also länger gesund erhalten; daran hat wohl kaum jemand Zweifel. Wenn aber Krankheiten akut werden, dann kommt jede Strategie zu spät, dann hilft nur die (operative) Befolgung ärztlicher Anweisungen hinsichtlich Nahrung und Medikamentierung. Anders verhält es sich mit Lebenskrisen. Hier helfen selten die einfachen und oft gut gemeinten Ratschläge von Familie und Freunden, wahlweise auch Ratgebern. In manchen Fällen wollen und müssen wir uns neu orientieren, also unser Leben ändern, damit wir aus der Krise herauskommen. Dafür gibt es wegen der Vielzahl von Krisensituationen, persönlicher Betroffenheit und eigener mentaler, körperlicher, intellektueller oder finanzieller Fähigkeiten niemals den einen Königsweg, sondern wir müssen eine für uns sinnvolle Strategie entwickeln. Das eben unterscheidet reale Lebenssituationen von Spielen wie Schach, bei denen der Königsweg im wahrsten Sinne des Wortes Schach Matt ist. Mit Krisenstrategien befasse ich mich ich den Beispielen in Abschn. 18.1.

Unterscheidungskriterien
Nach diesen allgemeinen Betrachtungen über strategische Entscheidungen, hier nun einige Kriterien über die Unterschiede zwischen strategischer und operativer Planung. Obwohl sie im strengen Sinne für unternehmerische

Prozesse gelten, lassen sie sich aber auch auf andere Situationen übertragen. Im Laufe der nächsten Kapitel wird noch deutlicher, mit welchen Eigenschaften sich Strategien von anderen Planungsperspektiven abgrenzen.

Zunächst aber die Planungsprozesse in Unternehmen, bei denen die Abgrenzung zwischen Strategie und konkreter Jahresplanung in der Regel eindeutig ist.

> **Typische Eigenschaften operativer Planung**
>
> Bei operativer Planung geht es darum, das, was man tut, richtig zu tun. Sie ist daher gekennzeichnet durch:
>
> - Kurzfristigkeit: typisch 1 Jahr
> - Quantität: Fragen nach dem Wieviel, z. B. Shareholder Value
> - An konkreten betriebswirtschaftlichen Daten orientiert: insbesondere Umsatz- und Gewinnsteigerung
> - An der aktuellen Mission orientiert, Handlungsraum der Unternehmung
> - Absicherung und Verbesserung des Unternehmens-Status quo innerhalb der aktuell adressierten Märkte
> - Den Aufbau von Kapazitäten und Fähigkeiten für die aktuelle Produkt und Dienstleistungen
> - Vermeidung von Investitionen in die Zukunft, weil diese kurzfristig die Rendite beeinträchtigen

Unternehmen bewegen sich bei operativen Planungen also immer im Bereich ihrer definierten Mission, die im Idealfall durch eine vorangeschaltete strategische Planung festgelegt worden ist.

> **Typische Eigenschaften strategischer Planung**
>
> Bei strategischer Planung geht es hingegen darum, die richtigen Dinge zu tun. Sie ist gekennzeichnet durch:
>
> - Mittel- bis Langfristigkeit: >3 Jahre, teils bis zu 10 Jahren
> - Qualität: Fragen nach dem Wie, z. B. die erforderlichen Fähigkeiten)

- Visionen
- Maßnahmen, um die Mission selbst zu verändern
- Maßnahmen zum Aufbau neuer Märkte oder Produktangebote
- Bereitschaft für Transformation der Unternehmung
- Identifikation und Verfolgung von Potenzialen mit Risiken
- Den Aufbau von (neuen) Fähigkeiten
- Innovationen, also der Identifikation neuer Bedarfe sowie neuer Produkte und Dienstleistungen
- Maßnahmen zur Vorbereitung auf veränderte Umweltbedingungen der Zukunft
- Investitionen in die Zukunft zu Lasten aktueller Renditen

Operative Ziele haben also mit Absicherung und Verbesserung eines Status quo, strategische Ziele mit Veränderung und Anpassung an zukünftige Rahmenbedingungen zu tun. Die bereits zitierte SWOT ist genau aus diesem Grunde mit ihrer Konzentration auf den Status quo durch Stärkung eigener Stärken eher ein operatives Instrument. Selbstverständlich hat sie daher in der Planung von Unternehmen ihren Platz, sofern sich diese Unternehmen nicht verändern wollen oder müssen. Stabilität bei der Planung vorauszusetzen ist aber trügerisch, auch wenn das wirtschaftliche Umfeld (Märkte, Produkte, Kundenbedarfe, Wettbewerber, politische Randbedingungen usw.) quasi unverändert erscheint; in der Realität können aber sowohl kurzfristige disruptive wie auch langfristige Veränderungen eintreten.

Wenn die Automobilindustrie in ihrer operativen Planung die Optimierung ihrer Produktion von Autos mit Verbrennungsmotoren im Jahreszeitraum verfolgen kann, so muss sie sich in ihrer strategischen Planung mit den Themen Wasserstoff, Synthetische Kraftstoffe, Batterie sowie der Veränderung der allgemeinen Mobilität beschäftigen.

3 Die Notwendigkeit von Strategien

Die operative Planung wird normalerweise für das jeweils kommende Jahr aus einer strategischen 5- bis 10-Jahresplanung abgeleitet. Die Inhalte beider Planungen aber unterschiedlich. Wenn die operative Planung nur einen zeitlichen Unterabschnitt der strategischen Planung darstellen würde, dann wäre die strategische Planung eine Kette operativer Planungen. Dies verkennt den in den Kriterien oben skizzierten grundsätzlichen Unterschied beider Planungen. Die strategische Planung dient nicht der operativen, sondern steht im Grunde im Wettbewerb um Investitionen, Ressourcen, »Management Attention« und vor allem die Ausrichtung der Unternehmung. Einen dafür typischen Konflikt finden wir wiederum in der deutschen Automobilindustrie, die sich zwischen der operativen Notwendigkeit des Ausbaus ihrer technologischen Spitzenstellung bei Verbrennungsmotoren und der strategisch erforderlichen Transformation hin zur Elektromobilität deutlich schwertut. Innovationen bedeuten Investitionen und kosten Rendite; das mögen Aktionär*innen gar nicht.

Wenn eine strategische Planung als bruch- und knickfreie Extrapolation der operativen Planung in die Zukunft verkauft wird, dann wäre es eigentlich eine verlängerte operative, aber keine strategische Planung mehr. Am Beispiel der Automobilindustrie wird klar, dass eine kontinuierliche Verbesserung von Verbrennungsmotoren niemals zum E-Auto führt.

Ich betone das deshalb, weil der Fokus eines jeden Managements überwiegend auf der operativen Planung liegt; schließlich wird es am Ende eines Planungsjahres an »schönen« Zahlen gemessen und nicht an visionären Strategien. Und »schöne« Zahlen bedeuten nichts anderes als positives Wachstum bei Umsatz und Gewinn, die man sich nicht durch strategische Maßnahmen verwässern lassen möchte.

Strategische Maßnahmen sind oft schmerzhaft

Machen wir uns nichts vor: Strategien, also echte Veränderungen in der Mission einer Unternehmung, können selten ohne Schmerzen umgesetzt werden. Sie kosten Geld, verändern Strukturen, erfordern oft neue Qualifikationen des Personals und beinhalten Risiken, die von Aktionär*innen nicht immer honoriert werden. Strategische Umbruchphasen sind unschön. Dies weiß jeder, der schon mal eine signifikante Veränderung im Privaten mitgemacht hat. Den Partner, den Beruf, die Firma, den Wohnort oder das Land zu verlassen, um etwas Neues anzufangen, das sind beängstigende und riskante Schritte, bei denen man nie weiß, ob man auch da ankommt, wo man hinwill. Da muss man sich schon viel von dem Neuen versprechen, oder aber das Alte nicht mehr ertragen. Bei Veränderungen in Unternehmungen haben wir es doch mit ähnlichen psychologischen Phänomenen zu tun. Daher finden Strategieverantwortliche, die radikale Veränderungen vorschlagen, nicht immer Gehör, auch wenn sie noch so gute Argumente haben mögen. Das schlechte Bekannte lässt sich oft leichter ertragen als das vielleicht gute Unbekannte. Dann setzt man lieber auf die Intensivierung operativer Maßnahmen, also Kosteneinsparungen, bevor man sich den strategischen zuwendet.

Mobilitätsstrategien gesucht

Den Unterschied zwischen der operativen und strategischen Dimension möchte ich auch am Beispiel der Mobilität klarmachen, weil hier dringender Handlungsbedarf besteht. Wir alle wollen die Entlastung der Städte vom Verkehr, saubere Luft und weniger Lärm. Nun werden dafür eine Menge Dinge getan oder diskutiert, die ich allesamt in den Bereich der operativen Maßnahmen packen würde, weil sie Symptome behandeln und nicht die Ursachen. Veränderung der Ampelschaltungen und Straßenführungen, Fahrradspuren, Parkgebühren, Citymaut, Elektroautos, Carsharing-Modelle, einseitige Priorisierung des ÖPNV oder gar der eher symbolhaltige Bau von Seilbahnen sind allesamt Maßnahmen, die bisher keine signifikante Wirkung zeigen. Zumindest ist die meine Beobachtung in München und anderen Städten. Von den Megacities in den USA, Afrika oder Asien gar nicht zu sprechen.

Warum aber funktioniert das offenbar nicht? Aus meiner Sicht deshalb, weil das Mobilitätsverhalten der Menschen und die Struktur unserer Städte und Gemeinden nicht ausreichend berücksichtigt werden. Menschen müssen immer noch teils weite Strecken in Ballungszentren zur Arbeit fahren, weil die Arbeit nicht zu ihnen kommt. Dies ist aber von den Ballungszentren wegen der Gewerbeeinnahmen beabsichtigt. Wie ehrlich ist es dann, wenn sich Bürgermeister über zu viel Verkehr beschweren? Die Forderung, alle mögen doch weiter in die Städte fahren, aber bitte mit dem ÖPNV, ist nicht immer realistisch, weil die Infrastrukturen dies gar nicht zulassen, oder zumindest erheblich erschweren. Was passiert, wenn die Menschen wirklich dem Aufruf der Politik folgend in Busse und Bahnen steigen, das konnte der eine oder andere Fahrgast am eigenen Leib erfahren, nachdem das 9-Euro-Ticket verfügbar war.

Um die unerwünschten Folgen von Mobilität zu vermeiden, müsste man die Mobilität selbst vermeiden, zumindest die – wie ich sie nennen würde – die »schädliche Mobilität«. Darunter fallen nicht nur Zubringerfahrdienste von Eltern in Schulen oder die vielzitierten SUV-Fahrten zum Semmelholen, sondern gerade die im Grunde unproduktiven Fahrten von Pendlern zur Arbeit. Auch autonomes Fahren würde diese nicht verhindern, sondern höchstens für Fahrer*innen angenehmer gestalten;

die Anwohner am Mittleren Ring in München würde aber keinen Unterschied bemerken, sofern es sich um autonome Verbrennerautos handelt. Daher hat München ab Februar 2023 den Bereich innerhalb und einschließlich des Mittleren Rings zur Dieselverbotszone erklärt (zunächst für alle Diesel mit Euronorm 4 und darunter). Diese operative, aus Gründen der Emissionsbelastungen durchaus verständliche Maßnahme, resultiert aber aus dem Fehlen eines strategischen Mobilitätskonzepts. Die Emissionen werden überwiegend durch die angeblich 700.000 Pendler pro Tag und den Transferverkehr von der A95 bzw. der A96 auf die A8 bzw. die A9 verursacht. Beide Verursacher hätten durch einen Ringschluss der A99, eine intelligentere überregionale Wirtschaftsstrukturförderung und ein effizienteres S-Bahn-Netz weitgehend vermieden werden können. Dafür ist es aber nun zu spät. Ein klassisches Beispiel von strategischen Versäumnissen bei der Verkehrsgestaltung.

Mobilitätsveränderungen sind der Schlüssel zu weniger Emissionen, aber nur dann erfolgreich, wenn nicht zu gefühlten Einbußen an Lebensqualität führen. Ich jedenfalls habe die im Homeoffice gewonnenen Zeit durch Wegfall der Arbeitsfahrten genossen, und konnte sie sogar für meine Arbeitsproduktivität nutzen. Die Politik sollte also besser überlegen, wie wirtschaftliche Wertschöpfung auch ohne übermäßige »schädliche Mobilität« realisierbar ist. Das würde einige schmerzhafte Einschnitte für die Städte bedeuten, die zwar mehr saubere Luft, dafür aber auch weniger Steuereinnahmen bekämen. Theater und Anderes würde vermutlich deutlich teurer werden müssen. Die Stadt darf ihre wichtigste Funktion, Menschen zusammenzubringen, nicht verlieren, denn Begegnungen von Menschen sind enorm wichtig für wissenschaftlichen, kulturellen und sozialen Fortschritt. Dies sollte man nicht verhindern, aber der klassische Pendelnde nutzt die Stadt ohnehin selten als Begegnungsstätte, daher würde weniger Pendelverkehr die Stadt nicht unattraktiver machen; im Gegenteil. Strategisch müsste man also die Pendlerpauschale überdenken, die – je nach Betrachtungsweise – Menschen zur Mobilität verführt oder von Mobilitätskosten entlastet. Weil das Aussetzen dieser steuerlichen Erleichterung aber wohl zu erheblichem Unmut bei Wähler*innen führen würde, tastet man sie nicht an und entlastet mit einer politisch-operativen Maßnahme die vielen Pendelnden in Deutschland.

Am Beispiel Mobilität wird der Unterschied zwischen operativen und strategischen Maßnahmen deutlich. Es lohnt sich immer, die Maßnahmen daraufhin zu prüfen, ob sie nur an den Symptomen herumdoktern oder die echten Ursachen angehen, beziehungsweise, ob sie nachhaltige Veränderungen bewirken können. Strategie bedeutet nicht, den Status quo zu verbessern, sondern etwas Neues zu machen: Veränderbares verändern statt Stärken stärken, die Richtung verändern statt nur schneller laufen.

Wohin aber sollen wir uns verändern? Diese Frage führt uns direkt zum Wesen der Strategie.

4

Das Wesen der Strategie

Zusammenfassung Das Wesen der Geschichtsforschung ist die Erklärung der Vergangenheit. Was aber ist das Wesen der Strategie? Sie handelt immer von der Zukunft, die nicht bekannt ist. Unternehmen, Staaten, Heerführer, aber auch jeder Mensch muss bei seinen Handlungen Annahmen über die Zukunft treffen. Dabei gibt es gesicherte wie die Begrenzung fossiler Energieträger, aber auch Unsicherheiten wie die eigene Lebensspanne, Gesundheit oder der Verlust des Arbeitsplatzes. Unsicherheiten können sich Aktionärs-Unternehmen nicht leisten; sie stellen oft Behauptungen über die Zukunft auf, so wie Marktwachstum. Strategien versorgen Unternehmen daher oft mit positiven Narrativen über die Zukunft.

Was kann die Philosophie zur Klärung beitragen?

Die Philosophie, insbesondere ihre Teilgebiete, die Erkenntnistheorie und die Metaphysik, fragen unter anderem nach dem Wesen der Dinge, ihren Zielen, Gründen und Zwecken. Ontologie heißt diese Art des Fragens. Metaphysische Fragen nach dem Zweck des Daseins und anderen wichtigen Dingen sind im Grunde Glaubensfragen, denn sie lassen sich nicht schlüssig, wissenschaftlich beantworten.

> Strategie hat mit Glaubensfragen zu tun, denn sie beschäftigt sich mit der Zukunft, die man niemals wissen kann. Strategie kann also nur Behauptungen über die Zukunft aufstellen.

Während Geschichtswissenschaft nachträglich Geschichte zu erklären versucht, will Strategie die Zukunft beschreiben. Dafür muss sie Behauptungen aufstellen. Typische ökonomische Behauptungen betreffen das Marktwachstum sowie die Umsatz- und Gewinnerwartungen eines Unternehmens und finden sich in deren Strategiedokumenten oder Investorenberichten. Eine politische Behauptung war, dass Handel mit Russland den Frieden erhalten und die Gasversorgung Deutschlands sichern kann. Und schließlich gibt es die evidenzbasierte Behauptung, dass massive CO_2-Reduktion den Klima-Temperaturanstieg begrenzen und damit die Welt retten wird. Auch wenn diese Behauptung sehr wahrscheinlich richtig ist: wissen können wir es erst in der Zukunft. Nach Immanuel Kant (deutscher Philosoph der Aufklärung, 1724 bis 1804) ist es eine typische synthetische Aussage a posteriori, also eine, die man erst durch Beobachtung oder Messung verifizieren kann[1].

---

[1] Im Gegensatz dazu nannte Kant Aussagen, die auch ohne Beobachtung oder Messung vorab klar sind, Aussagen a priori. Ein Beispiel: Der Kreis ist rund. Dies ergibt sich bereits aus der Definition von Kreis und muss nicht erst durch Messung bewiesen werden.

Unser Privatleben basiert auch auf verschiedenen Behauptungen wie jene, dass wir ein Leben lang glücklich verheiratet bleiben oder über die kommenden 25 Jahre ausreichend Einkünfte erzielen, um unsere Hypothek abzuzahlen. Natürlich kann man in den Statistiken nachlesen, dass viele Ehen geschieden und Arbeitsplätze verloren gehen; aber gerade deshalb behaupten wir ja lieber das Positive, wenn wir Familien- oder Lebensplanungen machen. Ja, wir müssen es geradezu behaupten, um die Wagnisse einzugehen, die mit Lebensentscheidungen unweigerlich einhergehen. Es sind eben nicht nur Hoffnungen; denn auf Hoffnungen allein würde man nicht unbedingt seine Zukunft verwetten. Wir stellen also Behauptungen über etwas Zukünftiges auf und legen unsere eigenen Ziele fest: und damit sind wir Strategieverantwortliche in eigener Sache!

Strategieverantwortliche sind über die Auswahl der Ziele Schöpfer und über die Entscheidung der Wege Pfadfinder in mögliche Zukünfte, wobei sie nicht wissen können, ob es diese Zukünfte und einen Pfad dorthin überhaupt gibt. Ich sage das deshalb so deutlich, weil Unternehmensstrategien oftmals den Eindruck erwecken, die Zukunft eines Unternehmens verlaufe genauso, wie es in ihren Strategiepapieren steht.

Unternehmerische Strategiepapiere sind oft utopische Zukunftsvisionen, in denen oft nur Wachstum und Blüte vorkommen, selten dagegen Abstieg und Insolvenz. Der Grund dafür liegt in der Bedeutung von Strategien für die Unternehmenskommunikation gegenüber Aktionär*innen und Kund*innen Steigende Kurse erhält man dann, wenn mehr Aktienkäufer*innen an die rosige Zukunft eines Unternehmens glauben als an dessen Untergang. Reale Risiken und Probleme müssen nach Aktienrecht zwar kommuniziert werden, allerdings besteht dabei meines Erachtens ein großer Spielraum bei der Dramatik der Darstellungen, eben weil Strategien ja immer nur Behauptungen über die Zukunft aufstellen. Natürlich müssen diese im Rahmen des obligatorischen Risikomanagements benannt werden, verbunden allerdings immer mit effektiven Vermeidungsmaßnahmen; der ultimative Risikofall tritt als auf dem Papier nie ein. Nach meiner Beobachtung fallen Aktienkurse auch weniger wegen objektiv negativer Nachrichten, sondern weil diese nicht so positiv ausfallen wie erwartet.

Risiken und Unsicherheiten existieren immer dann, wenn es um die Zukunft geht. Da liegt es nahe, zu versuchen, diese selbst zu gestalten.

> **Beispiele**
>
> - Modeschöpfer*innen und Aktiengurus sind Meister*innen darin. Wenn Modeschöpfer*innen behaupten, im Sommer trage man perl-grau, dann liegt es vermutlich daran, dass ihre bereits produzierten und auf Lager liegenden Kollektionen perl-grau sind. In den Modegeschäften findet frau dann tatsächlich nur perl-graue Kleidung, und muss sie kaufen. Eine selbsterfüllende Prophezeiung also.
> - Auch Börsenberater*innen können die Zukunft nicht vorhersagen, sondern stellen nur Behauptungen auf. Wenn ihnen nur genug Menschen glauben, dann können ihre Behauptungen sogar wahr werden. In der Industrie versucht man diese Manipulation über exzessive Werbung zu erreichen. Was nicht beworben wird, wird seltener nachgefragt. Markt- und Umsatzvorhersagen sind daher meist nicht ganz abwegig, solange Märkte und ihre Kund*innen manipulierbar sind.

Nicht nur Aktienberater*innen nutzen die manipulative Macht von Vorhersagen, um die strategischen Portfolioentscheidungen ihrer Klientel zu beeinflussen: Strategien spielen eine wesentliche Rolle bei der Entwicklung der Aktienkurse von Unternehmen, denn sie bilden den narrativen Rahmen für deren -glänzende- Zukunft. Aktienkurse, das wissen wir, sind nicht mathematisch determiniert, sondern folgen oft irrationalen Erwartungen der Märkte. Aktuelle Performance zählt wenig im Vergleich zur Hoffnung auf zukünftige Kurssprünge und Gewinne. Hoffnung basiert auf positiven Geschichten über die Zukunft, die wiederum von Strategien geliefert werden müssen. Sie sind -ob auch oder überwiegend sei dahingestellt- Mittel zum Zweck der Steigerung des Aktien-getriebenen Unternehmenswerts, zumindest bei Börsen-notierten Unternehmen. Für die anderen gilt das nicht.

Strategische Behauptungen über die Zukunft sind selten negativ

Man kann durch diese Behauptungen über die Zukunft Gedankenräume erzeugen, die bestimmte Zustände ein- und andere ausschließen. So passen steigende Umsätze nicht in einen Raum mit Krisen. Die Corona-Pandemie sowie Russlands Überfall auf die Ukraine gehörten zum Undenkbaren und haben sich daher in keiner mir bekannten Strategie wiedergefunden. Andererseits hätten Aktionär*innen und Aufsichtsräte auch niemals die gewaltigen Rückstellungen für eine Pandemie ohne belastbare Daten akzeptiert. Daher vermeiden Strategiepapiere normalerweise die Andeutung von Krisen, oder diese werden so klein gemacht, dass man sie, zumindest auf dem Papier, leicht bewältigen kann. Undenkbar, dass eine Manager*in erhebliche externe Probleme in die Strategie schreibt, denn dann müssten dafür auch gleich kostspielige Gegenmaßnahmen vorgesehen werden, die wiederum den Gewinn belasten. Die Benennung realer Risiken wird daher immer noch gerne als ein Versagen des Managements gesehen, das die Risiken benennt. Allerdings gibt es Ausnahmen: sofern man durch die dramatische Überzeichnung von Risiken den Staat dazu bringen will, Unterstützungsmaßnahmen zu finanzieren, wird es auch gemacht. Bauernverbände sind darin Meister. Ob es regnet, schneit, die Sonne scheint oder bewölkt ist: jedes Wetter schadet der Landwirtschaft und erfordert umfangreiche Finanzhilfen.

Prophylaxe als Konsequenz erkannter Risiken ist aber auch nicht immer einfach; durch jede Maßnahme verändern wir die Zukunft und provozieren möglicherweise Reaktionen, die es ohne Prophylaxe nicht gegeben hätte. Hätte der aktuelle Konflikt vermieden werden durch rechtzeitige Aufnahme der Ukraine in die Nato können, oder hätte das den Konflikt schon früher ausgelöst? Hier befinden wir uns in spieltheoretischen Situationen (siehe Kap. 14), bei denen es unklar ist, wie gegnerische Spieler*innen auf den eigenen Spielzug reagieren. Einen Angriff als Spielzug zu bezeichnen ist keine Verniedlichung, sondern in der Spieltheorie werden Handlungen einfach als Spielzüge bezeichnet. Ob im Spiel oder realen Leben: immer geht es um das Gewinnen oder Verlieren. Die Reaktion Russlands auf einen Natobeitritt der Ukraine hätte ein unkalkulierbares Risiko bedeutet. Die Zukunft ist also unvorhersehbar, ob wir nun nichts tun oder aktiv eingreifen. Statt sich auf eine mögliche Konfrontation vorzubereiten hat man sich also eine friedliche, durch Handel und Kooperation bestimmte Zukunft mit Russland vorgestellt, und seine Handlungen entsprechend gewählt. Krieg gehörte zum Undenkbaren, zumindest zum Unerwünschten oder Verdrängten.

> Entscheidungen in Politik und Wirtschaft werden ungern auf Basis des Unerwünschten und Undenkbaren getroffen. Beides wird normalerweise ignoriert, denn bei ernsthafter Bewertung würden drastische Handlungen erforderlich werden, die man seiner Bevölkerung oder seinen Aktionär*innen nicht zumuten möchte.

Ich habe in meiner aktiven Strategiezeit selten schrumpfende Marktprognosen gesehen. Diese mögliche Realität wird gerne ausgeblendet, weil sich alle lieber der »Das-Glas-ist-halbvoll«-Doktrin hingeben, in der schrumpfende Marktprognosen nur als Indiz für mangelnde Managementqualifikation gesehen werden.

Strategien stellen also Behauptungen über die Zukunft auf, aus denen Entscheidungen abgeleitet werden, deren Wirksamkeit sich erst in der Zukunft erweisen wird. Darum stürzen sich Unternehmen auch lieber auf Effizienzsteigerungsprogramme, die zu kurzfristigen Kosteneinsparungen und damit positiven Renditen führen sollen. Strategieentscheidungen dagegen sind oft mit Rendite-schmälernden Investitionen verbunden; ihre möglichen positiven Auswirkungen zeigen sich erst weit in der Zukunft, wenn überhaupt. Die Pandemie hat aber deutlich gemacht, dass manche Entscheidungen ohne akute Evidenz getroffen werden müssen, um zukünftige Probleme überhaupt zu verhindern. Wenn aber Evidenz fehlt, müssen diejenigen, die Entscheidungen treffen, entweder über genug Macht verfügen, oder aber Vertrauen und Integrität besitzen, damit ihnen geglaubt wird.

Die SWOT, ein objektives Instrument für Zukunftsbehauptungen?
Um strategische Entscheidungen zu objektivieren und das Vertrauen in ihre Richtigkeit zu erhöhen, basieren sie normalerweise auf umfangreichen Analysen und Prozessen; damit sind wir wieder bei der SWOT, die ich in Kap. 9 ausführlicher analysieren werde. Stärken, Schwächen, Chancen und Risiken können mit unzähligen Instrumenten hergeleitet werden, die Daten und Aussagen liefern zu Branchenumfeldern, Wettbewerb, Wertschöpfungsstrukturen, Marktkräften, Substitutionen, Kundenverhalten, Lieferketten, Preisgestaltung, Umsätze,

Gewinne und anderen Einflussgrößen. Als Quellen dafür eignen sich internen Erhebungen, käufliche Reports, Unternehmensberatungen und nicht zuletzt der Erfahrungsschatz von Strategieabteilungen und erfahrenen Manager*innen. Damit könnten Beschreibungen des Ist-Zustandes eines Systems möglich sein, sind es aber nur selten, weil reale Systeme komplexe Systeme mit mehr oder weniger vielen Unbekannten sind. Eine der wichtigsten Unbekannten während des Ukrainekriegs war, was Putin eigentlich denkt und vorhat. Sie hat maßgeblich die Entscheidungen des Westens beeinflusst bis hin zur Frage, wann für Putin die sogenannte »Rote Linie« für einen Atomschlag überschritten sein könnte. Ziel dieses »Damoklesschwertes« war es natürlich, den Westen an Entscheidungen zu hindern, die sich für Russland nachteilig auswirken. Die westlichen Strategieverantwortlichen mussten und müssen also Entscheidungen auch unter der Unsicherheit treffen, was in Putins Kopf vorgeht und welche Konsequenzen dies haben könnten. So ist das auch in jeder anderen Konflikt- oder Wettbewerbssituation.

> Strategie besteht aus Behauptungen über die Zukunft. Das ist ihr Wesen. Strategieverantwortliche müssen sich dieser Tatsache immer bewusst sein und jeder strategischen Aussage mit entsprechender Skepsis begegnen.

Ist Strategie damit sinnlos, so wie es von Clausewitz mit seiner Aussage gemeint haben könnte, dass jede Strategie mit dem ersten Schuss im Gefecht obsolet wird? Nein, denn ohne Strategie würde jede Maßnahme ja rein zufällig und ohne Ziel erfolgen. Wie man mit Unsicherheit über die Zukunft umgehen kann, beschreibe ich in Kap. 12. Jetzt kommt es mir nur darauf an, deutlich zu machen, dass Strategie keine absoluten Aussagen über die Zukunft treffen und damit ihrem Wesen nach nur Behauptungen aufstellen kann, auch wenn teure Strategieinstrumente oft das Gegenteil suggerieren. Strategischer Sachverstand ersetzt niemals ein Instrument. Aber ungeachtet der Tatsache, dass es erhebliche Unsicherheiten gibt, ist Strategie die einzige Methode, um aus der Perspektive der Zukunft heraus heute Entscheidungen treffen zu können. Zumindest, solange die Wirksamkeit von Glaskugeln eher gering ist.

Nach einer ausführlichen Einführung in die unterschiedlichen Aspekte und Perspektiven von Strategie, sowie auch ihren unterschiedlichen Definitionen, wende ich mich nun den Ursprüngen und er Genese von Strategie zu. Es hat schon frühzeitig gute Gründe gegeben haben, Strategien zu entwickeln, nämlich genau da, wo es immer um viel, um sehr viel geht: bei der Kriegsführung.

5

Ursprung und Genese strategischer Konzepte

Zusammenfassung Die Ursprünge der Strategie liegen weit in der militärischen Vergangenheit. Ihre Paradigmen und Konzepte haben sich über Jahrhunderte fast ausschließlich in diesem Kontext entwickelt und wurden erst nach dem 2. Weltkrieg auf unternehmerische Anforderungen übertragen. Die Grundgedanken heutiger Strategien sind daher von militärischem Überlegenheitsstreben und Kampf geprägt. Dabei haben einige der Vordenker den Kampf als ein Versagen von Strategie verstanden, nicht als deren Ziel. Trotzdem haben sie Regeln für den Kampf entwickelt, die auch in modernen Projektmanagement-Methoden zu finden sind. Für die komplexen Herausforderungen der Gegenwart erweisen sich die alten militärischen Paradigmen als ungeeignet; umso wichtiger ist es, sie zu verstehen.

Frühe strategische »Influencer«

Für das Verständnis des Ursprungs der Strategie halte ich vier »Influencer«, oder Vordenker, für besonders wichtig: Wu Sun Tzu (534–453 v. Chr), Miyamoto Musashi (1584–1648 n. Chr.), Seneca (1–65 n. Chr.) und Carl von Clausewitz (1780–1831 n. Chr.). Ihre Lehren und Empfehlungen werde ich daher kurz umreißen. Für eine detaillierte Beschreibung empfehle ich Brunken (2007) [3]. Obwohl alle außer Seneca (er ist relevant, wenn es um die richtigen Ziele im Leben geht) militärische Akteure waren, so können ihre Lehren auch die Ursprünge der »friedlichen« Strategie, also der Wirtschaftsstrategie, erklären. Ich habe »friedlich« relativiert, weil natürlich auch in der Wirtschaft Konkurrenzsituationen durchaus nicht immer friedlich ablaufen. Stichworte: Preiskampf und feindliche Übernahmen. Die wichtigste Hinterlassenschaft dieser vier Vordenker der Strategie klingt zunächst überraschend, weil drei der vier Kämpfer waren. Sie sagten in ihren Worten, das oberstes Ziel von Strategie sei es, Kampf zu vermeiden. Leider ist dieser Gedanke mit der Zeit in Vergessenheit geraten, und wie ich in Kap. 7 zeigen werde, haben Kampfrhetorik und -Überzeugungen unser strategisches Denken und Handeln eingenommen. Nun aber zu den Vordenkern.

Sun Tsu

Fangen wir mit dem ältesten der Vordenker an, dem General Sun Tsu (2005) [6]. Vor etwa 2500 Jahren schrieb er ein Buch über Kriegskunst, in dem er Überlegungen zur Kriegsführung anstellte, die man als frühe strategische Prinzipien bezeichnen kann. Im Kern postulierte er, man solle die feindlichen Truppen möglichst ohne Kampf besiegen. Sun Tsu legte erheblichen Wert darauf, Ziele möglichst ohne Konflikte zu erreichen, was ihn aber nicht davon abhielt, als General mehrere feindliche

5 Ursprung und Genese strategischer Konzepte

Königreiche zu unterwerfen. Dadurch verbreitete sich sein Buch, das zu einer Art Kriegsbibel wurde. Es beschreibt die drei Erfolgsprinzipien für Strategie: Vorherwissen, Planung und Führung. Heute würde man sagen: Business Intelligence, Unternehmensentwicklung und Management.

> Die wesentliche Aufgabe von Strategie sah Sun Tsu darin, Siege ohne langwierige Feldzüge zu erlangen. Erfolgreiche Strategieverantwortliche lassen es erst gar nicht zum Kampf kommen.

Die atomare Abschreckung im »Kalten Krieg« hatte genau diese Funktion, und sie funktioniert weiterhin, wenn wir Glück haben. Sun Tsu wollte keineswegs unter allen Umständen Kampf vermeiden; er hielt es aber für sinnvoll, nur dann zu kämpfen, wenn er eine realistische Chance sah, gewinnen zu können. »Bewege dich nicht, wenn du keinen Vorteil siehst, setze deine Truppen nicht ein, wenn es nichts zu gewinnen gibt, kämpfe nicht, wenn die Lage nicht kritisch ist«, schrieb er. Dagegen solle man immer versuchen, sich in eine vorteilhafte Ausgangslage zu bringen, die den eigenen Sieg mit geringen Verlusten möglich und wahrscheinlich macht.

Unter rationalen Gegnern kann man tatsächlich Kampf vermeiden, sofern der Schwächere in der Lage ist, die Übermacht des Stärkeren zu erkennen, und zu akzeptieren. Leider sieht man in Konflikten selten so viel Rationalität und realistische Selbsteinschätzung. Subjektive Verzerrungen sind leider die Regel.

Beispiel

Betrachten wir vor diesem Hintergrund den Überfall Russlands auf die Ukraine im Winter/Frühjahr 2022. Bei allen Unsicherheiten zum Zeitpunkt, an dem ich diese Zeilen

> schreibe, über den Ausgang des Krieges, kann man doch sagen, dass Russland die Lehren von Sun Tsu in Bezug auf die Einschätzung der Kräfteverhältnisse ignoriert hat. Weder gab es eine eindeutige Überlegenheit Russlands noch eine schnelle Kapitulation der Ukraine vor dem vermeintlich überlegenen Gegner. Es gab auch keine kritische Lage für Russland, die präventive Maßnahmen erfordert hätte. Ein weiser Feldherr hätte das erkannt und versucht, seine Ziele auf andere Weise, vielleicht mit Diplomatie, zu erreichen, denn ein Kampf, der nicht ans Ziel führt, ist überflüssig und unsinnig. Und natürlich unmenschlich. Wie schon im 1. Weltkrieg, als die Soldaten dachten, sie seien Weihnachten wieder zuhause, hat sich ein Kriegstreiber kolossal überschätzt.

In der Wirtschaft werden Positionen der Überlegenheit als »strategische Erfolgspositionen« oder »USP« (Unique Selling Points) bezeichnet. Wer solch eine Position innehat, kann Preise so gestalten, dass die Gewinne stimmen. Porsche hat so eine Position und kann damit gute Margen realisieren, weil Porsche-Käufer fast jeden Preis zahlen, um sich mit dem Prestige dieser Marke schmücken zu können. Porsche hat ein Monopol im eigenen Segment, weil es keine direkten Wettbewerber gibt. Monopolsituationen sind sehr lukrativ und bis zu einem gewissen Grad auch stabil, solange Kartellämter keine schädliche Marktkonzentration dabei sehen und die Monopole zerschlagen.

Monopole und ihre schwächere Form, die Oligopole (Dominanz weniger Akteure), sind aber für Käufer*innen nicht vorteilhaft. Durch fehlenden oder nicht funktionierenden Wettbewerb müssen sie oft tiefer in die Tasche greifen als notwendig, weil die Anbieter mehr Gestaltungsfreiheiten bei den Preisen haben. Auch unterliegen Monopolisten nicht so sehr dem Druck, innovativ sein zu müssen. Frühere Trabi-Besitzer*innen dürften mir in diesem Punkt sicher zustimmen. Aber auch die »Resilienz« der deutschen Automobilbauer gegen die

5 Ursprung und Genese strategischer Konzepte

Transformation zur Elektromobilität ist ein warnendes Beispiel, wie Oligopole Innovation verschleppen können. Da muss dann erst ein agiler, angriffslustiger Elon Musk kommen, bevor man sich bewegt.

Unabhängig von der Sinnhaftigkeit von Überlegenheitspositionen muss nach Sun Tsu eine wesentliche Voraussetzung erfüllt sein, damit man sie erreichen kann: das sogenannte Vorherwissen. »Was den weisen Herrscher und den guten General befähigt, zuzuschlagen und zu siegen und Dinge zu erreichen, die außerhalb der Fähigkeiten gewöhnlicher Männer liegen, ist Vorherwissen.« Heute würde man sagen: Informationshoheit auf der eigenen und Verhinderung derselben auf der gegnerischen Seite. Die dafür eingesetzten Methoden haben sich seit Anbeginn der Zeiten kaum verändert: Selbsterkenntnis, Spionage, Geheimhaltung und Täuschung.

Selbsterkenntnis bedeutet, die eigenen Stärken und Schwächen (bzw. die seiner Truppen, Firma etc.), sowie die des Gegners möglichst gut zu kennen. Erkenntnislücken werden über Dritte kompensiert; Unternehmen verlassen sich dazu gerne auf Unternehmensberatungen. Nur wer die eigenen Stärken und Schwächen kennt, kann sein Erfolgspotenzial realistisch abschätzen. Viele Misserfolge gehen auf das Konto von Fehleinschätzungen der eigenen Erfolgspotenziale zurück. Wenn man Sun Tsu wörtlich nimmt, dann könnte jeder Misserfolg als Ergebnis einer solchen Fehleinschätzung gedeutet werden, denn bei vollständigem Wissen über die Kräfteverhältnisse hätte der später Unterlegene ja erst gar nicht antreten dürfen. Allerdings geht mir diese Schlussfolgerung zu weit, denn Informationshoheit ist eine Illusion; selbst bei guter Selbsteinschätzung kann man den Gegner doch nie genau genug kennen, geschweige denn seine strategischen und taktischen Züge während einer Auseinandersetzung vorhersehen.

Art und Anzahl der Waffen, Ausbildungsstand und Motivation der Truppen und vieles mehr bleiben unbekannt und offenbaren sich erst im Kampf selbst. Auch Kreativität, Fähigkeiten, Erfahrung, Spontanität und der Mut militärischer Führer, lassen sich nur schwer berechnen. Wie wir im Krieg in der Ukraine gesehen haben, hängen Kriegsverläufe auch von der Rationalität bzw. Irrationalität der militärischen Führung ab, und das militärische Gleichgewicht verschiebt sich kontinuierlich mit der Lieferung von Waffen und Ausrüstung. Das Ausmaß der Entschlossenheit und Bereitschaft des Westens zur Unterstützung der Ukraine hatte Putin wohl nicht in seinem Plan berücksichtigt.

Weitgehende Informationshoheit im militärischen Kontext erlangt man über Spionage; in der Wirtschaft heißt dies beschönigend »Business Intelligence« Letzteres muss nicht notwendigerweise über illegale Methoden erfolgen, auch wenn dies zunehmend passiert. Unternehmen kommunizieren heute Vieles schon freiwillig oder aufgrund gesetzlicher Berichtspflichten genug interne Daten, aus denen sich Außenstehende schon ein recht umfassendes Bild machen können, zumal, wenn sie bewusst nach wettbewerbsrelevanten Geschäftsdaten suchen. Kund*innen selbst geben eine Menge über sich und ihr Kaufverhalten preis, insbesondere bei Online-Kaufportalen oder dann, wenn sie sich eine Kundenkarte aufschwatzen lassen. Leider sind viele Menschen mit dieser freiwilligen Preisgabe viel zu freizügig und machen sich so zum »gläsernen Kunden«.

Auch mit illegalen Methoden versuchen Wettbewerber, an die wirklich interessanten internen Informationen zu kommen, zum Beispiel Angebotspreise oder auch Strategiepläne. Professionelle Hackergruppen dringen immer tiefer in die Geheimnisse der Unternehmen ein und entwenden Daten zu deren Schaden. Manchmal

5 Ursprung und Genese strategischer Konzepte

verkaufen Mitarbeiter*innen auch Informationen. Der Geheimhaltung kommt in Unternehmen also eine zunehmend wichtige Bedeutung zu. Dabei liefern sich Angriffs- und Abwehrsysteme einen kontinuierlichen Wettbewerb.

Schon Sun Tsu hat die Bedeutung von Informationen für erfolgreiche Kriegsführung erkannt.

Informationshoheit ist ein Mittel, die Truppen eines Gegners ohne Kampf zu besiegen. Das klingt fast schon human, weil er sich um die Schonung militärischer Ressourcen bemühte. Es ist gerade deshalb ein vernünftiges Prinzip, weil es unseren Erfahrungen mit historischen Kriegen widerspricht, die eher dem Prinzip maximaler Ressourcenvernichtung gefolgt sind. Kampf lässt sich nur dann leichter vermeiden, wenn die eine Seite eindeutig überlegen ist und ihre Überlegenheit auch durch strategisch sinnvolles Verhalten nutzen kann. Die andere Seite muss dies aber erkennen, rational bewerten und daraus die richtige Konsequenz ziehen, nämlich ihrerseits den Kampf zu vermeiden. Allerdings ist auch Überlegenheit kein Garant für einen Sieg, wie man es aus dem Vietnamkrieg lernen kann. Trotz materieller Überlegenheit mit modernen Waffen und Gerät mussten sich die USA den schlechter ausgerüsteten nordvietnamesischen Truppen geschlagen geben, die statt der frontalen Auseinandersetzung den Kampf -heute würde man sagen asymmetrisch- über verschlungene Pfade, Tunnel und getarnt in der Bevölkerung austrugen. Auch mussten sie sich nicht zuhause zunehmender Kritik stellen, die schließlich zum Abzug der Amerikaner führte. Die Vietnames*innen kämpften für und in ihrer Heimat, genauso wie die ukrainischen Soldat*innen es heute tun. Soweit zu Sun Tsu.

Miyamoto Mushashi

Ein paar Jahrhunderte später lebte Miyamoto Musashi's, ein japanischer Samurai. Er hatte schon etliche Kämpfe erfolgreich bestanden, bevor er sich in ein Einsiedlerdasein zurückzog und dort »Das Buch der fünf Ringe« schrieb. Sein Credo lässt sich im Satz zusammenfassen: »Das Ziel muss immer und unter allen Umständen sein, den Gegner so zu lenken, wie man selbst es will.« Seine Lehren handeln davon, wie man gewinnen kann, wenn man kämpfen muss. Damit ergänzt er die Lehre Sun Tsus.

> Ein wesentliches Element von Musashis Lehre ist die Zielbezogenheit. Alle Handlungen von Menschen (oder Unternehmen, Truppen etc.) müssen sich immer auf ein, also genau ein Ziel ausrichten. Jede Anstrengung, die nicht dazu dient, dieses Ziel zu erreichen, ist eine Verschwendung von Ressourcen und Kraft. Das klingt nach Binsenweisheit, ist aber sehr aktuell. Haben wir nicht gerade Diskussionen darüber, ob ein generelles Tempolimit dem Klima dient oder unwirksam ist, oder ob Waffenlieferungen den Ukraine-Krieg verkürzen oder doch eher verlängern?

Auch im beruflichen Umfeld sind solche Ziel-Bezug-Überlegungen nicht unwichtig. Ich empfehle die Durchforstung des Arbeitsalltags auf solche Tätigkeiten, die auf die eigentliche Funktion einzahlen, die im Arbeitsvertrag oder der Zielvereinbarung festgelegt sind. Typische Tageszeitfresser sind Meetings, von denen nicht wenige meinen, sie halten nur von der eigentlichen Arbeit ab. Das ist grundsätzlich sicher keine korrekte Wertung, denn Kommunikation gehört zu modernen Arbeitsformen essenziell dazu; allerdings ist nicht jedes Meeting auch zielführend. Musashi greift mit seiner Zielorientierung damit modernem Effizienzmanagement voraus, und er spricht indirekt auch ein anderes Problem an. Es geht ja nicht nur um die Konzentration auf ein Ziel, sondern um

5 Ursprung und Genese strategischer Konzepte

die Auswahl des richtigen Ziels. Man kann auch effizient in die falsche Richtung laufen, also ineffektiv sein. Auch das schnellste Pferd kann kein Rennen gewinnen, wenn es nicht in der Bahn läuft. Klingt weit hergeholt, aber mal ehrlich: Haben Sie niemals Lebenszeit oder Geld für ein falsches Ziel eingesetzt und somit verschwendet?

Um das zu vermeiden, braucht man eine gute Strategie und damit auch die aktive Auseinandersetzung mit einem oder mehreren Zielen.

Ohne Ziele ist eine Strategie sinn- und zwecklos, aber umgekehrt ist Strategie ein unverzichtbares Mittel, um Ziele zu erreichen, vor allem auch gegen die Interessen Dritter. Natürlich gibt es auch Ziele, die wir aus uns selbst heraus und ohne Konflikte mit anderen erreichen können; Abnehmen ist so ein Beispiel. Bei den meisten Zielen jedoch tangieren wir die Interessen anderer und müssen diese daher ins Kalkül ziehen. Marktanteile gewinnt man gegen den Wettbewerb und im Beruf gibt es immer andere Kolleg*innen, die sich für einen Posten bewerben, den wir gerne haben wollen. Unsere Lebensplanung sollte immer auch die Familie berücksichtigen, sofern wir nicht allein leben wollen; eigene Ziele kollidieren gelegentlich mit denen von Partner*innen oder Kindern. Und schließlich geraten in politisch-militärischen Auseinandersetzungen immer die Interessen zweier oder mehrerer Parteien aneinander, sonst würde es ja nicht zu Auseinandersetzungen kommen. Wer eigene Interessen gegen die anderer durchsetzen will, der muss sich daher auf Widerstände und… Kampf einstellen. Musashi lehrt nun, wie man einen Kampf gewinnen kann, wenn er unvermeidlich ist. Vernunftbegabte Menschen werden zwar immer erst versuchen, einen Kampf zu vermeiden. Wenn dies aber aus irgendeinem Grund nicht möglich ist, dann sollte der Kampf wenigstens mit einem Sieg enden.

Dafür nennt Musashi einige Erfolgsfaktoren, die sehr modern wirken, wenn sie auch für mittelalterliche Zweikämpfe, Schlachten und Kriege formuliert worden sind.

Wissen macht den Unterschied! Wir (ich versetze uns fiktiv in die Rolle einer Heeres- oder Unternehmensführung) sollten die Stärken und Schwächen des Gegners richtig einschätzen und ihn über die eigenen täuschen. Das betrifft Truppenstärke, Ausrüstung und Ausbildung, Motivation, Versorgungslage und Reserven. Auch die Lage, also Gelände, Wetter, Bodenbeschaffenheit und sonstige Gefechtsfeldfaktoren, sollten wir gut kennen. Vielleicht können wir auch die Kompetenzen des Heerführers, seine strategischen Vorlieben und Ängste und können damit einschätzen, wie er in bestimmten Situationen reagiert. In Unternehmen ist es wichtig, die Bedarfe des Marktes zu kennen, um das eigene Angebot daraufhin auszurichten, aber selbstverständlich müssen auch die Fähigkeiten und Absichten der Wettbewerber ausreichend gut bekannt sein. Wenn wir, so die Theorie damals wie heute, all dies in unsere Gefechts- oder Unternehmensstrategien einbeziehen, dann können wir Ungleichgewichte herstellen und zum eigenen Vorteil nutzen.

Ungleichgewichte erzeugen! Das bedeutet, den Gegner oder Wettbewerber mit eigenen Stärken dort anzugreifen, wo er als schwächer eingeschätzt wird. Natürlich müssen die Akteure auf dem gleichen Spielfeld sein. Mercedes steht im Premiumsegment nicht im Wettbewerb mit Kia, ist aber auch nicht in einer Nische (siehe auch Kap. 6/ Nischen) mit Porsche. Und Aldi konkurriert nicht gegen Käfer, obwohl man auch Luxuslimousinen vor einem Aldi sehen kann. Bei der Produkt- und Markenvielfalt in westlichen Industrieländern gibt es viele, voneinander

5 Ursprung und Genese strategischer Konzepte

weitgehend unabhängige Segmente für die verschiedenen Käufergruppen. Zwischen diesen Segmenten gibt es natürliche Ungleichgewichte, aber keinen direkten Wettbewerb. Innerhalb der Segmente kann man über Ungleichgewichte Wettbewerbsvorteile realisieren, zum Beispiel durch Differenzierung in Qualität oder Kosten. Steve Jobs hat mit dem iPhone seinerzeit den Smartphone-Markt gewaltig aufgewirbelt, weil er ein Produkt mit aus Kundensicht überlegener Qualität und Funktionalität herausgebracht hat. Dieser Qualitätsunterschied hält sich bis heute, wenn er auch mit erheblich mehr Aufwand verbunden ist als zu den Anfangszeiten. Die andere Differenzierungsoption ist weniger nachhaltig, nämlich die über den Preis. Das führt in der Regel zu Preiskämpfen, die wir zum Beispiel im Möbelmarkt beobachten können. Das Erzeugen von Ungleichgewichten im militärischen Kontext konnten oder können[1] wir in der Ukraine beobachten: Asymmetrische Kriegführung ermöglicht es den ukrainischen Streitkräften, den Angriffen einer quantitativ überlegenen Armee zumindest zeitweise Widerstand entgegenzusetzen. Der heimische Kriegsschauplatz erzeugt ein emotionales Ungleichgewicht zulasten Russlands, sowohl in Punkto Lagekenntnis als auch Motivation.

Den Gegner so lenken, wie man es selbst will! Für den Fall, dass man trotz aller Vorausplanung doch einmal einer Übermacht gegenübersteht, schlägt Musashi vor, den Gegner so zu lenken, dass er nicht mit all seinen überlegenen Kräften gleichzeitig losschlagen kann, sondern nur einzeln und nacheinander. Daher war es in früheren

---

[1] Soweit dies bei Fertigstellung dieses Manuskripts im September 2023 absehbar war.

Zeiten so wichtig, Brücken zu besetzen. Jede noch so große Armee muss eine einzelne Brücke entweder einzeln oder in kleinen Gruppen überqueren. Die Verteidigung der Brücke kann sich also immer nur mit einzelnen oder wenigen Angreifern befassen, und braucht nicht gleichzeitig gegen die ganze Armee zu kämpfen. Fast alle Kung-Fu Filme funktionieren nach diesem Muster. Der Held, umringt von einer Übermacht, kann seine Gegner einzeln niederstrecken, weil ebendiese immer geduldig warten, bis sie an die Reihe kommen. Was wir für Strategie daraus lernen können ist die Methode, scheinbar übermächtige Probleme zu beherrschen, indem wir sie in einzelne Teile zerlegen und diese dann bearbeiten.

Rückzugsoptionen nicht vergessen! Die Planung einer Rückzugsoption im Falle einer drohenden Niederlage sind ebenso wichtig wie der Kampf selbst. Schließlich bedeutet die eigene Kampfunfähigkeit das Ende aller militärischen Optionen; bei einem Rückzug dagegen kann man die eigenen Kräfte wieder ordnen und nochmal in den Kampf schicken. Das gilt auch für Investitionen von Unternehmen; die Binsenweisheit vom sprichwörtlichen Ende mit Schrecken gilt auch in der Wirtschaft. Dieses Ende sollte aber vorab in groben Zügen geplant sein, mindestens sollte man wissen, wann der Zeitpunkt des Aufgebens erreicht ist.

Musashi soll zwar kein überragender Kämpfer gewesen ein, war aber offenbar besser vorbereitet auf den Kampf als seine Gegner. Das ist die eigentliche Lehre, die er uns vermittelt. Wie ich aber auch schon gezeigt habe, ist die dafür erforderliche Informationsvollständigkeit eine Illusion. Es mag noch angehen, einen gegnerischen Samurai zu studieren und seine Schwachstellen zu erkennen; in unseren modernen komplexen Systemen ist dies unmöglich.

Seneca

Nun komme ich zu Seneca, obwohl er im eigentlichen Sinn kein Stratege war. Aber er hat sich intensiv mit der Frage der richtigen Ziele auseinandergesetzt. Seneca war Senator und auch einer der Erzieher Neros. Das schützte ihn aber nicht davor, von Nero schließlich zum Selbstmord genötigt zu werden, den er im Kreis von Familie und Freunden selbstbestimmt und angeblich gleichmütig in die Wege geleitet haben soll. Philosophisch ist er den Stoikern[2] zuzurechnen. Die Kerngedanken seines Vermächtnisses sind die Gleichheit aller Menschen, Unabhängigkeit von äußeren Einflüssen und Immunität gegenüber Versuchungen wie Besitz und Macht. Oberstes Ziel des Menschen soll nach Seneca sein, durch innere Gelassenheit glücklich zu werden. Wegen dieser Lebensphilosophie allein lohnt es schon, ihn zu lesen.

Für mich ist aber insbesondere sein Verständnis von Zielen für die Strategiefindung relevant: So schrieb er: »Man muss zuerst wissen, worauf das Streben zu richten ist; sodann ist der Weg aufzusuchen, der am raschesten ans Ziel führt.« Mit dieser Aussage will ich es an dieser Stelle belassen, weil ich der Aufgabe der Zielfindung ein eigenes Kapitel (Kap. 13) gewidmet habe.

> Nochmal zur Erinnerung: Pläne verfolgen vorgegebene Ziel; Strategien dagegen müssen sich ihre Ziele erst noch vorgeben. Und in dieser Ziele-Findung liegt oft der eigentliche Ansatz für die Lösung eines Problems.

Carl von Clausewitz

Der vierte »Influencer« im Bunde ist Carl von Clausewitz (2007) Siehe auch Grassi (2007) [4] und Oetinger et al.

---

[2] Eine aus dem antiken Griechenland stammende philosophische Schule.

(2003) [5]. Der preußische und zeitweise auch russische Offizier schrieb »Vom Kriege«: DAS Buch über Kriegstheorie, das in so manchem Büro zu finden ist. Sein berühmtestes Zitat, »Krieg ist die bloße Fortsetzung der Politik mit anderen Mitteln«, bedeutet, dass die Politik versagt hat, wenn ein Krieg folgt, und nicht, dass er ein probates Mittel sei, das man als gleichberechtigte Alternative zur Diplomatie anwenden könne.

Seine Lehre basiert auf der These, oberstes Ziel sei es, den Feind wehrlos zu machen, ohne langfristig Nachteile zu erleiden. Am liebsten ist ihm ein Sieg ohne Kampf allein durch Abschreckung. Denn rationale Gegner, die erkennen, dass sie nicht gewinnen können, kämpfen erst gar nicht; leider sind nicht alle Gegner rational.

Natürlich ist Krieg immer ein ungeeignetes und moralisch ethisch abzulehnendes Mittel, Ziele zu erreichen. Und ich will mich auch nicht zum naturalistischen Fehlschluss verleiten lassen, dass sich aus im Nachhinein notwendigen Kriegen wie die gegen Nazideutschland eine allgemeine Rechtfertigung für Kriege ableiten lässt.

Wenn Krieg aber schon unvermeidbar oder einem aufgezwungen worden ist, sollte er möglichst schnell, ohne überflüssige Verluste und vor allem ohne Vernichtung des Gegners beendet werden. Gerade diesem Postulat hat Deutschland den Marshall-Plan[3] und den Wiederaufbau nach dem 2. Weltkrieg zu verdanken.

Von Clausewitz machte im Übrigen vielfältige militärische Empfehlungen, die in die moderne strategische Planung eingeflossen sind. So empfahl er, man solle Ziele in

---

[3] Der Marshallplan, offiziell European Recovery Program, war ein Wirtschaftsförderungsprogramm der USA für den Wiederaufbau Europas nach dem Zweiten Weltkrieg.

Teilziele aufbrechen und seine Handlungen dem Erreichen der Ziele vollkommen unterordnen. Auch das ist schon bekannt von Musashi und anderen. Für ihn bestand der Weg aus einer Kette von Teilzielen, die hinsichtlich ihrer Bedeutung (Effizienz) auf das Endziel hin überprüft und ggfs. angepasst werden müssten.

Einer seiner interessanten Thesen ist, dass schon Möglichkeiten als Realitäten behandelt werden müssten. Das ist eine Begründung, warum die militärische Abschreckung im Kalten Krieg funktioniert hat: bereits die Möglichkeit der Vernichtung eines Angreifers durch das Atomarsenal seines Gegners hat einen Atomkrieg bisher verhindern können. Für einen potenziellen Verteidiger ist es also nach von Clausewitz wichtig, dem potenziellen Angreifer zu signalisieren, dass er erstens stark genug ist, und zweitens im Falle eines Angriffes mit aller Macht zurückschlagen wird. Nur, wenn ein rational handelnder Angreifer Angst haben muss, er werde beim Angriff selbst stark in Mitleidenschaft gezogen, wird er vielleicht von einem Angriff absehen. Rationale Angreifer sind allerdings nicht selbstverständlich. Das bringt mich zum russischen Präsidenten, der am Anfang des Krieges mit Atomkriegsdrohungen um sich geworfen hat wie andere mit Konfetti. Auch hier scheint die These von den Möglichkeiten bei einigen deutschen Intellektuellen zu verfangen: schon die Möglichkeit eines Atomkrieges, so wie sie Putins Propaganda permanent suggeriert, wird als Realität angenommen.

Die Vordenker und die heutige Strategie
Um Strategie zu verstehen, lohnt sich die Lektüre der vorgestellten Strategievordenker. Allerdings gehört Strategie heute nicht zum Standardrepertoire an deutschen Schulen oder Universitäten, mit Ausnahme der Betriebswirtschaft. Das erklärt, warum das Strategieverständnis der

Allgemeinheit kaum ausgebildet ist. Dabei ist Strategie eine sinnvolle Methode, weit in der Zukunft liegende oder ambitionierte Ziele in komplexen Situationen zu erreichen. Aber aufgrund ihrer Geschichte hat sie heute aber den Ruf einer Problemlösungsmethode auf Basis von Kampf; und das vollkommen zu Recht. Die heutigen Strategiekonzepte mit ihrer SWOT als Kerninstrument sind nichts anderes als ein Sammelsurium von Kampfstrategien, deren eigentliches Ziel darin besteht, überlegene Positionen im Feld, in der Diplomatie oder im Markt aufzubauen, um Wettbewerber jeglicher Art zu dominieren. Aber ist Kampf auch das richtige Instrument, um den Klimawandel zu stoppen, Viren zu bändigen, den Weltfrieden herzustellen, Armut zu beseitigen oder zufrieden alt zu werden?

Trotzdem bauen die nach dem 2. Weltkrieg entstandenen, sogenannten »Strategieschulen« auf dem Paradigma des Kämpfens auf. Darum ist es wichtig, diese Schulen zu kennen. Vor allem auch deshalb, weil in einer dieser Schulen die SWOT ihren Anfang nahm.

6

Strategieschulen und ihre Prinzipien

Zusammenfassung Nach dem 2. Weltkrieg entstanden verschiedene Strategietheorien, die auch Strategieschulen genannt werden. Sie beinhalten unterschiedliche strategische Denkansätze, Handlungsempfehlungen und Überzeugungen. Die heutige allgemein gültige Strategielehre basiert auf einer oder mehreren dieser Theorien, die sich ergänzen und je nach strategischer Fragestellung herangezogen werden können. Sie sind keine Dogmen mit Exklusivitätsanspruch, sondern vielmehr Orientierungshilfen. Es ist wichtig, diese Theorien zu kennen, ihre Gültigkeit wie auch ihre Grenzen.

Nachfolgend verwende ich die ins Deutsch übersetzten Begriffe für die »Strategieschulen«, so wie sie bei Mintzberg et al. (2009) [7] im Buch »Strategy Safari« genannt werden. Möglicherweise gibt es in der Literatur auch andere Übersetzungen oder Begriffe, die aber für die nachfolgenden Betrachtungen nicht maßgeblich sind. Ich erwähne auch nur diejenigen Schulen, die für meine Analyse der aktuellen Strategie relevant sind.

> Strategieschulen sind keine Schulen im klassischen Sinn, sondern strategische Prinzipien, die bestimmte Eigenheiten strategischen Denkens und Handelns klassifizieren. Sie schließen sich auch nicht gegenseitig aus und können kombiniert werden.

Aktuell sind mir keine neuen, zeitgenössischen Schulen bekannt. Möglicherweise werden wir irgendwann einmal auch eine Nachhaltigkeitsschule bekommen als Alternative zu den in den klassischen Schulen inhärenten Wachstumsparadigmen. »Eco Value« statt »Shareholder Value«. Das ist momentan sehr spekulativ, könnte sich aber durchaus lohnen. Überhaupt verstehe ich Strategie als ein wichtiges Synonym für Nachhaltigkeit; eine Definition, die wegen der kämpferischen Natur der klassischen Strategie freilich kaum so wahrgenommen wird. Nun aber zu diesen Schulen.

Designschule
Die erste Schule, die nach dem 2. Weltkrieg auftauchte, war die Designschule, deren Begründer Alfred D. Chandler (1918–2007) insbesondere für seine strategische Grundregel »structure follows strategy« bekannt ist. Sie besagt, dass man Organisationen nach einer Strategie ausrichten soll, und nicht die Strategie nach der Organisation. Salopp gesagt soll man sich bei seinem Tun nach den äußeren Notwendigkeiten richten und nicht den eigenen Kompetenzen, Strukturen und Fähigkeiten. Das ist zwar sinnvoll, erfordert aber unter Umständen die Veränderung der eigenen Organisation, um sich einem

verändernden Umfeld anzupassen. Hierbei spielt die Zeit eine Rolle, denn Veränderungen passieren oft sehr langsam. Dies wiederum wiegt Organisationen oft im trügerischen Glauben, es verändere sich nichts und man müsse sich selbst auch nicht verändern.

Die deutschen Automobilbauer und ihre in klaren Wertschöpfungsketten organisierten Zulieferer weisen seit Jahrzehnten ähnliche Grundstrukturen auf, denn es werden ja immer mehr oder weniger die gleichen Produkte gebaut: von Fahrern gesteuerte Autos mit Verbrennungsmotoren. Die vielen Varianten und technologischen Innovationen, unter denen sich Kaufwillige kaum entscheiden können, dürfen nicht darüber hinwegtäuschen, dass das Prinzip Auto seit Anbeginn unverändert geblieben ist. Ein Cabriofahrer sitzt noch genauso im Freien, dem Wind und Wetter ausgesetzt, wie seinerzeit ein Kutscher. Mit der Elektromobilität werden die etablierten Strukturen transformiert werden müssen; nicht nur die Organisationen der Autobauer selbst, sondern auch die der Wertschöpfungsketten. Kein Wunder, dass die deutsche Industrie so lange gezögert hat. Eine solche Transformation ist umfangreich, kostspielig und riskant. Noch riskanter wäre es allerdings, auf sie zu verzichten. Wenn Industrien sich organisatorisch nicht verändern, dann liegt die Vermutung nahe, dass sie auch ihre Strategien nicht verändern wollen.

Die Grundidee der Designschule lässt sich auf die einfache Formal reduzieren, dass Stärken (Strengths) und Schwächen (Weaknesses) einer Organisation mit den Chancen (Opportunities) und Risiken (Threats) ihres Umfelds abgeglichen werden müssen. Damit sind wir bei der am Anfang des Buches bereits erwähnten SWOT-Analyse, auch SWOT-Matrix oder einfach nur SWOT genannt (siehe auch Kap. 9). Sie wird dem Harvard-Professor Kenneth Andrews zugeschrieben und gilt als

Kerninstrument der Designschule. Man ging davon aus, dass sich die Erfolge eines Unternehmens aktiv planen -designen- lassen, wenn man nur dem Prinzip der Stärkung von vorhandenen Stärken folgt. Was stark genug ist, setzt sich automatisch durch, glaubte er. Die Nachteile der SWOT analysiere ich später ausführlich und bleibe an dieser Stelle an der Oberfläche. Allerdings kann ich hier schon einen Bezug zur Kernaussage des Buches, Strategie muss sich auf die Veränderung des Veränderbaren konzentrieren, herstellen. Wer nämlich meint, Chandler habe hier ein darwinistisches Prinzip angewendet, der irrt.

> Darwinismus ist nicht die Dominanz der Stärkeren, sondern die Überlebensfähigkeit der Anpassungsfähigeren, also der Veränderungsfähigeren.

Evolutionsexperten mögen mir die folgende These nachsehen: Hätte die Evolution nach den Prinzipien der SWOT gehandelt, wären alle Lebewesen genauso ausgestorben wie die Dinosaurier. Deren dominante Größe hat sie offensichtlich nicht vor den Folgen des Meteoriteneinschlages vor ca. 60 Million Jahren bewahren können. Wer sind unsere wirtschaftlichen Dinosaurier heute? All diejenigen, die sich nicht verändern wollen oder können.

Das Grundprinzip der Stärkung von Stärken ist auch in unserem Privatleben schon lange angekommen, nicht erst seit der Inflation von Fitnesscentern. Der Glaube an die aktive Gestaltung, an das Design unseres Lebens findet heute in Form persönlicher Selbstoptimierung seine willfährigen Opfer. Wenn ich nur konsequent meine Schwächen eliminiere und meine Stärken ausbaue, dann kann ich fit und gesund alt werden. Natürlich ist körperliche Ertüchtigung (gibt es das Wort heute überhaupt noch?) sinnvoll und notwendig für ein gesundes Leben;

allerdings ist übertriebene und auf eng begrenzte Fähigkeiten hin ausgerichtete Selbstoptimierung aus guten Gründen heute nicht mehr unumstritten. Erstens können damit erhebliche Gesundheitsgefahren verbunden sein, und zweitens führt einseitige Optimierung zu erhöhter Vulnerabilität gegenüber Ereignissen, auf die wir uns wegen einseitiger Fokussierung nicht vorbereitet haben.

Ebenso kann man die auf maximale Effizienz ausgerichtete Optimierung von Unternehmen hinterfragen, die in Krisen versagen kann. Optimierung heißt, sich möglichst perfekt an die aktuellen Anforderungen des Umfeldes anzupassen. Effizienz der eigenen Wertschöpfung minimiert die Kosten und steigert den Gewinn. Sie bedeutet aber auch den bewussten Verzicht auf Reserven, die dann in Krisen nicht mehr zur Verfügung stehen. Während es in guten Zeiten Vorteile haben mag, jedes Gramm Fett im physischen wie im betriebswirtschaftlichen Sinn zu reduzieren, kann das in Krisen die Lebensfähigkeit bedrohen.

Interessant, wie schnell in der Pandemie auch solche Unternehmen nach dem Staat gerufen haben, die sich in guten Zeiten normalerweise jegliche Einmischung verbitten. Wofür gibt es eigentlich Aktiengesellschaften, wenn die Aktionär*innen in Krisen keine Verantwortung übernehmen? Ohne den Staat gäbe es die Lufthansa heute vielleicht nicht mehr, weil eine Pandemie solchen Ausmaßes niemand in seinen Planungen vorausgesehen, oder vielleicht auch bewusst ignoriert hatte.

> Dies offenbart das wesentliche strukturelle Defizit der Designschule: sie funktioniert nur in stabilen Situationen ohne disruptive Veränderungen. Wenn ich aber nicht weiß, welche Stärken auch in Zukunft wichtig sind, welche Schwächen gefährlich, welche Chancen auf mich warten und mit welchen Risiken ich rechnen muss, wie kann ich

> dann mein Leben oder mein Unternehmen so designen, dass es nachhaltig erfolgreich bleibt?

Planungsschule
Aus der Design- hat sich die Planungsschule entwickelt in der trügerischen Annahme, man könne Erfolge in der Zukunft gezielt und quantitativ planen. Wie ich anfangs schon erläutert habe, funktionieren Pläne nur, sofern die Planer alle wesentlichen Faktoren des Plans selbst unter Kontrolle haben. Bei Unternehmen gibt es aber viele nur eingeschränkt berechenbare Faktoren. Das Verhalten von Wettbewerbern und Kunden*innen, die allgemeine Wirtschaftslage, neue Produkte oder plötzliche Umfeldveränderungen bergen erhebliche Unsicherheiten. Viele Strategiepläne, die ich kenne, enthielten Tabellen mit den Umsätzen und Gewinnen der jeweils kommenden Dekade, und zwar auf die Kommastelle genau. Mit der Verfügbarkeit von umfangreichen elektronischen Planungstools nahm die Datenmenge der Prognosen immens zu, und mit ihr die Scheingenauigkeit des eigentlich Unplanbaren, der Zukunft. Wie sinnlos das ist, kann jeder verstehen, der schon einmal versucht hat, mit einem teuren Programm zur Vorhersage von Aktienkursen Millionär zu werden.

Igor Ansoff (1918–2002) ist einer der bekannten Vertreter dieser Schule und hat damit den Grundstein für strategisches Management auf Unternehmensebene gelegt. Er hat die einzelnen Geschäftseinheiten in ein Portfolio eingeordnet, das sich aus bestehenden und neuen Märkten bzw. Kunden und Produkten zusammensetzt.

Nach Ansoff hat ein Unternehmen vier grundsätzliche Wachstumspfade es kann im bestehenden Markt mit bestehenden Produkten gegen den Wettbewerb wachsen

(Verdrängung), mit bestehenden Produkten in neuen Märkten (Markterweiterung), mit neuen Produkten in alten Märkten (Produkterweiterung) oder gar mit neuen Produkten in neue Märkte expandieren (Diversifikation). Diese Pfade werden oft in einer einfachen Matrix mit vier Quadranten, der Ansoff-Matrix, präsentiert. Dabei ist Verdrängung oft schmerzhaft, weil sie oft mit Preisnachlässen und damit Renditeeinbußen einhergeht. Diversifikationen dagegen gehen statistisch betrachtet häufig schief, weil sich Unternehmen in Neuland wagen müssen. Sie sind wie spekulative Aktienkäufe zu werten; man sollte nicht das Wohl des Unternehmens daran hängen. Markterweiterungen und Produkterweiterungen sind auch heute noch gängige Methoden des Wachstums. Allerdings sagt Ansoff nichts darüber aus, wohin sich Unternehmen nun tatsächlich entwickeln sollten. Die strategische Frage nach dem richtigen Ziel muss mit anderen Methoden beantwortet werden, weshalb die Ansoff-Matrix weniger ein strategisches Tool als eine Darstellungsform ist. Auch noch so schöne Darstellungen sind nutzlos, wenn man nicht weiß, wie man Wachstum realisieren soll. Geplant ist schnell, aber schließlich macht die Umsetzung den Unterschied.

Positionierungsschule
Von daher rückte Michael E. Porter (geb. 1947) vom strikten Konzept der Planbarkeit ein wenig ab. Für ihn war die Fähigkeit wichtiger, eindeutige Wettbewerbsvorteile auf der Grundlage einer längerfristigen -strategischen- Betrachtungsweise zu entwickeln, die auf Unterscheidungsmerkmalen eines Unternehmens zu seinen Wettbewerbern beruhen.

Rund um Michael Porter hat sich die Positionierungsschule etabliert. Sie geht von der Annahme aus, dass einige wenige Variablen (wie z. B. Marktanteil, Wachstum,

> Produktvolumina etc.) entscheidend sind für die Position, in der sich ein Unternehmen in seinem(n) jeweiligen Marktsegment(en) befindet.

Sobald es gelungen ist, die genaue Unternehmensposition zu bestimmen, so die Theorie, kann das Unternehmen sich optimal positionieren, d. h. auf eine bessere Position bei Umsatz und Gewinn zusteuern. Dazu stehen drei Grundstrategien zur Verfügung: die Kostenführerschaft im Markt, die Differenzierung vom Wettbewerb durch besondere Produkte, Leistungen oder Qualität, und schließlich Fokussierung auf eine bestimmte Nische.

Kostenführerschaft ist die Fähigkeit von Unternehmen, Produkte zu günstigeren Kosten herzustellen als seine Wettbewerber. Das gibt mehr Spielraum bei der Preisgestaltung. Niedrige Kosten und Preise sind in den Märkten wichtig, in denen Preise und Verkaufszahlen stark voneinander abhängen, wo also niedrigere Preise zu höheren Verkaufszahlen führen und umgekehrt. Friseure, Tankstellen, Lebensmittel- und Möbeldiscounter sind Beispiele für Branchen mit hoher Preissensibilität und damit auch anfällig für Preiskämpfe. Um dort mitspielen zu können, muss ein Unternehmen seine gesamte Wertschöpfungskette radikal auf Kostenminimierung trimmen, mit teils negativen Folgen für Mitarbeiter, Lieferanten und am Ende auch Umwelt, Klima, Menschenrechte und der Produktqualität selbst. Die meisten prekären Arbeitsverhältnisse finden sich in solchen Preiskampf-Branchen; Billigfluglinien, Lieferservices und Möbelhäuser sind dafür gute schlechte Beispiele. Auch die Zulieferer leiden: Milchbauern bekommen kaum mehr Geld für ihre Milch, und auch Kaffeebauern sind normalerweise weit weg von fairer Bezahlung. Billig im Regal ist nur vordergründig sozial fair; in Wahrheit vergrößern Billigprodukte die soziale Ungleichheit. Und es verhindert Innovationen, denn eine am Rande der Rentabilität entlangschrappende Wertschöpfungskette hat dafür überhaupt keine Ressourcen übrig. Kostenführerschaft ist daher keine sinnvolle Strategie für technologisch anspruchsvolle Unternehmen.

Qualitätsführerschaft ist eine Alternative zur Kostenführerschaft. Mit Qualität ist dabei der von den Kunden subjektiv empfundene Nutzen in Form von Funktionalität, Exzellenz oder Einzigartigkeit gemeint. Natürlich kann auch die Qualität der Produkte selbst ein dominantes Kaufkriterium sein; mit guten Ergebnissen in der Pannenstatistik haben insbesondere japanische Automobilhersteller Marktanteile gewonnen. Qualität kann aber auch alles sein, was heute als ein Premium bezeichnet wird. Der betriebswirtschaftliche Vorteil dieser Strategie liegt in der schwereren Kopierbarkeit von Qualität durch Wettbewerber und damit einem höheren Renditepotenzial für diejenigen, die hohe Qualität anbieten können. Für Premiumprodukte kann man höhere Deckungsbeiträge und damit Gewinne realisieren, die man meistens aber gleich wieder in die eigene Forschung und Entwicklung stecken muss, um den Premiumlevel zu erhalten. Volkswirtschaftlich kann eine Gesellschaft von diesen Premiumprodukten profitieren, denn die höheren Margen erlauben auch Investitionen in Innovationen, die sich bei Billigprodukten nicht realisieren lassen. Deutschlands Automobilindustrie profitiert sehr stark von der Premiumklasse seiner Produkte, bisher zumindest. Das könnte sich mit der Transformation zur Elektromobilität ändern. Hier zeigt sich eine große Schwäche der Positionierungsschule: sie hat keine Antwort auf Veränderungsdruck und gibt auch keine Hinweise, ob und wann sich Unternehmen verändern sollten.

Innovationsführerschaft ist eine wichtige Ausprägung der Qualitätsführerschaft, verdient aber aus meiner Sicht eine eigene Kategorie. Innovationskraft hatte in den 1960er Jahre noch nicht die gleiche Bedeutung als Wettbewerbsparameter wie heute. Kein Wunder, denn damals war es wichtiger, die zunehmende Nachfrage an Standardprodukten wie Waschmaschinen, Autos, Möbel, Unterhaltungselektronik oder Kühlschränken überhaupt erst einmal zu decken. Da war es nicht so wichtig, ob die Waschmaschine nachhaltig ökologisch war oder über intelligente Waschprogramme verfügte; Hauptsache, man/frau mussten nicht mehr mit der Hand waschen. Heute dagegen sind Innovationen das A und O für die Zukunftssicherung von Unternehmen, und den Standort Deutschland insgesamt, gerade auch in einer zunehmenden Konkurrenz mit einem immer (noch) innovativer werdenden China. Es bleibt jedoch abzuwarten, ob China sein wirtschaftliches Wachstum in den Weltmärkten so fortsetzen kann wie in den vergangenen Jahren. Zu sehr wirken sich die Entscheidungen und Handlungen der chinesischen Führung, ob in der Corona-Pandemie oder in der Taiwan-Frage, negativ aus. Russland hat deutlich gemacht, wie gefährlich intensive und monopolistische Handelsbeziehungen zu Staaten sein können, die weit von unseren westlichen Vorstellungen von Demokratie entfernt sind. Es bleibt spannend, wie eine Strategie ohne China und Russland aussehen könnte, sofern Deutschland überhaupt eine Chinastrategie jenseits wirtschaftlicher Abhängigkeiten bei gleichzeitigen moralischen Apellen hat.

Nischen sind eine weitere Kategorie, die sich durch fehlenden oder marginalen Wettbewerb auszeichnen. Porsche ist in so einer Nische, denn es gibt kaum, vielleicht auch gar keinen, Wettbewerb im gleichen

6 Strategieschulen und ihre Prinzipien

Segment, das möglicherweise nur aus Porsche besteht. Die Rendite in dieser Nische ist entsprechend hoch, denn Kunden zahlen fast jeden Preis. Aber Nischen erfolgreich zu bedienen, erfordert außergewöhnliche oder sehr spezifische Produkte, die nur von einem oder wenigen Unternehmen realisiert werden können.

Nischen sind aber auch die Inkubatoren für Start-ups und damit wirtschaftliche Schutzzonen für neue Marktteilnehmer. Firmengründungen sind normalerweise zu klein, um von den etablierten Marktteilnehmern bemerkt oder ernst genommen zu werden. In diesen mehr oder weniger geschützten Markt-Biotopen können sich Start-ups ansiedeln und sich dort unter einer Art ökonomischem Welpenschutz weiterentwickeln. Sobald sie erfolgreich gewachsenen sind und eine lebensfähige Größe erreicht haben, können sie sich in die Hauptmärkte wagen und die dortigen Akteure angreifen. Nischen sind die Brutstätten zukünftiger Wettbewerber.

Elon Musk verfolgt mit Tesla in Deutschland auch eine Nischenstrategie. Wegen den lange nicht ernsthaft verfolgten Anstrengungen der deutschen Automobilisten, alltagstaugliche Elektroautos auf den Markt zu werfen, die nicht schon nach 30 km wieder an die Ladesäule müssen, könnte Musk mit Tesla eine Elektromobilitäts-Nische besetzen, die tatsächlich noch nicht existiert. Darin könnte er dank des dort fehlenden Wettbewerbs hohe Renditen erzielen und den deutschen Markt für Elektromobilität überhaupt erst aufbauen. Die klassischen Anbieter von Verbrennungsmobilität könnten dadurch unter Druck kommen. Sie haben sicher den Konjunktiv bemerkt: Musks Strategie ist gewagt, denn schließlich muss Tesla auch erst mal dem deutschen verwöhnten Kunden ausreichend Produkte in gewohnter Qualität liefern. Inzwischen haben allerdings auch die etablierten Anbieter die Herausforderung angenommen. Man wird sehen, wie das ausgeht.

Auch wenn die drei beschriebenen Positionierungs-Optionen in sich logisch sind, so tauchen Marktteilnehmer ja nicht wie »deus ex machina« einfach so an ihren Positionen auf, sondern entwickeln sich dorthin, teils über Jahrzehnte. Mercedes hat für seine heutigen Position über 100 Jahre gebraucht, BMW etwas weniger. Schwer vorstellbar, dass Gottlieb Daimler schon in seiner ersten Werkstatt entschieden hat, Premiumanbieter zu werden. Man braucht also einen langen Atem.

Veränderungen brauchen Zeit, die der Markt oder welches Umfeld auch immer oft nicht gewähren. Für dynamische Veränderungen ist organisatorische Agilität gefragt, die Marktführer aufgrund ihrer strukturellen Optimierung nicht mehr so leicht aufbringen können. Daher haben flinke Newcomer oft eine Chance, über schneller Reaktion auf geändertes Kundenverhalten Marktanteile zu gewinnen, auch wenn die Qualität ihrer Produkte noch nicht an die der Platzhirsche heranreicht. Aber als Kunden wissen wir ja: wenn das Produkt nur hip genug ist, verzeihen wir auch ein paar kleinere Qualitätsdefizite, zumindest anfangs.

> Die Positionierungsschule fordert also Konzentration auf die eigenen, spezifischen Fähigkeiten, oft auch als Kernkompetenzen bezeichnet. Das kann gleichzeitig gefährlich werden, wenn sich ein Markt- oder Wettbewerbsumfeld schnell, disruptiv, ändert.

Dann kann aus einer Stärke schnell eine Schwäche werden. Das darwinistische Prinzip des »survival of the fittest« bedeutet eben gerade nicht das Festhalten an alten Stärken um jeden Preis, sondern deren Transformation und Anpassung an neue Umstände. Aber darauf geht Porter nicht ein; stattdessen bestätigte seine Schule das Grundprinzip der SWOT, nämlich die Stärkung von Stärken. In mehr oder wenigen stabilen wirtschaftlichen Wetterlagen ist es auch sinnvoll. Wer sich nicht optimiert, verliert. In Transformationsperioden mit wirtschafts-politischen Turbulenzen und Veränderungsdruck kann es allerdings gefährlich sein. Da sind Veränderungskompetenzen gefragt.

Und genau diese Veränderungskompetenzen werden weder in der Design-, noch der Planungs- oder Positionierungsschule ausreichend berücksichtigt. Das von ihnen entscheidend geprägte Kerninstrument, die SWOT, zwingt förmlich zur Bewahrung und den Ausbau des Status quo. Solange vorhandene Stärken, so die Kernbotschaft der Schulen, einen wie auch immer gearteten Vorteil im Wettbewerb bringen, dann ist es folgerichtig, sie auch weiterhin zu stärken. Wenn sich das Umfeld aber signifikant verändert, verlieren Stärken normalerweise ihren Vorteil und werden zu Schwächen. Dann reicht es nicht mehr aus, die Dinge richtig zu machen, dann muss man versuchen, die an die neue Situation angepassten richtigen Dinge zu machen. Die Evolution hat darauf seit Anbeginn des Lebens eine klare Antwort: Mutation und Selektion.

Der Ökonom Peter Drucker (1909–2005) steht für die Strategie des »doing the right things« statt des »doing the things right«. Danach sollen Unternehmen herauszufinden, wie sie Kunden mit neuen Problemlösungen bzw. Leistungen zufriedenstellen können, statt nur die aktuellen Bedarfe möglichst gut abzudecken. Es geht also auch darum, neue Bedarfe durch neue Angebote zu wecken.

> **Beispiel**
>
> Der frühere Apple-Chef Steve Jobs hat im Drucker'schem Sinne genau das Richtige getan. Hätte er nur die Dinge richtig gemacht, wäre statt des iPhones ein neues und vielleicht besseres Tastentelefon herausgekommen. So haben wir heute das Smartphone.

Drucker rückt also die Zukunft in den Fokus der Strategie und ermutigt dazu, Neuland zu betreten, ein Land, in dem sich die SWOT kaum auskennt. Man müsste nach der Logik der SWOT dafür nämlich fehlende Stärken (Kompetenzen oder Produkte) mit fehlenden Chancen (Märkten oder Kunden) abgleichen, was ihre Struktur aber nicht vorsieht. Wie Steve Jobs eindrucksvoll bewiesen hat, kann dieser Weg aber sehr attraktiv sein. Wer sich bemüht, das Richtige zu tun, kann dabei gelegentlich etwas richtig Innovatives, ja Disruptives, hervorbringen.

Das wiederum ist nicht ungefährlich für die Wettbewerber, denn deren Produkte werden mit Disruptionen oft obsolet. Nokia und Blackberry ist genau das mit dem Siegeszug des iPhone passiert. Disruptionen bedeuten für die etablierten Unternehmen immer einen Verlust an Marktanteil zugunsten der neuen Unternehmen, die die Disruption in den Markt bringen.

Disruption will eigentlich keiner, obwohl Unternehmen gerne damit für ihre Innovationsfähigkeit werben und sich selbst gar als disruptiv bezeichnen. Wer disruptive Produkte auf den Markt bringen will, gefährdet dabei zwangsläufig die eigenen, etablierten Produkte, denn disruptiv bedeutet ja nichts anderes als wesentlich bessere Qualität aus Sicht der Kunden, etwas, was Kunden begeistert und zum Kauf motiviert. Es ist also nicht ohne Risiko, wenn Automobilhersteller Elektroautos auf den Markt werfen würden, die aus Kundensicht wesentlich besser wären als die klassischen Verbrennerautos. Ist aber ein Auto wirklich disruptiv, wenn es bei gleicher Form und vergleichsweise ähnlicher Leistung statt eines Verbrenners einen Elektromotor (mit akustischem Verbrenner-Sound-Generator) unter der Haube hat? Tatsächlich hat es auch schon echte Disruptionsversuche gegeben, zum Beispiel bei Mercedes mit dem Smart oder der A-Klasse. Was ist aber daraus geworden, und wohin entwickelt sich Mercedes heute? Disruptionen sind immer mit Risiken für den Disruptor verbunden.

Abgesehen davon verhindert das Prinzip der SWOT, die Stärkung von vorhandenen Stärken, ja genau deshalb jegliche, und insbesondere auch disruptive Veränderungen. Daher entstehen Disruptionen meist außerhalb der Zirkel etablierter Unternehmen. Sie sind die Domäne von jungen, innovativen und frechen Firmen, die sich nur über neue Funktionalitäten ihrer Produkte oder Dienstleistungen differenzieren können. Natürlich hätten auch die Etablierten die notwendigen Kompetenzen, innovative Mitarbeiter*innen und insbesondere auch die finanziellen Ressourcen für Disruptionen. Aber sie haben eben nicht die mentale Bereitschaft dazu, weil sie ja nicht freiwillig ihre lukrativen Geschäftsmodelle gefährden. Zumindest in guten Zeiten; wer in seinem Marktsegment Probleme bekommt, wird eher bereit sein, etwas radikal Neues zu machen. Wer aber immer nur die Dinge richtig gemacht hat, der wird nicht so einfach die richtigen Dinge machen können.

Innovationsfähigkeit muss man aufbauen und trainieren; sonst ist sie nicht da, wenn man sie braucht. Eigentlich eine Binsenweisheit, die aber in guten Zeiten der Effizienzdoktrin geopfert wird. Neue Fähigkeiten auszubauen, geht immer gegen die Rendite. Wer es aber vorhat, der muss eines lernen: zu lernen.

Lernschule
Um das Richtige zu tun, müssen wir zunächst lernen, wie das geht. Die Lernschule geht davon aus, dass Unternehmen und Organisationen permanent lernen müssen. Machen das Unternehmen nicht ohnehin? Ja, aber nur in engen Grenzen ihrer sogenannten Mission, also ihres aktuellen Tätigkeitsbereiches. Die Mission von Flugzeugbauern ist es, Flugzeuge zu bauen. Die etablierten Hersteller können dies inzwischen sehr gut. Um mit Porter zu sprechen: sie haben gelernt, ihre Aufgaben richtig zu machen und sich dabei auch kontinuierlich zu verbessern. Sie lernen also innerhalb ihrer begrenzten Mission. Im Wettbewerb zwischen Boeing und Airbus kann man gut beobachten, wie sich Kontrahenten durch Fehler und Lernen weiterentwickeln können. Boeing 737Max hier, A380 dort. Keiner der beiden ist unfehlbar, trotzdem sind beide sehr erfolgreich, auch gegenüber möglichen Newcomern wie zum Beispiel der chinesischen COMAC[1]. Ein wesentlicher Grund liegt in ihren, auf langem Lernen basierenden Kernkompetenzen. Es würde hier zu weit führen, diese alle zu benennen; man kann sie aber auf die Fähigkeit reduzieren, moderne, effiziente und sichere Flugzeuge in ausreichender Qualität und Anzahl in den Markt zu bringen. So wichtig das auch ist: sie lernen dadurch natürlich nicht, andere Produkte zu bauen, sondern nur ihre Kernkompetenzen zu verbessern.

---

[1] Die Commercial Aircraft Corporation of China Ltd. ist ein chinesischer Flugzeughersteller.

Ziel des Lernens sind der Aufbau von Kernkompetenzen der Unternehmen, so wie z. B. der Motorenbau bei den Automobilproduzenten. Daher ist die Diskussion um den Elektroantrieb so problematisch, weil diese Komponente auch von externen Anbietern gebaut werden kann. Kernkompetenzen sind das Ergebnis langen Lernens. Daher werden sie geschützt und bewahrt. Dazu zählen nicht nur technische Fähigkeiten im eigentlichen Sinn, sondern auch die für Unternehmen typische Kulturen, Prozesse und Verhaltensweisen, die man von außen nicht immer erkennen kann.

Diese Theorie des Aufbaus von Kernkompetenzen erfüllt den Geist der SWOT und ihres Prinzips der Stärkung vorhandener Stärken. Es kann aber dazu führen, dass Unternehmen oder Organisationen sich in ihren Tätigkeitsnischen unverrückbar einmauern. Die Marktnotwendigkeit der Transformation zur Elektromobilität bedeutet aber für die Automobilhersteller, langjährig aufgebaute Kernkompetenzen ersetzen zu müssen. Das geht nicht schmerzfrei und erfordert vor allem ausgeprägte Lernbereitschaft und -fähigkeit.

Dynamisches Lernen und Anpassen ist für Startups dagegen eine Frage des Überlebens. Allzu starres Festhalten an der Ursprungsidee kann in den Untergang, ins sogenannte »Valley of Death«[2] führen, wenn Investorengeldern ausbleiben. Ideen, die allein in den Köpfen engagierten Gründer brillant sind, halten nicht notwendigerweise dem Realitätsschock stand. Deshalb müssen sie frühzeitig im Markt getestet werden. Es erfordert viel Lernbereitschaft und Flexibilität, die eigene

---

[2] Das sind Phasen, in denen Start-ups neue Finanzmittel brauchen, um weiterzumachen. Wenn sie diese nicht bekommen, gefährdet das ihr Weiterbestehen.

Idee so weit zu verändern, damit aus ihr ein werthaltiges und nachgefragtes Produkt werden kann. Wer dazu nicht bereit ist, hat es schwer. Manchmal erkennen etablierte Unternehmen das Potenzial der Ideen und nehmen Start-ups dann gerne an der langen Leine unter ihre Fittiche, damit sie dort, einigermaßen geschützt vor den etablierten Unternehmensstrukturen, ihre Innovationen entwickeln können. Bei Misserfolgen entsteht dann auch nur ein relativ geringer Kosten- und Image-Schaden am Kernunternehmen. Zusätzlich verspricht man sich von den oft jungen und engagierten Teams eine positive Ausstrahlung auf die Kernbelegschaft, und hat einen Pool für Nachwuchstalente.

Lernen bedeutet aber auch die Bereitschaft, Veränderungen nicht nur zuzulassen, sondern sie aktiv zu gestalten. Dies ist die Basis für meinen neuen Strategieansatz der Veränderung des Veränderbaren und eine Abkehr von dem Prinzip, das Alte immer besser zu machen.

> Lernen ist eine Zukunftsfähigkeit, die gerade in den immer komplexer und dynamischer werdenden Markt- und Wettbewerbsumfelder überlebenswichtig wird.

Das führt zur Frage, wie sich Unternehmenskulturen zu Veränderungen verhalten.

Kulturschule

Die Kulturschule geht davon aus, dass Organisationen nicht vollständig über Prozesse gesteuert werden können, da nicht für jeden Mitarbeiter in jeder Situation eine Handlungsanweisung vorliegen kann. Vorgaben dazu, wie man sich bei Fehlern verhält, Kunden anspricht, die eigene Arbeitsqualität sieht oder mit seinen Vorgesetzten kommuniziert, das findet sich in keinem Arbeitsvertrag.

Jedes Unternehmen und jede Organisation bis hinauf zum Vatikan haben ungeschriebene Gesetze, die ihre Kultur wesentlich mitbestimmen.

Es geht nicht nur um ethische Verhaltenskodexe, sondern das intrinsisch angelegt korrekte Verhalten von Mitarbeitern in den operativen Prozessen, auch wenn dies niemand permanent kontrolliert. Eine authentische und ausgeprägte Unternehmenskultur kann Mitarbeiter dazu bringen, das Richtige im Sinne des Unternehmenserfolges zu tun, weil sie die Ziele und Werte der Organisation kennen, teilen und unterstützen.

Als Idealbild von kulturell determinierten Organisationen können Religionsgemeinschaften gelten. Der Glaube muss nicht über Verträge und Organisationsanweisungen aufrechterhalten werden, sondern ergibt sich aus den religiösen Überzeugungen der Glaubenden. In Unternehmen sind Kulturen wesentlich subtiler ausgebildet. Normalerweise bilden sie sich im Laufe der Zeit als Teil des Zugehörigkeitsgefühls und beinhalten die impliziten Regeln und ungeschriebenen Gesetze. Die sogenannte »Corporate Culture« legt mehr oder weniger explizit fest, was man im Unternehmen macht und unterlässt. Angeblich soll man als BMW-Mitarbeiter besser nicht mit einem Mercedes zur Arbeit kommen, und vielleicht ist das auch bei Mercedes im umgekehrten Fall ähnlich. Dies wäre ein Fauxpas. Die kulturelle Kraft von Firmenzugehörigkeit brechen besonders bei Zusammenschlüssen oder Übernahmen aus dem Untergrund hervor, und oft bleiben die ursprünglichen Kulturen so lange aktiv, bis der letzte »Kruppianer« oder »Dornianer«[3] in den Ruhestand geht. Das Konzernkonstrukt DaimlerChrysler ist neben anderen Gründen an der Unvereinbarkeit der

---

[3] Mitarbeiter der früheren Firmen Krupp und Dornier.

schwäbischen und nordamerikanischen Mentalitäten gescheitert.

Starke Kulturen in Organisationen dürften deren Effizienz in stabilen Zeiten steigern; ihre bremsenden oder gar verhindernden Wirkungen in Phasen notwendiger Transformationen halte ich dagegen für ziemlich nachteilig. Warum nicht die Organisation an den erfolgreichen Prozessen der Natur ausrichten? Schließlich ist die Natur ein Meister der Veränderung.

Umweltschule

Die Umweltschule versteht Organisationen als biologische Organismen, die in einer feindlichen Umwelt eine Nische besetzen, in der sie sich für gewisse Zeit behaupten, bevor sie »selektiert« werden. Die Konsequenz einer derartigen Betrachtung ist, dass sich Unternehmen in ihren Märkten optimal einrichten müssen, und jede Veränderung gefährlich sein kann. Zunächst ist die konsequente Anpassung an den jeweiligen Lebensraum, bei Unternehmen sind das die Marktbedingungen, auch der beste Schutz vor Verdrängung. Was in der Natur der Kampf um Nahrung ist, ist in der Wirtschaft der um Kundschaft. Wenn meine Kundenzielgruppe prestigeträchtige Luxusautos will, dann muss ich genau die auch anbieten, aber keine preisgünstigen Familienkutschen. Die Anpassung an Marktbedarfe ist genauso wichtig wie die Anpassung an die Bedingungen der Ökosysteme Savanne, Arktis oder Urwald.

Die Anwendung der Umweltschule fördert allerdings auch statisches Verhalten von Unternehmen, denn Veränderungen, und damit Abweichungen von der optimalen Anpassung an die aktuellen Kundenwünsche, gefährden die Marktposition. In der Natur finden Veränderungen der Arten nur im evolutionären Maßstab durch Mutation und Selektion über lange Zeiträume statt, die durch evolutionären Druck in Form von Umweltveränderungen oder eindringende Lebensformen ausgelöst werden können. Auch das passiert in der Wirtschaft, wenn auch über wesentlich kürzere Zeiträume. »Neue Lebensformen«, das waren Automobile im Vergleich zu Kutschen, Personalcomputer zu Großrechnern oder Smartphones zu Tastentelefonen. Diese Innovationen hatten und haben immer noch gewaltige Verwerfungen der jeweils relevanten Märkte zur Folge. Nicht immer konnten sich die etablierten Anbieter dann schnell genug an die Veränderungen anpassen: wer kennt heute schon noch einen der Kutschenhersteller aus dem 18. Jahrhundert?

Das führt mich zum großen Dilemma der Umweltschule: Wenn die Abweichung von der optimalen Anpassung an einen Markt genauso gefährlich sein kann wie das Festhalten daran, wie kann ein Unternehmen dann überhaupt strategisch richtig agieren?

Die Antwort ist so einfach wie schwierig: man muss beides tun. In der Natur kann zwar ein Fisch nicht zugleich Vogel sein, auch wenn die fliegenden Fische dies offenbar versuchen. Unternehmen dagegen können sich in unterschiedlichen Geschäftseinheiten organisieren, die aus einem optimal angepassten Kerngeschäft und neuen Geschäftszweigen bestehen. Eine heute mehr und mehr verfolgte Methode evolutionärer Anpassung besteht darin, Start-ups zu übernehmen, die Neues ausprobieren. Der Vorteil liegt in den geringeren Kosten, frischen Strukturen und Prozessen und nicht zuletzt ungebrochenem Enthusiasmus junger Firmen und ihrer Mitarbeiter*innen. So können sich Unternehmen verändern, ohne ihr Kerngeschäft zu gefährden.

Überlebensfähigkeit ist ein Teilaspekt der Umweltschule. Ebenso wie Organismen sind hocheffiziente und angepasste Organisationen und Unternehmen anfällig gegen Krisen, weil sie keine ausreichenden Puffer vorhalten, um Durststrecken überbrücken zu können. Andererseits können ineffiziente Systeme in guten Zeiten im Wettbewerb kaum überleben. Wieder ein strategisches Dilemma, das in Krisen oft vom Staat über finanzielle Hilfen aufgelöst werden muss. Was gerne als Privatisierung der Gewinne bei Sozialisierung der Verluste bezeichnet wird, ist auch die Folge unseres Verhaltens als Kund*innen: Wer immer das beste Preis-Leistungs-Verhältnis sucht, der zwingt Anbieter dazu, Reserven für Krisen zu vernachlässigen. Produkte, deren Preise realistische Rücklagen für Notzeiten beinhalten, verschwinden schnell aus den Regalen. Ich spreche hier allerdings von rationalen Märkten und nicht vom Bankensegment, dass im Jahr 2007 sich und die betroffenen Volkswirtschaften mit irrationalen Boni- und Kreditstrukturen erheblich geschadet hat, und dann gerettet werden musste.

Problematisch wird es aber, wenn der Staat auch in guten Zeiten kriselnden Unternehmen oder gar Branchen unter die Arme greifen soll. Sofern die Krisen das Ergebnis unternehmerischen Fehlverhaltens oder struktureller Probleme sind, führen staatliche Unterstützungen zur Verlängerung dysfunktionaler Organisationen und verhindern notwendige Transformationen. Diese gehen selten ohne Schmerzen ab und erfordern erhebliche Umbauten und auch Härten für die Betroffenen. Kohlekumpel und Kernkraftwerksmitarbeiter erleiden die Konsequenzen der Energiewende schon länger. Aber es führt oft kein Weg daran vorbei.

Organisationen müssen aber nicht untergehen, solange sie sich verändern und anpassen können.

Die Katholische Kirche ist ein Beispiel für Überlebensfähigkeit, da sie immerhin seit nahezu 2000 Jahren alle

Krisen überstanden hat, ohne ihre Kernbotschaft zu verändern. Sogar die Spaltung durch die Reformation hat ihr nicht grundsätzlich geschadet. Gerade kämpft sie zwar gegen Bedeutungsverlust und eine Menge innerer Krisen, aber es besteht Grund zur Annahme, dass sie auch diese überstehen wird; wenn nicht in Europa, dann vielleicht auf anderen Kontinenten. Wie schafft sie das?

Ich sehe drei Gründe. Erstens ist ihre christliche Kernbotschaft zeitlos, denn sie endet erst mit dem Jüngsten Tag. Zweitens folgt sie nicht jeder Mode, wofür sie zwar in jeder Generation heftig kritisiert wird, aber Moden kommen und vergehen im Zeitmaßstab der Katholischen Kirche sehr schnell. Die Fliehkräfte, die beim Nachsteuern jeder Mode oder jedes Zeitgeistes notwendig gewesen wären, hätte die Kirche vermutlich schon lange aus der Bahn getragen. Der dritte Grund liegt in ihrer Ambiguität. Sie schafft es, teils heftige Widersprüche innerhalb der Kirche auszuhalten. So wurden während der Zeit der absolutistischen Renaissance-Päpste auch die herrlichsten Kunstwerke geschaffen und die erstaunlichsten Entdeckungen gemacht.

> Vielleicht ist die Ambiguität von Stabilität und Veränderungsfähigkeit eine wesentliche Voraussetzung für Überlebensfähigkeit.

Damit kommen wir zur klassischsten aller Schulen.

Unternehmerschule

Es gibt eine Menge Geschichten und Mythen über erfolgreiche Unternehmer, denen oft visionäre Fähigkeiten, unternehmerische Kompetenz, Mut und Entschlossenheit zugesprochen werden. Die Strategien über die Zukunft ihrer Unternehmen entwickeln sie intuitiv in kontemplativer Abgeschiedenheit und setzen sie dann machtvoll um; das impliziert natürlich auch, dass Erfolge und Misserfolge personifiziert werden können.

Das Ideal vom visionären, charismatischen Führungsvorbild hat wohl Napoleon wie kein anderer in der neueren Geschichte verkörpert. Seine Truppen sind ihm nolens volens in den Sieg ebenso wie in den Untergang gefolgt. Angesichts der grandiosen Niederlagen ist es zweifelhaft, ob er dem Ruf eines genialen Strategen wirklich gerecht wird. Aber es gibt auch positive Beispiele von unternehmerischer Einzelpersönlichkeiten mit guten Strategien. Gerade die Wirtschaft in Deutschland wurde in den letzten Jahrhunderten von einer Reihe visionärer, kompetenter und engagierter Unternehmer aufgebaut, so wie u. a. Krupp, Leitz, Siemens, Daimler, Opel, Bosch oder Bölkow.

Gibt es aber überhaupt heute noch Unternehmer*innen, die die Kraft und die Möglichkeiten haben, ihr eigenen ambitionierten Ziele zu verfolgen? Ja, es gibt sie noch, und zwar mittelständische Unternehmen, die oft von Eigentümergemeinschaften geführt werden, und die die Basis für Beschäftigung, Qualität und Innovationen in Deutschland bilden. Leider wird aber deren Freiheit des Handelns zunehmend beschränkt. Einerseits sind sie meist unterfinanziert, haben zu wenig Personal für Forschungs- und strategische Managementaufgaben sowie Akquise. Andererseits sind sie oft in das enge Korsett von Wertschöpfungsketten eingebettet und dem Diktat der strategischen Einkäufer ihrer unternehmerischen Kunden weitgehend schutzlos ausgeliefert. Sie sind zwar Unternehmer, können aber selbst oft nicht viel unternehmen. Unternehmer als Zulieferer müssen sich tagaus, tagein damit herumschlagen, nicht unter die Räder zu geraten, statt sich um visionäre Ziele kümmern zu können. Das ist ein großer Verlust für den Standort Deutschland.

Müssen für visionäre Ideen erst Unternehmer wie Elon Musk nach Deutschland kommen? Er ist (vielleicht) ein gutes Beispiel für die Unternehmerschule, aber auch eine Ausnahme. Vielleicht sage ich deshalb, weil seine unternehmerischen Entscheidungen nicht immer nachvollziehbar sind. Trotzdem wäre es gut, wenn auch deutsche Unternehmer, die es sich leisten können, ihre Gewinne mehr in neue Unternehmen, Ideen und Technologien investieren würden. Zur Ehrenrettung will ich aber auch die vielen unternehmerischen Stiftungen erwähnen, die sich um die Zukunft des Standortes Deutschland durchaus verdient machen.

Ob Musk Erfolg mit Space X und Tesla haben wird, das steht freilich in den Sternen. Wesentliche Risiken von unternehmerischen Einzelgängern sind, ihre eigene Fähigkeit zu überschätzen und nicht alle Faktoren zu überschauen, die über Erfolg oder Misserfolg ihrer Investitionen entscheiden. Sie müssen visionär vorausschauen, die Erfahrungen der Vergangenheit richtig bewerten und umsetzen, links und rechts vom Weg auf mögliche Angreifer achten und ihr Unternehmen im Blick haben. Auch visionäre Unternehmer wie der Wetzlarer Ernst Leitz (1871–1956), der die erste Kleinbildkamera, auf den Markt gebracht hat, sind fast daran gescheitert, nicht alles bedacht zu haben: in seinem Fall die Ambitionen der japanischen Kameraindustrie.

Eine Untergruppe der Unternehmerschule ist die Kognitionsschule, die im Grunde nur besagt, dass charismatische Unternehmer intuitiv und ohne Planung ihre Unternehmen lenken können. Das kann eine Steigerung der Abhängigkeit von Fähigkeiten, aber natürlich auch Fehlern und persönlichen Defiziten von Unternehmern bedeuten. Ab einer bestimmten Größe sind Unternehmen sicher nicht mehr durch nur eine Person führbar, und Kapitalbedarfe führen ohnehin früher oder später zu einer Machtteilung mit den Aktionär*innen Aber für kleine Unternehmen mit hohem Innovationsanspruch sind visionäre Unternehmer*innen mit Ausdauer und Weitsicht sicher eine gute Lösung.

Machtschule
Strategie braucht Macht. Ohne Macht lassen sich im realen Leben keine Maßnahmen umsetzen. Machtausübung hat allerdings auch Grenzen. Die wohl in jedem Nachwuchskräfteseminar irgendwann einmal thematisierte Lehmschicht in Unternehmen, also das mittlere Management, kann Anweisungen von oben außer Kraft setzen, durch Verzögerung, unvollständige oder falsche Interpretation oder Dienst nach Vorschrift. Umgekehrt kann es Missstände oder auch wichtige Strömungen von Unten blockieren und damit dem Unternehmensmanagement wertvolle Informationen vorenthalten, die dann in den strategischen Stärken-/Schwächen-Betrachtungen nicht auftauchen können. Umgekehrt bekommt die Topebene möglicherweise falsche Signale, wie ihre Anweisungen gewirkt haben. Ohne Kontrolle der Wirkung ist keine Strategieumsetzung möglich. Die Lehmschicht wird insbesondere dann aktiv, wenn Strategien zu signifikanten, disruptiven, Veränderungen führen können oder sollen und damit den Status quo der Organisation und seiner Profiteur*innen gefährden. Je gravierender Maßnahmen sind, desto mehr Macht muss ausgeübt werden, um sie durchzusetzen. Nur auf der subjektiv guten Seite zu stehen oder auf den guten Willen der Menschen zu setzen, funktioniert leider nicht, wie wir es beim Versuch schmerzhaft spüren, den Klimawandel aufzuhalten oder Russland zum Frieden zu bewegen.

Instrumente der Machtausübung waren in der Renaissance, will man Machiavelli (2001) [8] und anderen zeitgenössischen Chronisten glauben, Gift und Dolche. Heute werden Schlüsselpersonen ausgetauscht, degradiert, versetzt oder befördert. Im Unterschied zu den Fürstentümern Italiens oder heutigen mehr oder weniger undemokratischen Ländern gibt es in Deutschland allerdings Regulative für Macht, insbesondere die Gewaltenteilung sowie der Föderalismus. Einsame Entscheidungen kommen noch selten vor, denn Gewerkschaften bilden mächtige Gegenpole zu Arbeitgeberverbänden und auch der zunehmende Protest auf der Straße ist als Form außer-parlamentarischer Opposition demokratisch legitimiert und effektiv. Das macht Deutschlands Demokratie stark, aber gelegentlich auch langsam.

Macht ist kein eigenständiges und unabhängiges Strategieprinzip. Sie ist weder gut noch schlecht, sondern einfach ein Faktum. Machtausübung ohne Strategie ist sinnloser Selbstzweck; Strategie ohne Machtausübung dagegen wird in den meisten Fällen nicht funktionieren. Nicht zuletzt kommen Politiker*innen deshalb an die Macht, um Veränderungen durchsetzen zu können. Auch wenn die vielen Talkshow-Auftritte uns gelegentlich andere Signale geben: entscheidend ist nicht, was sie reden, sondern was sie konkret bewirken. Wichtig aus meiner Sicht ist nur, dass Macht auf dem Boden vernünftiger strategischer Überlegungen ausgeübt wird, und selbstverständlich auch auf Basis der Rechtsstaatlichkeit.

Nun haben Sie die wesentlichen Strategieschulen kennengelernt: Designschule, Planungsschule, Positionierungsschule, Lernschule, Kulturschule, Umweltschule, Unternehmerschule und Machtschule. Bei allen Unterschieden, aber auch durchaus interessanten Aspekten der einzelnen Schulen, werden doch alle von einem einzigen

Prinzip der ursprünglichen Designschule durchdrungen: der Stärkung von Stärken zur Erlangung von Überlegenheit der eigenen Position. Aus den militärischen Wurzeln der Strategie hat sich auch in den Strategieschulen implizit das Mittel zur Überlegenheit durchgesetzt: Kampf, um die besten Wettbewerbspositionen.

Kampf bestimmt unsere heutige Strategie, und genau deshalb versagen Strategien so oft.

7

Kampf ist keine Strategie

Zusammenfassung Der militärische Ursprung von Strategie führte zu einer Dominanz von Kampfparadigmen auch in den heutigen Strategietheorien sowie im alltäglichen Sprachgebrauch. Kampf ist das rhetorische Mittel für erstrebenswerte oder gegen unerwünschte Ziele. Während militärische Truppen oder Geräte bekämpft werden können, ist Kampf sinnlos gegen Armut, Rassismus oder den Klimawandel. Kampf ist oft die Konsequenz des Versagens von Politik und Strategie. Er ist ein ungeeignetes Mittel zum Erreichen komplexer Ziele wie die Begrenzung des Klimatemperaturanstiegs. Für die meisten aktuellen Herausforderungen ist die Fähigkeit wichtiger, Zustände zu verändern, das Veränderbare zu verändern.

Die chinesische Methode, gegen Viren zu kämpfen

Beim Bearbeiten dieses Manuskripts hat die chinesische Regierung praktisch über Nacht die strikten Coronamaßnahmen im eigenen Land gelockert, wenn nicht gar aufgehoben. Offenbar mit der Folge, dass sich das Virus nun ungehindert in einer nicht ausreichend geschützten Gesellschaft ausbreiten kann. Soweit ich das aus der Distanz und auf Basis verfügbarer Nachrichten beurteilen kann, ist hier eine Strategie gescheitert, gegen etwas zu kämpfen, was im klassischen Sinn nicht bekämpfbar ist. Ich meine nicht das einzelne Virus selbst, sondern die Pandemie, die keine bekämpfbare Entität ist. Die Isolation der Virenträger, nämlich der Menschen, hat das Virus nicht eliminiert; das wäre nur bei Eliminierung der Virenträger selbst möglich gewesen. Die chinesische Führung hat also nicht gegen das Virus gekämpft, sondern gegen die Menschen; und das ist gründlich schiefgegangen. Besser wäre gewesen, das zu verändern, was auch in anderen Ländern verändert werden konnte: die Immunisierung der Bevölkerung durch eine hohe Impfquote und maßvolle Durchseuchung. In gewisser Weise also durch die Eliminierung einer Schwäche, nämlich den anfangs mangelnden Impfschutz. Die sogenannte Null-Covid-Strategie war also der vergebliche Versuch, ein Problem durch Kampf (Unterdrückung) zu lösen, dass sich nur durch Veränderung lösen lässt. Lernen wir daraus!

Gutgemeinter Kampfmodus

Wir sind -sprachlich gesehen- ein kriegerisches Volk und permanent im Kampfmodus für Arbeitsplätze, Gerechtigkeit und Freiheit, oder gegen Rassismus, Armut, den Klimawandel, unseren inneren Schweinehund und natürlich gegen Übergewicht. Auch für Gewaltlosigkeit führen wir einen Kampf, also mit Gewalt gegen Gewalt.

Trotzdem gelingt uns es nicht immer, unsere ehrenwerten Kampfziele zu erreichen. Woran mag das liegen?

Vielleich an unserer mangelnden Kampfkompetenz? Schließlich sollte nach dem 2. Weltkrieg von uns keine Gewalt mehr ausgehen. Andererseits sind wir verbal durchaus gut aufgerüstet: Tarifauseinandersetzung, Arbeitskampf, Wahlkampf, Lebenskampf, Preiskampf, Kampf um Marktanteile, Partner*innen oder Karrierepositionen. Gedankenlos verwenden wir Widersprüche wie Kampf für Frieden, Freiheit und Gerechtigkeit, oder der Kampf gegen Gewalt.

Fällt es uns denn gar nicht mehr auf, wie widersinnig das ist? Während sich in Tarifauseinandersetzungen, bei denen sich Kontrahent*innen mit Streik und Aussperrungen schon mal gegenseitig unter Druck setzen, der Begriff Kampf vielleicht noch gerade so gelten mag, weil es tatsächlich auch immer Verlierer und Opfer in Form betroffener Bürger*innen gibt, wird es beim Kampf gegen Gewalt absurd. Indem ich gegen Gewalt kämpfe, bin ich ja selbst gewalttätig. Der falsch verwendete Begriff führt uns in eine vollkommen abwegige Richtung; wir sollten uns lieber mal etwas Neues überlegen.

Warum wollen wir immer nur kämpfen?
Das gilt auch für den Klimawandel, den wir permanent bekämpfen. Vielleicht feiern wir deshalb keine Siege, weil das Klima keine bekämpfbare Entität, also kein Gegner im klassischen Sinne ist. Genau das ist auch das Problem: Kampf ist gegen immaterielle Gegner wie Ideen, Kapitalismus oder andere »ismusse« ist sinnlos. Für diese und andere ähnlich strukturierten Herausforderungen ist Kampf keine Problemlösungsstrategie. Warum sind wir trotzdem so auf sie fixiert? Vielleicht, weil wir offenbar seit Anbeginn der Menschheit darauf konditioniert sind.

Wie sonst lässt sich der strategisch und politisch irrationale, höchst verachtenswerte Überfall auf die Ukraine im Februar 2022 verstehen, der nach von Clausewitz nicht die Fortsetzung der Politik mit anderen Mitteln war, sondern deren vollständiger Ersatz. Offensichtlich hat man im Kreml selbst die eigenen Großmachts-Ansprüche als diplomatisch undurchsetzbar, unverhandelbar und seitens der Betroffenen unakzeptabel eingeschätzt, und daher eine diplomatische Lösung erst gar nicht versucht. Eine Lösung, die allein zulasten Dritter geht, kann allerdings niemals eine diplomatische Lösung sein.

Angesichts des Ukrainekrieges muss ich den militärischen Abwehrkampf der Ukraine vor dem Hintergrund meiner Aussagen zu Kampf einordnen. Ich bin mit Musashi und von Clausewitz einig, dass es dann notwendig ist, zu kämpfen, wenn einem der Kampf aufgezwungen wird und man ihn nur um den Preis der eigenen Selbstaufgabe – physisch, politisch und kulturell -vermeiden könnte. In diesem Fall muss man sich professionell verteidigen (dürfen). Die unscharf formulierte, indirekte Forderung deutscher Intellektueller vom Mai 2022 nach Kapitulation der Ukraine halte ich für problematisch. Offenbar haben da einige den alten 68er-Spruch für Wahr gehalten, nachdem es keinen Krieg gibt, wenn niemand hingeht. Russland hat aber nun einmal diesen Krieg vom Zaun gebrochen, daher sind alle Träume vom sofortigen Frieden a priori obsolet. Auf den Status quo ante wird sich Putin freiwillig wohl nicht zurückziehen. Weil das aber so ist, muss die Ukraine nach Musashi seinerseits mit aller Kraft den Kampf führen, auch mit westlicher Hilfe. Der Westen ist praktisch in diesen Krieg hineingezogen worden, anders kann man die Unterstützung auf breiter Front nicht bezeichnen, und bewegt sich in der Grauzone zwischen völkerrechtlich toleriertem Unterstützer und Kombattant.

Der Ausgang ist bisher (September 2023) ungewiss. Geschichtsschreiber*innen werden sich irgendwann mit den Ursachen des Konflikts beschäftigen, und mit der Frage, ob ihn der Westen im Vorfeld hätte verhindern können. Bei solchen Überlegungen spielt es immer eine große Rolle, wie rational, oder besser irrational, die Akteur*innen sind. Mehr dazu im Kap. 14.

Ist Konkurrenzkampf noch zeitgemäß?
In der Wirtschaft wird ebenfalls heftig gekämpft, meist um Marktanteile, Kund*innen und Vertrauen. Preiskämpfe sind an der Tagesordnung, feindliche Übernahmen schon seltener. Das klingt martialisch, aber wie sieht der Kampf aus und wie viele Opfer bleiben dabei auf der Strecke? Die Verletzungen der Horden, die früher Geschäfte bei Schlussverkäufen gestürmt haben, meine ich ausdrücklich nicht.

Gekämpft wird hauptsächlich um die Gunst der Kund*innen und die sich daraus ergebenden rechnerischen Größen wie Marktanteil. Es wäre aber schwierig, sie durch Gefangennahme der Kundschaft oder gar den physischen Beschuss von Wettbewerbern zu erzwingen. Also ist der Begriff Kampf in diesem Zusammenhang nicht angebracht. Bei der Kunden- geht es ebenso wie bei der Partnersuche darum, Menschen für sich zu interessieren, gar zu begeistern. Im Marketing kennt man das sogenannte »AIDA-Prinzip« (Attract-Interest-Desire-Action), dass auch von den umgangssprachlich so bezeichneten »Marktschreier*innen« angewendet wird. Potenzielle Käufer*innen sehen auf einmal etwas, was sie interessiert. Marktschreier*innen müssen sie dann dazu bringen, sich dem Stand zu nähern, den dringenden Wunsch zu spüren, das Produkt, das sie eigentlich nicht brauchen, zu besitzen, und es sodann zu kaufen. Das ist die Stärke dieser Berufsgruppe.

Auch Unternehmen haben Stärken, die sie ausspielen können: gute Beratung zum Beispiel, hohe Qualität, günstige Preise, guter Service oder einfach attraktive Produkte. Das ist alles trivial, und es funktioniert auch ohne Kampftraining. In den Strategiedokumenten von Unternehmen findet man zusätzliche Stärken, die für die Unternehmen zwar wichtig, für Kunden*innen aber normalerweise weder nutzbar noch wichtig sind. Marktführerschaft ist so eine Stärke, Innovationsführerschaft die andere. Und natürlich die finanziellen Stärken wie Umsatz, Rendite, Kreditrating oder Marktkapitalisierung. Wer Aktien besitzt, horch dann genau hin, denn das sind Parameter, die Kurse beeinflussen können.

Das mussten auch die deutschen Automobilbauer erkennen. Tesla ist nach klassischem Strategieverständnis den deutschen Automobilherstellern bei Größe, Umsatz und natürlich Alter unterlegen. Als Newcomer ohne Erfahrung sollte er nach den Regeln der SWOT gegen gestandene alteingesessene Unternehmen mit ihren gigantischen Assets im frontalen Wettbewerb eigentlich keine Chance haben. Trotzdem baut er gerade einen Brückenkopf in Brandenburg, von dem aus er in den deutschen Markt eingreifen wird.

Auch Amazon hat nicht den Kampf gegen den Einzelhandel auf dessen Spielfeld, dem örtlichen und persönlichen Verkauf, gesucht, sondern ist vielmehr mit einem Liefer-Geschäftsmodell kampflos am Einzelhandel vorbeigezogen. Einfach durch bessere Leistungen für die Kundschaft. Erinnern Sie sich an den Rat von Musashi, Ungleichgewichte zu schaffen und den Gegner dort anzugreifen, wo er schwach ist? Genau das hat Amazon gemacht. Mehr noch, das Logistik-Unternehmen hat ganz im Sinne Sun Tsus den direkten Kampf vermieden.

Zum Kämpfen ist immer ein reales Objekt nötig, dass physisch oder mental bekämpft werden kann. Armut,

Kapitalismus, Chauvinismus oder Rassismus dagegen kann man weder angreifen, verletzten, töten noch gefangen nehmen. Armut ist ein Mangel, also das Fehlen von Etwas. Rassismus ist eine Denkhaltung (wenn man es so sehen will). »Gedanken sind frei«, heißt es schon bei Hoffmann von Fallersleben, »Kein Mensch kann sie wissen, kein Jäger erschießen«. Wie also können wir den Rassismus im klassischen Sinne bekämpfen? Genau an dieser semantischen Unmöglichkeit scheitert auch die reale Umsetzung. Wie könnte ich die Begeisterung eines VW-Fans aktiv bekämpfen, damit er sich einen Opel kauft? Kampf ist sollte also nur in Ausnahmefällen ein geeignetes, und ansonsten zu vermeidendes Mittel sein, um strategische Ziele zu erreichen. Für die meisten Probleme dieser Zeit ist er vollkommen ungeeignet.

Ein solcher Ausnahmefall war der **Angriff** Nazi-Deutschlands auf Großbritannien, bei dem sich der damalige Premierminister Winston Churchill als genialer Stratege zeigte. Seine Handlungen aus einer Position der Unterlegenheit ist aus meiner Sicht ein Lehrstück für Strategie und verdient daher ein eigenes Kapitel in diesem Buch. Vor allem auch deshalb, weil die Kernfrage der Briten, sich einem Diktatfrieden zu unterwerfen oder im Kampf entweder zu siegen oder zu unterliegen, hochaktuell ist. Stellt sich nicht für die Ukraine die gleiche Frage?

8

Churchill – ein Strategiegenie

Zusammenfassung Während viele politische Verantwortliche angesichts der Übermacht von Nazi-Deutschland für einen Diktatfrieden plädierten, weil sie ihrer Bevölkerung keinen Krieg zumuten wollten, setzte sich Winston Churchill nachdrücklich für die Verteidigung des Landes mit allen Mitteln ein. Dabei appellierte er nicht nur an die Opferbereitschaft der Menschen, sondern auch an die USA, in den Krieg einzutreten. Die nach Außen signalisierte absolute Entschlossenheit, nicht aufzugeben, und sein diplomatisches Geschick führten schließlich nach dem Kriegseintritt der USA zum gewünschten Erfolg. Dies war ein Meisterstück strategischen Handelns in scheinbar aussichtsloser Lage.

Großbritannien im 2. Weltkrieg

Auch wenn es nach Sun Tsu besser ist, Kampf zu vermeiden, so sollten wir nach Musashi so gut wie möglich kämpfen, wenn wir dazu gezwungen werden. Dafür gibt es ein eindrückliches Beispiel exzellenter Entscheidungen in einem unvermeidlichen Kampf: Winston Churchills Strategie gegen Hitlerdeutschland und für die Freiheit Großbritanniens. Ich widme ihm ein eigenes Kapitel, weil er eine Strategie aus einer Position der Schwäche gegen einen überlegenen Gegner in einer komplexen und dynamischen Lage mit unklarer Zieldefinition entwickelt hat, und erfolgreich war. Auch wenn Kampf kein Ziel einer Strategie sein sollte, so setzt ein erfolgreicher Kampf in jedem Fall eine gute Strategie voraus. Nachdem ich im Vorwort Napoleon erwähnt habe, kann ich nicht umhin, zuzugeben, dass ich Churchill für einen der besten Strategen des 20. Jahrhunderts halte.

Die nachfolgenden Beschreibungen basieren auf Haffner (2014) [9]. Winston Churchill gibt ein Beispiel von exzellentem strategischem Denken und Handeln insbesondere vom Juni 1940 bis Juni 1941. Dabei war er in Großbritannien selbst umstritten und wurde nach dem Sieg über Nazideutschland, an dem er entscheidenden Anteil hatte, als Premierminister abgewählt.

Churchill wurde 1940 Premierminister. In seiner allerersten Parlamentsrede als Regierungschef, der berühmten »Blut, Schweiß und Tränen-Rede« (Blood, sweat and Tears) vom 13. Mai 1940, erklärte er, »…seine Politik erschöpfe sich darin, Krieg zu führen… und sein einziges Ziel sei Sieg, Sieg um jeden Preis.« Er sagte dies zu einer Zeit, als seine eigene Partei unter Vorsitz des früheren »Appeasement-Premiers« Lord Chamberlain strikt gegen Krieg und für eine Kompromisslösung mit Hitler war (existieren nicht ähnliche Forderungen an die Ukraine?), als praktisch die gesamte Streitmacht der Insel in Dünkirchen dem vermeintlichen Untergang entgegensah und der amerikanische Präsident Theodore Roosevelt noch keinerlei Anstalten machte, sich in den aus seiner Sicht europäischen Krieg hineinziehen zu lassen.

Es gab damals zwei strategische Optionen: Arrangement mit Hitler und Vermeidung von Kampf, aber auch sicherer Verlust an Souveränität und globaler Macht, oder Kampf gegen Hitler und Inkaufnahme des Untergangs Großbritanniens und damit ebenfalls Verlust der Souveränität.

Schließlich rollte die Walze bereits ungehindert durch halb Europa, was die Chancen auf einen Sieg sehr unwahrscheinlich machte; dies wussten sowohl Churchill als auch seine politischen Widersacher. Er entschied sich trotzdem für den Kampf und den Sieg; wenn es sein musste, um jeden Preis.

Churchills strategisches Kalkül
Was er dann in der Folge tat, war, seine politischen Widersacher auf Linie zu bringen, Großbritannien innerhalb kurzer Zeit hochzurüsten und vor allem auch Roosevelt so lange zu bearbeiten, dass der spätestens nach Pearl Harbor und Hitlers Kriegserklärung nicht anders konnte, als in Europa zu intervenieren. Dass die USA eingriffen und den Krieg praktisch an sich rissen, das ist der Verdienst Churchills. Die Voraussetzung dafür war aber die Bereitschaft gewesen, sich zunächst allein gegen Hitler zu stemmen, was zu den Ruin seines Landes bedeutet. Offenbar hatte er gehofft, seine geostrategische Vision einer englischsprachigen Allianz England-USA auf der Weltbühne würde sich durch dieses Opfer erfüllen und die Verluste nach dem Krieg mehr als wettmachen. Aber darin täuschte er sich, denn Europa und die Welt wurden zur

Einflusszone der Supermächte und Großbritannien verlor seinen Status als Empire.

Strategisch beeindruckend an der Sache war die unbedingte Entschlossenheit zum Sieg auch unter der Gefahr des Untergangs. Der wäre ohne die USA wohl auch gekommen. Churchill hat damit etwas gemacht, was man auch als »Brinkmanship« bezeichnet: Strategie am Rande des Abgrundes. Erst mit der totalen Bereitschaft, Großbritannien zu opfern, konnte Churchill in den Schicksalsjahren 1940 und 1941 die Entschlossenheit in Europa stimulieren und die USA fast schon zum Kriegseintritt zwingen. Die Opferbereitschaft kostet ihm 1945 die Wahl; man anerkannte seinen Anteil am Kriegsausgang, hat ihm aber wohl nie verziehen, dass er dafür bereit war, England zu opfern. Vielleicht war aber genau dieses der Grund für seinen Erfolg.

Churchills Strategie als Beispiel für Handeln in schwierigen Situationen

Was macht die Strategie Churchills nun so beispielhaft strategisch? Zunächst gab es einen echten Zielkonflikt. Es bestand die Notwendigkeit der Wahl zwischen einem schlechten und einem noch schlechteren Ziel: Friedensgespräche mit dem sicheren Verlust an Souveränität vs. Kampf mit wahrscheinlichem Untergang. Der sichere Verlust an Souveränität war für Churchill das schlechtere der schlechten Ziele, während die Mehrheit von Parlament und zunächst wohl auch der Bevölkerung die kampflose Option als das geringere Übel ansahen. Hitlers Sieg gegen Großbritanniens Untergang: dies musste Churchill gegeneinander aufwiegen. Ohne die Wahrscheinlichkeiten für das eine oder andere auch nur annähernd abschätzen zu können. Genau dies zeichnet echte strategische Entscheidungssituationen aus.

Wir waren im Frühjahr/Sommer 2020 während der ersten Corona-Welle genau in einer solchen strategischen Dilemmasituation. Lockdown oder nicht? Todesrate vs. wirtschaftliche Existenzvernichtung, soziale Isolation älterer Mitbürger*innen und Benachteiligung einer ganzen Schüler- und Kindergeneration? Das waren und sind die Entscheidungsoptionen: jede auf ihre Art schlecht, und keine gut. Nichtstun wäre erst recht eine schlechte Option gewesen. Die Verantwortlichen konnten genauso wenig wie seinerzeit Churchill die eine für alle sichere und belastungsfreie Lösung auswählen. Es gab nur eine Entscheidung zwischen schlechten Optionen. Die Politik musste entscheiden und konnte überhaupt nicht sicher sein, das Richtige zu tun; klar war Vielen aber, dass ihre Entscheidungen in jedem Fall von jener Seite kritisiert werden würden, die unter den Entscheidungen leiden mussten. Vom damaligen Gesundheitsminister Jens Spahn dürfte der außerordentlich richtige Satz in Erinnerung bleiben, dass man sich wohl das eine oder andere verzeihen müsse.

In Wirtschaftsunternehmen findet man selten solche Dilemmata, also schlechte vs. schlechtere Optionen, in den strategischen Plänen. Meist drängen sich die attraktiven Optionen durch ihre eindeutig positiven und berechenbaren Effekte regelrecht auf. 9 % oder 8 % Return on Sales? Ist das eine strategische Frage? Eher nicht. Überhaupt kommen selten Optionen vor, die man nicht quantitativ berechnen kann. Berechenbarkeit ist allerdings eine große Illusion bei strategischen Entscheidungen. Churchills Widersacher waren für die Friedensgespräche auch deshalb, weil die Konsequenzen für England zwar schlecht, aber dafür besser abschätzbar waren als die Kriegsoption Churchills. So ungewöhnlich ist das nicht. Wer kennt nicht Ehepaare, die lieber an einer schlechten, aber bekannten Ehesituation festhalten, als sich in die mit einer Trennung oft verbundene Unsicherheit zu wagen?

Strategien müssen Veränderungen bewirken
Strategien müssen, wie ich schon anfangs des Buches als Selbstverständlichkeit postuliert habe, Veränderungen bewirken. Churchill hat die richtigen Hebel bewegt, um sein strategisches Ziel zu erreichen. Er hat in seiner Strategie gegen Hitler bewusst die Reaktion der USA eingeplant, ohne die seine Strategie überhaupt nicht aufgegangen wäre. Er hat auch die Signalwirkung an Europa einkalkuliert und insbesondere durch seine offene Entschlossenheit an den Durchhaltewillen Restfrankreichs appelliert. Seine »Blut-, Schweiß- und Tränenrede« 1940 hatte genau die Absicht, Reaktionen hervorzurufen, die für den Erfolg der Strategie notwendig waren. Was für ein Unterschied zu den unzähligen Resolutionen von Klimagipfeln, die wenig bewirken, außer einen neuen Gipfel. Es fehlt den Akteur*innen offenbar an Strategiekompetenz. Sie fordern Handlungen von anderen, weil sie selbst nicht handeln (können).

Carl von Clausewitz wird der Satz zugeschrieben: »Handlung ohne Planung ist gefährlich, Planung ohne Handlung sinnlos.« Die meisten der Strategiepläne, an denen ich mitgewirkt habe, wurden nicht oder nur in Ansätzen umgesetzt. Die mit immensem Aufwand erzeugten Strategiepapiere verschwanden nach der Präsentation vor dem Vorstand in Regalen und Schränken. Das kann verschiedene Ursachen haben. Ein Strategieprozess kann den Sinn haben, eine ohnehin schon festgelegte Strategie formal zu dokumentieren, vorgegebene Wachstumsambitionen für Aktionäre strategisch zu rechtfertigen oder aber zu verschleiern, dass man eigentlich nichts verändern will. Wenn es aber um alles geht, so wie im England Anfang der 1940er Jahre, dann muss es jemanden geben, der eine Strategie auch gegen alle Widerstände, Probleme und Überraschungen durchsetzt. Dieser Mann war Churchill. Nachdem er das klare Ziel vorgegeben hatte, konnte ihn niemand mehr aufhalten, es auch umzusetzen.

Und dafür brauchte er zunächst die notwendigen Ressourcen. Als er den Krieg ausrief, war England militärisch nicht dafür aufgerüstet. Der Großteil der Streitkräfte saß in Dünkirchen fest, die Luftwaffe war überschaubar und ohne Erfahrung, Panzer brauchte man auf der Insel nicht und die der Krieg zu See wurde mehr und mehr unter Wasser ausgefochten. Gewinnen ist leicht, wenn man nur über ausreichend Ressourcen verfügt, seien es Soldaten, Material oder Cash in Unternehmen. Das ist zwar verständlich, aber unrealistisch. Strategien müssen auch oder sogar vordringlich dann gemacht werden, wenn ein Ungleichgewicht zum eigenen Nachteil vorliegt, dass man eben durch eine Strategie kompensieren muss. Bei deutlicher eigener Übermacht haben frühere Heerführer nicht lange überlegt, sondern das Ungleichgewicht ausgenutzt und zugeschlagen. Eine schwächere Armee dagegen wird sich etwas Intelligentes überlegen müssen, um überhaupt eine Chance auf Sieg oder Abwehr einer Niederlage zu bekommen. Churchill war sich der Schwäche Englands bewusst und hat daher als Teil seiner Strategie die Unterstützung der USA als Verbündeten einkalkuliert, und am Ende Recht behalten.

Wenn man keine Stärken stärken kann…
Soweit Churchill und seine militärisch erfolgreiche Strategie, Großbritannien zu retten und Hitlerdeutschland zu besiegen. Wäre er nach der -damals aber noch nicht bekannten- SWOT vorgegangen, wäre der Krieg wohl anders ausgegangen, weil sich Großbritannien angesichts seiner damaligen Schwäche hätte ergeben müssen.

Denn die SWOT konzentriert sich auf die Stärkung von Stärken, und weniger auf die Elimination von Schwächen. Mit Schwächen lässt sich nämlich schlecht kämpfen; aber genau für solche Situationen, in denen wir eben nicht überlegen stark sind, braucht man Strategie. Im übertragenen Sinne haben wir gegenüber Herausforderungen wie dem Klimawandel keine echten Stärken, die wir wirksam ausspielen könnten, um den Temperaturanstieg durch CO_2-Anreicherung in der Atmosphäre aufzuhalten. Dagegen haben wir eine gewaltige Schwäche: das globale Streben nach Wohlstand. Wohlstand kostet CO_2, weil wir die Nachfrage nach Energie und Waren nicht so schnell und überall CO_2-frei beziehungsweise nachhaltig regenerativ befriedigen können. Um genau diese Schwäche zu eliminieren, bräuchten wir Zeit, Zeit, die wir nach Aussagen vieler, die sich mit dem Klimawandel beschäftigen, nicht mehr haben. Was also ist zu tun? Die SWOT hilft uns dabei nicht, denn sie liefert keine Antworten, wenn Probleme sich nicht einfach durch die Stärkung von Stärken lösen lassen.

Die SWOT liefert für den Klimawandel oder andere ähnliche komplexe Herausforderungen keine brauchbaren Lösungen, da sie im Wesentlichen die Stärkung von Stärken fordert. Sie wird aber zu oft, und vor allem falsch verwendet. Daher ist es wichtig, ihre Eigenschaften, Gültigkeit und Grenzen genau zu kennen.

Aus diesem Grunde folgt nun eine kritische Analyse dieses bekannten und häufig (falsch) verwendeten Instruments, der SWOT.

9

Die Schwäche der Stärkung von Stärken

Zusammenfassung Das zentrale Element aktueller Strategieentwicklung ist die SWOT. Sie basiert auf dem militärischen Paradigma der Stärkung eigener Stärken, um Dominanz gegenüber schwächeren Gegnern aufzubauen und auszuspielen. Für die meisten der aktuellen Herausforderungen ist dieses Paradigma der Überlegenheit nicht erfolgreich. Es verleitet zur Bewahrung eines Status quo dort, wo Veränderung nötig ist, zum Beispiel bei der Elektromobilität. In diesem Kapitel werden die Möglichkeiten und Grenzen der SWOT analysiert.

Wofür steht SWOT?
Die schon mehrfach im Buch erwähnte SWOT-Analyse, SWOT-Matrix oder einfach nur SWOT wurde maßgeblich von Kenneth R. Andrews (1916–2005) in den frühen 1970er Jahren entwickelt. SWOT steht

dabei für die englischen Begriffe Strengths-Weaknesses-Opportunities-Threats, also Stärken-Schwächen-Chancen-Risiken/Bedrohungen. Die Matrix wird normalerweise im Format 2 × 2, als mit vier Quadranten, graphisch präsentiert. Natürlich kann man auch einfache Listen- oder Tabellenformate verwenden, je nach Art ihrer Verwendung; das ändert am Inhalt nichts. Es gibt wohl kaum ein Buch über Strategie, in dem die SWOT nicht erwähnt oder erklärt wird. Zum Nachlesen empfehle ich Stöger (2007) [10]. Ich konzentrier mich daher in diesem Kapitel auf die kritische Analyse dieses Strategieinstruments.

Sie ist die formale Umsetzung der militärischen Wurzeln einer auf Überlegenheit auf dem Schlachtfeld basierenden Strategie. Wer die eigenen Stärken und Schwächen und die des Gegners kennt, kann gezielt die eigenen Stärken gegen die Schwächen des Gegners einsetzen, aber auch seine Schwächen vor den Stärken des Gegners schützen oder verschleiern. Militärisch eine sinnvolle Strategie, denn das Gegenteil wäre widersinnig, nämlich mit eigenen Schwächen die Stärken des Gegners anzugreifen. Eine Stärke kann aber nur dann den Sieg bringen, wenn es die Gelegenheit gibt, sie gegen die Schwäche des Gegners auszuspielen. Diese Gelegenheiten werden in der SWOT als Chancen bezeichnet, ohne die jede Stärke wirkungslos bleibt. Umgekehrt bedeuten die eigenen Schwächen Risiken, sofern der Gegner sie erkennt und ausnutzt.

Dieses militärisch geprägte und dort auch einleuchtende Prinzip wurde nach dem 2. Weltkrieg auf wirtschaftliche Wettbewerbssituationen übertragen. Das ist vermutlich genau der Grund, warum wir heute noch unser Heil im Kampf suchen, und zwar gegen Wettbewerber, um Marktanteile, um Kunden sowie gegen Armut, Rassismus, den Klimawandel und sogar Gewalt. Die SWOT ist bis heute das am häufigsten verwendete

Strategieinstrument auch deshalb, weil wir den Sinn von Überlegenheit im Kampf als strategisches Prinzip so gut verstehen.

Ihre Einfachheit ist der Grund ihres Erfolges, denn selbst ohne strategisch fundierten Sachverstand kann sie ausgefüllt werden. Und das merkt man vielen SWOT auch an! Ihre simple Logik leuchtet sofort ein und kann auch für persönliche Fragestellungen verwendet werden; ein Blatt Papier und ein Bleistift reichen aus. Professionelle Strategieabteilungen geben sich natürlich nicht damit zufrieden, die vier Quadranten aus dem Bauch heraus zu befüllen; sie schalten detaillierte und aufwendige Detailanalysen voraus. Die SWOT-Quadranten lassen sich mit folgenden Instrumenten (siehe ebenfalls Stöger [10]) erarbeiten; ergänzen Sie für sich bitte hinter jedem Begriff gedanklich noch den Zusatz »-Analyse«:

Für Stärken und Schwächen

- ABC
- Lebenszyklus
- Erfahrungskurve
- Kostenstruktur
- Zufriedenheit
- Unternehmenskultur
- Kernkompetenzen
- 7-S-Modell
- Wertketten
- Marktwachstum
- Branchenattraktivität

Für Chancen und Risiken

- Umwelt
- Zielgruppen
- Konkurrenz
- Substitution
- Stakeholder
- Benchmarking
- Branchenstruktur

Es gibt Literatur über die einzelnen Instrumente, weshalb ich sie hier nicht detaillierter beschreibe. Es geht mir um das Prinzip ihrer Verwendung als Input in eine SWOT. Ohne Zweifel können diese Analysen auch unabhängig eingesetzt werden. Normalerweise aber werden die Einzelanalysen erstellt, um als Ergebnisse in den betreffenden SWOT-Quadranten eingefügt zu werden.

Bullshit in…
Allerdings habe ich in meiner Praxis kaum solch systematischen Analysearbeiten erlebt; Unternehmensführungen sind oft davon überzeugt, ihr Unternehmen und sein Umfeld ohnehin gut genug zu kennen. Wer in einer Branche schon lange in leitender oder strategischer Funktion arbeitet, der sollte sie tatsächlich gut kennen. Genau das ist eine der wesentlichen psychologischen Hürden, die objektiver Strategiearbeit häufig im Wege stehen; man kennt sich und die anderen doch schon so gut. »Bias« ist der englische Ausdruck dafür, der sich mit Vorgespanntheit nur unzureichend übersetzen lässt. Wir haben oft sehr scheinbar klare Bilder im Kopf, die den Blick auf die Realität verstellen können.

Es fängt schon damit an, dass wir gerne die eigenen Stärken über- und die Schwächen unterschätzen. Reale, über Datingportale vermittelte Kontakte, sind auch deshalb nicht immer erfreulich, weil Stärken im Profil gerne überbetont, während Schwächen eher verschwiegen werden. Verboten ist das nicht. Aber auch bei ernsthaftesten Bemühungen nach Objektivität in eigener Sache bleibt das sogenannte »Johari-Fenster«, der psychologische blinde Fleck zwischen Eigen- und Fremdbild. Es gibt immer Teile der eigenen bzw. der Unternehmenspsyche, die sich dem Bewusstsein entziehen. Manchmal helfen externe Berater, die aber auch nicht alles erkennen können.

9 Die Schwäche der Stärkung von Stärken

> **Beispiel**
>
> Ein erstaunliches Beispiel für ein unternehmerisches Johari-Fenster sind die Vorgänge rund um die Dieselabgasmanipulationen. Angeblich passierten sie ohne Kenntnis des jeweiligen Managements. Wenn die Unternehmensleitungen aber wirklich nicht wussten, was sich bei der wichtigsten Kernkompetenz ihrer Unternehmen, dem Motorenbau, abspielt, wäre das in der Tat ein besorgniserregender Fall unternehmerischer Ahnungslosigkeit. Die Frage nach Unkenntnis oder bewusster Täuschung beim einen oder anderen Automobilhersteller ist meines Wissens noch nicht abschließend beantwortet. Fakt bleibt, dass wir uns über unseren persönlichen Zustand oder den unseres Unternehmens auch bei besten Absichten gelegentlich täuschen können, oder ihn einfach verdrängen.

Daher bezieht sich meine erste kritische Bewertung der SWOT auf die Erkenntnisfähigkeit derjenigen, die sich erstellen.

> Die korrekte, besser gesagt objektive Einschätzung von Stärken und Schwächen sowie Chancen und Risiken ist kaum möglich.

Weder verfügen wir über vollständige Informationen (siehe dazu auch Kap. 12) noch sind wir immer ehrlich zu uns selbst. Je nach Sorgfältigkeit der Analysen können wir nahe an der Realität liegen, oder auch weit davon entfernt; und wir wissen selten, wie richtig unsere Analyse ist. Eine SWOT ist also immer nur so gut oder schlecht wie die Absichten, die Urteilskraft und der Realitätssinn derjenigen, die sie füllen.

Wie sieht es mit der Einschätzung der externen Chancen und Risiken aus? Sind diese wenigstens objektiv ermittelbar? Im militärischen Kontext ergeben sich Chancen und Risiken bei Annahme eines

Nullsummenspiels[1] theoretisch aus den Schwächen und Stärken des Gegners. Seine Schwächen eröffnen Chancen, und seine Stärken können Risiken bedeuten; das gilt auch umgekehrt, denn die Perspektive ist symmetrisch.

Im wirtschaftlichen Kontext haben wir nur insofern Nullsummenspiele, wenn Käufer sich für ausschließlich ein Produkt entscheiden und nicht für ein anderes. Nachdem die Werbung es glänzend versteht, Bedarfe zu wecken, die eigentlich keiner hat, entscheiden sich Käufer nicht immer nur zwischen zwei Produkten oder Optionen, sondern nehmen schon mal beide. Dies gilt aber auch nur dann, wenn Käufer finanziell nicht zu stark limitiert sind. Von daher kann man unter Chancen die nicht limitierten Bedarfe verstehen, und sie gezielt durch attraktive Angebote befriedigen. Risiken für ein Unternehmen können dagegen aus der Attraktivität von Produkten der Wettbewerber oder auch aus Wirtschaftskrisen erwachsen.

Damit kommen wir zur Problematik bei der Einschätzung von Chancen und Risiken: zu den Fähigkeiten und Absichten anderen Personen, Armeen, Gruppen oder Unternehmen haben wir ja noch weniger Zugang als zu uns selbst. Auch bei intensivem Einsatz von Business Intelligence, Spionen oder anderen Aufklärungsinstrumenten entgehen uns immer Aspekte und Details, die zur Beurteilung der Chancen und Risiken wichtig sein können. Wie oft habe ich in Talkshows die Aussage gehört: »Wir können Herrn Putin nicht in den Kopf sehen«, was genau das Dilemma beschreibt, vor dem wir stehen, wenn wir handeln müssen. Chancen und Risiken basieren ja nicht nur auf faktischen Fähigkeiten und Ressourcen, sondern insbesondere auf (verborgenen) Absichten. Was

---

[1] Als Nullsummenspiel werden Situationen bezeichnet, bei denen Gewinne der einen Seite immer gleich den Verlusten der anderen sind.

will der Gegner eigentlich, was der Wettbewerber, was wollen Kund*innen? Wir können es immer nur vermuten oder durch intelligente Analyseverfahren eingrenzen, aber niemals genau wissen, zumal sich Absichten oder Bedarfe im Laufe der Zeit auch ändern. Dabei spielen wir selbst eine große Rolle, denn auch unsere Handlungen beeinflussen die unserer Gegner oder Wettbewerber; die Spieltheorie kennt als prägnantes Beispiel dazu das sogenannte »Gefangenendilemma«, das ich in Kap. 14 genauer erläutere.

Genau dieses Dilemma hat im Frühjahr 2022 die Diskussion über Waffenlieferungen erhitzt: eskalieren wir den Krieg durch unsere Waffenlieferungen, oder erst durch ihre Verweigerung? Die Diskussion ist bis heute nicht abschließend beendet, weil wir es mit einer strategischen Fragestellung zu tun haben, die sich erst am Ende (wann auch immer das sein mag) als richtig oder falsch herausstellen wird. Eine Aufgabe für Historiker*innen.

Sowohl unser Tun als auch unsere Unterlassung beeinflussen die Absichten und Handlungen Putins; diesem Dilemma können wir nicht entgehen. In der Realität senden beide Parteien widersprüchliche Botschaften an den Gegner; einerseits reagieren wir Deutsche bei Waffenlieferungen mit Mäßigung, andererseits nehmen wir Finnland und Schweden in die Nato auf. Die USA drohen mit dem Untergang Russlands, Alice Schwarzer ruft zur Kapitulation der Ukraine auf. Was soll Putin nun denken? Umgekehrt rasselt er mit Atomraketen, andererseits bietet er Gespräche an. Absichtliche Verwirrung auf beiden Seiten, auch das gehört zu strategischem Handeln, genauer gesagt zur Realität in strategischen Situationen. Aus den jeweiligen Reaktionen kann man indirekt, wenn auch mit gewisser Unsicherheit, auf die möglichen Absichten der Gegenseite schließen, und sein eigenes Handeln entsprechend planen. Wenn man aber nur schwer einschätzen kann, wie andere auf eigene Handlungen reagieren, dann bleibt einem manchmal nichts anders übrig, als einfach zu handeln und die Reaktionen zu bewerten, beziehungsweise die Konsequenzen zu tragen. Sichere strategische Entscheidungen gibt es nicht.

Schwierige Interpretation der Informationen
Aber nicht nur fehlende oder falsche Informationen sind kritisch, sondern auch die unterschiedliche Interpretation von Chancen und Risiken, wie das Beispiel der Elektromobilität deutlich macht.

> **Beispiel**
>
> Unzweifelhaft wird die Elektromobilität seit Jahren als ein Mittel zur Emissionsreduktion gefordert und vorhergesagt. Zunehmende Restriktionen wie Dieselfahrverbote waren und sind klare Anzeichen, dass es mit den Verbrennungsmotoren auf Basis fossiler Treibstoffe irgendwann einmal zu Ende gehen wird. Wie aber haben dies die traditionellen Automobilbauer mit ihrer ausgeprägten Kompetenz bei klassischen Verbrennungsmotoren bisher bewertet? Sehen sie in Autos ohne fossile Verbrennungsmotoren eine Chance oder ein Risiko? Aufgrund des langen Zögerns der deutschen Unternehmen liegt die Vermutung nahe, dass sie die Elektromobilität lange eher als Risiko eingestuft haben: als Risiko für ihren Rendite und Wertschöpfung. Und zu Recht, denn Elektroautos (Batterie- oder Brennstoffzellengetrieben) werden die Wertschöpfungsstrukturen erheblich verändern und die Arbeitsanteile von OEM[2] und ihrer Zulieferer gleichermaßen aus dem Gleichgewicht bringen. Aber auch die Kunden verweigern sich bislang noch nicht den alten Verbrennern, die billiger sind und kontinuierliche Mobilität über ein dichtes Netz an Tankstellen garantieren. Für viele Klimaaktivisten ist die Elektromobilität dagegen eine Chance, das Klima zu retten. Die Einordung von Chancen und Risiken ist also auch von den eigenen Interessen geprägt.

---

[2] Original Equipment Manufacturer (in diesem Fall Automobilbauer im Gegensatz zu den Zulieferern).

Dieses Beispiel macht deutlich, dass eine objektive Bewertung von Chancen und Risiken schwierig ist, weil wir nicht alle Informationen für eine Bewertung zur Verfügung haben, oder diese Bewertung durch eigene Vorurteile verzerrt ist. Damit können die sich aus der SWOT ergebenden Strategieempfehlungen auch nicht immer objektiv sein.

Man muss nicht erst Raucher fragen, um zu wissen, dass Risiken gerne ignoriert werden, weil sie als zu unwahrscheinlich eingeschätzt oder nicht als wünschenswert im Sinne eigener Interessen bewertet werden. Und wer hat denn die Pandemie als Risiko vorausgesehen? Es gab jemanden, nämlich das Fraunhofer Institut INT (www.int.fraunhofer.de) in Euskirchen; die haben bereits im Jahre 2011 das Szenario einer allgemeinen Pandemie analysiert und konkrete Vorsichtsmaßnahmen empfohlen. Siehe Schietke et al. (2013) [11]. Zufällig hat man als Referenz den Beginn des nachfolgenden Jahrzehnts genommen: das Jahr 2020. Die Politik jedoch hatte diese Analyse seinerzeit nicht ernst genommen und eine Pandemie nicht als Risiko eingestuft, daher auch keine ausreichende Prophylaxe betrieben. Folglich fehlten im Jahr 2020 dann auch Pläne, Masken und Medikamente. Es erfordert Mut, Risiken ernst zu nehmen, denn sie machen Strategiepläne toxisch. Wer schreibt schon ein fatales Risiko in seine Strategie, für die er keine Lösung anbieten kann? Das widerspricht dem Lebenserhaltungstrieb von Manager*innen, die natürlich lieber Teil der Lösung als des Problems sein möchten. Echte Risiken findet mal also selten in einer SWOT, und Warner*innen halten sich zurück, wenn sie noch Karriere machen wollen.

Dagegen stehen Chancen gerne im Rampenlicht der unternehmerischen Theaterbühnen, auf denen dem Aktionärspublikum schöne Märchen präsentiert werden. Chancen sind der Treibstoff für positive Zukunftsnarrative und können den Aktienkurs befeuern. Oft sind das solche Chancen, für die man selbst nichts tun muss, so wie wachsende Märkte oder schwache Wettbewerber. Wichtig für Manager*innen ist, dass Chancen keine echten Veränderungen erfordern und das Unternehmen seinen eingeschlagenen Kurs weiterverfolgen kann; außerdem sollen sie nichts kosten.

> Wer eine SWOT liest, oder sie gar selbst erstellt, sollte immer die Unmöglichkeit vollständiger Information, das Vorhandensein psychologischer Vorspannungen sowie die Möglichkeit bewusster Manipulation und zielgerichteter Marketingbotschaften in Betracht ziehen. Das Instrument verleitet leider zu subjektiven Bewertungen der eigenen Lage und des Umfeldes; diese Selbsttäuschung kann dann leicht zu falschen Schlussfolgerungen führen.

Die SWOT-Normstrategien
Tatsache ist aber auch, dass es bisher kaum eine andere populäre Darstellungsform gibt, mit der man die Entwicklung einer Strategie dokumentieren kann. Die oben aufgelisteten Einzelanalysen allein helfen nicht dabei, strategische Handlungsempfehlungen abzuleiten. Wer den Auftrag bekommt: »Machen Sie mal eine Strategie!« greift normalerweise zuerst zur SWOT. Jeder Laie kann die vier Quadranten mit Text füllen. SWOT ausgefüllt, Strategiearbeit erledigt! Diese maximale Reduktion auf eine simple Listendarstellung habe ich persönlich schon mehrfach erlebt. Wer ein wenig mehr von Strategie versteht, der kann nun aus der SWOT die vier sogenannten Normstrategien ableiten.

1. Stärken stärken
2. Schwächen eliminieren
3. Chancen mit Stärken realisieren
4. Risiken vermeiden durch Eliminierung von Schwächen

Die wohl bekannteste Normstrategie empfiehlt, eigene, bereits vorhandene Stärken zu stärken. Ich habe bereits mehrfach darauf hingewiesen, dass dies unter bestimmten Annahmen durchaus sinnvoll sein kann, um eine ohnehin gute Position innerhalb eines stabilen Umfelds noch weiter zu festigen. Das machen wir in vielen Fällen bereits, ohne es als Normstrategie zu bezeichnen. Wir verbessern unsere Bildung, Kondition oder Fähigkeiten im Allgemeinen, weil es uns Spaß macht oder uns im Leben Nutzen bringt. Weit weniger gerne verbringen wir unsere Zeit damit, Schwächen zu eliminieren, weil dies anstrengender ist; fragen Sie Raucher*innen oder Übergewichtige. Die anderen beiden Normstrategien ergeben sich zwangsläufig aus den ersten zweien. Mit unseren Stärken können wir Chancen realisieren und Risiken abwehren, durch die Eliminierung von Schwächen Risiken verhindern. Bis dahin kommen SWOT-Analysen oft gar nicht, denn sie erschöpfen sich bereits in der reinen Befüllung der vier Quadranten. Was man damit dann macht, bleibt oft ein Geheimnis.

> Viele meinen, das Ausfüllen der Quadranten der SWOT allein ist schon die Strategie; was für ein Missverständnis! Wenn dieses Instrument einen Sinn machen soll, dann beginnt die strategische Arbeit erst mit der Ableitung von Strategien. Aber dafür liefert es gleichzeitig zu wenig Anleitung, wenn man über die einfache Stärkung von Stärken hinausgehen will oder Alternativen sucht.

Die Grenzen der Gültigkeit der SWOT
Damit kommen wir zur Frage, für welche strategischen Randbedingungen die SWOT überhaupt einen Sinn machen könnte. In stabilen Marktsituationen kann die SWOT tatsächlich eine gewisse Aussagekraft haben. Dann nämlich kann sich ein Unternehmen darauf konzentrieren,

das Gute noch besser zu machen, also die eigenen Stärken zu stärken. Es braucht sich nicht zu verändern, weil das Umfeld sich nicht verändert. Kutschen haben sich auch kontinuierlich verbessert, bis Automobile aufkamen. Nach meinem Strategieverständnis erfordert die Verbesserung der bestehenden Fähigkeiten in einer stabilen Umwelt aber keine Strategie, sondern nur operative Maßnahmen. Wenn sich Unternehmen im gleichen Marktsegment im Wettbewerb befinden, dann können sie gemäß den Ansoff'schen Wachstumspfaden (siehe Kap. 6) nur über Verdrängung wachsen, also durch die kontinuierliche Verbesserung der Qualität ihrer Produkte oder die Reduzierung deren Kosten. Während meiner Industriezeit waren wir permanent in sogenannten »Kontinuierlichen Verbesserungsprogrammen«; aber die hatten mit Strategie überhaupt nichts zu tun. Wer sich nicht verändern will oder muss, der braucht keine Strategie und damit die reine Stärkung vorhandener Stärken.

Bei erheblichen Marktveränderungen versagt reiner Stärkenaufbau; im Gegenteil, oft verhindert er die rasche und notwendige Anpassung im Markt. Die herausragende Kompetenz deutscher Automobilbauer bei Verbrennungsmotoren hat lange der Transformation zur Elektromobilität im Weg gestanden. Inzwischen scheint man das erkannt zu haben und steuert langsam um. Der Mangel an Elektromobilitätskompetenz hätte man in einer SWOT als Schwäche deklarieren können und eliminieren müssen. Ich versuche mir dabei vorzustellen, wie ein Stratege seinem Management diese Schwäche verkauft hätte; besser noch die Reaktionen darauf. Vermutlich hätte man ihm gefragt, ob er Teil des Problems sein will, und schon hätte er geschwiegen.

> In stabilen Situationen kann die operative Stärkung von Stärken sinnvoll sein. In Zeiten der Veränderung ist eine strategische Anpassung der Fähigkeiten erforderlich. Die SWOT mit Konzentration auf die operative Stärkung von Stärken ist für dynamische Situationen daher kein geeignetes Instrument.

Zirkelschluss zwischen Zielen und Strategie

Nun komme ich zu einem weiteren Problem der SWOT, nämlich dem Zirkelschluss zwischen Zielen und Maßnahmen. Man kann eine SWOT ohne weitere Vorgaben einfach nur mit Stärken, Schwächen, Chancen und Risiken befüllen. Aber fehlt da nicht etwas? Ja, nämlich eine Fragestellung, ein Zweck oder ein Ziel. Es entspricht meiner langjährigen Erfahrung, dass SWOT-Analysen nicht selten ohne jegliche Fragestellungen gemacht werden. Aber auf welches Ziel hin macht man denn eine Strategie? Den Betrachtungen über die Bedeutung und die richtige Auswahl von Zielen in Kap. 13 will ich hier nicht vorgreifen, sondern ich befasse mich nur mit der Frage, wie sich Ziele an eine SWOT anbinden lassen. Um es vorwegzunehmen: ohne Ziele ist sie sinnlos, mit Zielen unsinnig.

Grundsätzlich gibt es zwei Möglichkeiten der Anbindung von Zielen an eine SWOT: entweder werden sie vorgegeben, oder sie ergeben sich als Resultat der Analyse.

Zielvorgaben wurden in meiner Strategiepraxis durch das Management vor jedem Strategieprozess festgelegt: zum Beispiel der Evergreen »Profitables Wachstum«. Spielen wir mal durch, was so ein Ziel mit der SWOT macht. Legionen von Strategieverantwortlichen (ich war in einem Großkonzern) analysieren Branche, Wettbewerber, Kundenverhalten, Wertschöpfungsketten und alles andere, was das Instrumentarium versierter Strategieverantwortliche so hergibt. Anschließend füllt man eine SWOT und legt fest, welche Stärken gestärkt werden müssen, um profitabel zu wachsen, also Umsatz und Gewinn gleichzeitig zu steigern. Schauen wir uns dieses Ziel unter der Prämisse an, das betreffende Unternehmen befindet sich in einem stabilen Markt- und Wettbewerbsumfeld, ist also kein Start-up auf der grünen Wiese, das ums Überleben kämpft. Dann kann man, frei nach Ansoff, mit bestehenden Produkten im Markt durch Verdrängung selbst wachsen, neue Produkte in diesen Markt werfen oder gar neue Märkte erobern. In allen diesen Fällen geht aber Gewinn immer zulasten von Wachstum, oder umgekehrt, Wachstum erfordert Investitionen. Die sogenannte »Windfall-Profits«, die zum Beispiel Regierungen zur Kostendämpfung bei den Energiekosten mit einer Übergewinnsteuer abschöpfen wollen, sind hier nur als Ausnahme von der Regel zu sehen. Verdrängung funktioniert in normalen Märkten entweder über Preissenkung oder Produktverbesserung; beides mag den Umsatz steigern, aber immer auf Kosten des Gewinns. Neue Produkte können Wachstum bringen, bedeuten aber zunächst Investitionen, also kurzfristig Gewinnreduktion. Und das Abenteurer, in neuen Märkten Fuß fassen zu wollen, kann auch teuer werden.

Was man auch immer versucht: das Ziel »Profitables Wachstum« ist eine Illusion, da beide Teilziele gleichzeitig kaum erreicht werden können. Nun könnte man strategisch vorgehen, also kurz- oder mittelfristige Gewinneinbrüche für Investitionen in die Zukunft in Kauf nehmen, um dann in der Zukunft höhere Gewinne zu realisieren. Dagegen sprechen einige Argumente.

Warum sollte die heutige Managergeneration ihre Boni opfern, damit die zukünftigen davon profitieren? Das ist unwahrscheinlich. Aus dem gleichen Grund werden heutige Aktionäre auch nicht auf Kursgewinne verzichten. Und können wir überhaupt wissen, ob sich unsere heutigen Investitionen in der Zukunft auszahlen?

Und was passiert, wenn am Ende herauskäme, dass die vorgegebenen Ziele mit den verfügbaren Stärken überhaupt nicht erreichbar sind? Meine Erfahrung: dann wird die SWOT so lange getrimmt, bis die Stärken zum Ziel passen; damit verliert sie aber ihren Wert als wirksames strategisches Instrument.

Zielvorgaben weglassen ist eine Option, die auch häufig vorkommt. Das würde zwar den Führungsprinzipen in Organisationen widersprechen, die sich ja gerne über die Zielvorgaben identifizieren, aber ich spreche ja hier nur von einem theoretischen Szenarium. Wenn die SWOT ein wirksames strategisches Instrument wäre, dann müssten sich ja aus der inhärenten Logik des Abgleichs der internen Fähigkeiten (Stärken und Schwächen) mit den äußeren Umständen (Chancen und Risiken) heraus attraktive Ziele ergeben. Das wäre sicher eine spannende Übung. Vielleicht würde sich dabei herausstellen, dass ein Unternehmen gar nicht die Produkte herstellen sollte, die es herstellt, weil es dafür keine Chancen gibt? Vielleicht ist es auch in einem für seine Stärken vollkommen falschen Markt? Natürlich passiert so was de facto nie, denn die SWOT wird schon entsprechend »getrimmt« und führt immer zu eleganten und widerspruchsfreien Strategien.

Die zeitliche Dimension der SWOT
Wie sieht es mit der zeitlichen Dimension einer SWOT aus? Stärken und Schwächen werden normalerweise auf die aktuelle Situation zum Zeitpunkt des

Strategieprozesses bezogen, die man zur Verfügung hat. Was-wäre-wenn-Überlegungen zu theoretischen Stärken und Schwächen in der Zukunft scheinen mir nicht sinnvoll zu sein; wer würde schon zukünftige Schwächen annehmen? Dort gibt es keine Schwächen mehr, denn die kann man ja bis dahin eliminieren. Die eigenen Fähigkeiten werden also in der Gegenwart bewertet.

Chancen und Risiken dagegen befinden sich immer in der Zukunft, denn für eine akute Lage, in der unmittelbar gehandelt werden muss, käme eine strategische Analyse in Form einer SWOT ohnehin zu spät. Droht akute Gefahr, oder ergeben sich unerwartete Gelegenheiten, kann man nur noch taktisch oder situativ agieren. Von daher können Chancen und Risiken sinnvollerweise nur in der Zukunft liegen; es fragt sich nur, wie weit? Und genau da liegt die Schwierigkeit, wie ich am Beispiel der Prognose einer Pandemie seitens des Fraunhofer Instituts INT gezeigt habe. Wir können über die Zukunft nur Behauptungen aufstellen, die von vielen Faktoren beeinflusst werden wie Vorurteile, Wünsche, Befürchtungen oder Interessen, oder einfach nur die natürliche Unwissenheit über die Zukunft. Auch die Unterschätzung dynamischer Veränderungsprozesse und disruptiver Ereignisse wirkt sich auf Prognosen aus. Von daher vergleicht eine SWOT immer im übertragenen Sinne Äpfel mit Birnen, also gegenwärtige Fähigkeiten mit zukünftigen Anforderungen. Die SWOT kann mit zeitlicher Dynamik nicht umgehen.

Ein Abgleich heutiger Stärken und Schwächen mit zukünftigen Chancen und Risiken scheint mir daher sinnlos, denn beide Seiten der SWOT verändern sich mit der Zeit. Selbst wenn wir uns dazu entschließen, uns selbst nicht zu verändern, so können wir die Veränderung unseres Umfelds nicht verhindern. Wettbewerber, Märkte, Technologien oder Kund*innen entwickeln sich weiter. Nach Heraklit steigt man nicht zweimal in denselben

Fluss, und eine SWOT bleibt niemals unverändert gültig. Aus meiner Erfahrung wir die zeitliche Dynamik von SWOT-Analysen viel zu wenig berücksichtigt; auch dies ein Grund für ihre mangelnde Eignung als strategisches Instrument.

Bei aller Kritik an der SWOT sehe ich einen Nutzen, wenn sie in den Händen guter Strategieverantwortlicher in einem strukturierten Prozess zur Strategiefindung eingesetzt wird. Die intensive und offene Diskussion von Stärken, Schwächen, Chancen und Risiken kann wichtige Erkenntnisse hervorbringen, sofern man die richtigen Leute zusammenbringt. Nicht das Befüllen ist wichtig, sondern die Diskussion darüber. Ich kann solche Diskussionen jedem Strategieteam wärmstens ans Herz legen; aus meiner Erfahrung ist das der einzige wirkliche Mehrwert einer SWOT. Leider passieren solche Diskussionen zu wenig.

Die SWOT wird auch als Teil, besser als Nukleus, eines formalen Strategieprozess genutzt. Aber auch dabei werden erhebliche Fehler gemacht. Sie ist ein Relikt eines veralteten Planungsformalismus und kein geeignetes Instrument für strategische, komplexe Herausforderungen der Gegenwart und der Zukunft.

Ebenso wie die SWOT selbst, sehe ich auch den ihr zugrunde liegenden Strategieprozess kritisch. Er sollte reformiert werden.

10

Kurzer Prozess mit dem Prozess

Zusammenfassung Die SWOT ist häufig der Kern eines Strategieprozesses. Dieser kann in Unternehmen große Dimensionen annehmen und erhebliche personelle und zeitliche Ressourcen binden. Die Ergebnisse in Form umfangreicher Präsentationen verschwinden nicht selten ohne Konsequenzen in physischen und elektronischen Aktenschränken. Das Endprodukt eines Strategieprozessen ist oft wichtiger als der Prozess selbst. Dabei entsteht erst aus der intensiven Auseinandersetzung mit strategischen Herausforderungen unternehmerischer Mehrwert. Durch die Delegation des Prozesses in Stabsabteilungen verzichtet das Management häufig auf diesen Mehrwert.

Meine Erfahrung und meine Einstellung zu Strategieprozessen basieren auf fast 20 Jahren praktischer Strategiearbeit in einem Großkonzern, einem mittelständischen

Unternehmen, einem Verband für Luft- und Raumfahrtunternehmen sowie der größten europäischen Forschungsorganisation. Ich habe Strategieprozesse konzipiert, begleitet und manche geleitet, und mich dabei auch theoretisch umfassend mit Strategie im Allgemeinen und Prozessen im Besonderen auseinandergesetzt. Von daher glaube ich, dass folgende Aussage durchaus repräsentativ sein dürfte: Der Aufwand von Strategieprozessen steht selten im Verhältnis zum Ergebnis, soweit es die Umsetzung der Strategie betrifft. Viele Strategiepapiere vermodern wohl noch heute in ungezählten Aktenschränken, ohne jemals Wirkung entfaltet zu haben.

Das liegt an einigen generischen Defiziten von Strategieprozessen, die teilweise auf die SWOT und ihren militärischen Ursprung zurückgeführt werden können. Wenn wir die SWOT ändern, müssen wir auch die um sie herum gestrickten Prozesse ändern: Daher mache ich kurzen Prozess mit dem Prozess. Meine Kritikpunkte unten, die ich im Laufe der Zeit gesammelt habe, folgen in ihrer Reihenfolge keiner Wertigkeit und beziehen sich, wie gesagt, auf die mir bekannten unternehmerischen Strategieprozesse. Mit einiger Sicherheit gehe ich aber davon aus, dass sich meine Beobachtungen auf andere Organisationen und Prozesse mit unterschiedlichen Schwerpunktsetzungen übertragen lassen. Eine gute und umfassende Übersicht über unternehmerische Strategieprozesse finden Sie bei Hungenberg (2000) [12].

Die wesentlichen Defizite von Strategieprozessen
1. **Form vor Inhalt.** Am Ende jeden Prozesses stehen Strategiedokumente, die gut aussehen müssen, weil sie auch eine Marketing-Funktion haben. Hochglanzformate unterstreichen das positive Narrativ glänzender Zukünfte und sind das Aushängeschild des Managements gegenüber Aktionären und anderen

Stakeholdern. Eine Überbetonung, ja nur die unangemessene Erwähnung von strategischen Problemen, könnte ja auf ein Problem des Managements selbst hindeuten. Eine positive Strategie gilt dagegen als Indikator für gutes Management, und genau das soll ja vermittelt werden. Strategiepläne werden gerne als Kommunikationsinstrument für Jahresberichte genutzt. Wie oben erwähnt stützen positive Strategien das Management und befördern Aktienkurse. Von daher: Vorsicht bei stylischen Strategiedokumenten.

11. **Statik vor Dynamik.** Unternehmen unterschätzen schon mal die Dynamik von Märkten, bis es zu spät ist. Deutsche Kamera- und Unterhaltungselektronikfirmen sowie die amerikanische Automobilindustrie sind da gute schlechte Beispiele. Und die möglicherweise disruptiven Auswirkungen des Engagements von Tesla in Deutschland werden gerade auch wieder unterschätzt. Märkte verhalten sich gelegentlich so wir die Fallzahlen in der Coronakrise; kaum hat man eine Veränderung bemerkt, schon läuft sie aus dem Ruder. Unternehmen tendieren dazu, stabile Betrachtungszeiträume von 5 bis 10 Jahren als Basis für ihre Strategien anzunehmen und festzulegen. Psychologisch lässt sich das mit der SWOT erklären, die ja suggeriert, man könne gegenwärtige Stärken weiter stärken, ergo fortschreiben. Veränderungen habe da keinen Platz. In Tabellen findet man dann schon mal Umsätze und Renditen über 10 Jahre auf die Kommastelle exakt kalkuliert. Scheingenauigkeit ist ein Indiz für fragwürdiges und auf Unveränderlichkeit setzendes Strategieverständnis. Die Welt ist aber nicht stabil: es ist nur bequemer, daran zu glauben. Haben wir das nicht alle bis zum 24.02.2022 getan? Besser wäre es, mit qualitativen, ungenauen und vor allem unsicheren Zukunftsszenarien zu rechnen (siehe dazu auch Kap. 17).

III. **Deterministische Zukunftssicht.** Dynamik und Unsicherheit in der realen Welt vertragen sich schlecht mit Investitionen in die Zukunft; Unternehmen brauchen daher Berechenbarkeit. Also geht man mit der Zukunft in Strategieplänen nachsichtig um und glaubt an stabile Umfelder über lange Zeiträume, in denen sich dann die Investitionen -auf dem Papier- rentabel entwickeln können. Siehe auch Kritikpunkt II. Prognosen sind ohnehin nicht-beweisbare Behauptungen, ergo gestaltungsfähig. Somit kann man sie getrost an unternehmerische Notwendigkeiten anpassen, und mögliche Disruptionen ignorieren. Für sogenannte System-relevante Branchen mag das noch angehen, denn sie werden bei Disruptionen ja vom Staat gerettet, zumindest in Deutschland. Für alle anderen, die sich im freien Wettbewerb behaupten müssen, kann es bei Umfeldveränderungen eng werden. Dies haben wir in der Pandemie gesehen.

IV. **Zahlen- statt Strategieorientierung.** Oft stehen am Ende einer Unternehmensstrategie Umsatz- und Renditeziele. Statt Fokussierung auf das WIE dreht sich alles um das WIEVIEL, und das möglichst genau. Erkennen Sie Parallelen zur Klimadebatte? Sollen wir nun 1,8 Grad anstreben, oder müssen es 1,5 Grad sein, oder irgendetwas dazwischen? Eine sinnlose Frage, wenn man nicht weiß, wie man die Klimaerwärmung überhaupt effektiv begrenzen kann. Für mich als Stratege sind Zahlen zu abstrakt: ob 1,5 oder 2 Grad beim Klima, oder 6,5 % oder 7 % Rendite bei Unternehmen, damit kann ich nichts anfangen, denn es geht mir darum, wie man überhaupt etwas in Richtung auf ein Ziel verändern kann. Wo man schließlich landet, dass entzieht sich der Prognose. Zahlen sind aber gut genug, um Forderungen stellen zu können, führen aber zu nichts. Aus meiner Sicht sollten Strategien auf

Zahlen als Zielgrößen verzichten; damit würden sie glaubwürdiger.

V. **Shareholder-Value-Fokussierung.** Mein Lieblingsdefizit strategischer Planung und die Ikone der Zahlengläubigkeit ist der Shareholder Value, also der Wert, den Aktionär*innen für ihre Investition in Form von Ausschüttungen und Kursgewinnen bekommen. Börsennotierte Unternehmen haben immer die Absicht, ihre Marktkapitalisierung, also den Gesamtwert der ausgegebenen Aktien zu steigern. Aktienkurse werden von vielen Faktoren beeinflusst, wobei die realen Gewinne oft weniger ausschlaggebend sind als glaubwürdige Zukunftspotenziale, also strategische Narrative, Hoffnungen und Erwartungen. Diese wiederum sollen über kommunizierte Strategien positiv gesteuert werden. Strategien als Shareholder-Value-Treiber zu nutzen ist legitim und weit verbreitet, birgt aber Gefahren. Erstens neigen Shareholder zu eher kurzfristigen Gewinnerwartungen, was sich mit der langfristigen Perspektive einer Strategie schlecht verträgt. Zweitens kann man sich auf die Aktienkurse schwerlich verlassen; eine zu einseitige Ausrichtung auf sie kann strategisch gefährlich werden. Viel besser aus meiner Sicht wären Orientierung an einem Öko-Value oder einem Resilienz-Faktor; beide müsste man aber noch definieren und auf ihre Eignung prüfen.

VI. **Großer Aufwand.** Strategieprozesse, insbesondere in größeren Unternehmen, beschäftigen oft ganze Abteilungen, um Informationen zu liefern und Formulare auszufüllen. Die teils enormen Daten- und Papiermengen dienen nicht immer der Klarheit für Analysen und Strategiefindung. Die Sehnsucht nach vollständiger Information erzeugt diese Datenfluten, obwohl sie eine Illusion ist. Die strategische Kunst besteht darin, die wenigen wirklich wichtigen Einflussfaktoren für das Unternehmen herauszufiltern und zu bewerten. Dies wird u.a. von Rumelt (2011) [1] gut analysiert. Eine Übersicht über Strategieprozesse finden Sie auch bei Hungenberg (2000) [12]. Am Ende werden vom Management oft nur die Executive Summaries gelesen, und der weitaus dickere Backup-Teil kommt in die digitalen oder realen Aktenschränke. Auch dies ein Grund, sich zu beschränken.

VII. **Falsches Disruptionsverständnis.** In den letzten Jahren haben sich viele Unternehmen als disruptiv bezeichnet, und dies als Indiz für ihre Innovationsstärke vermarktet. Was für ein Missverständnis, denn echte Disruptionen kommen von außen und sind für die Unternehmen meist schmerzhaft. Amazon hat mit seinem disruptiven Verkaufs- und Liefermodell den etablierten Handel alles andere als erfreut, um nur ein Beispiel zu nennen. Wer ernsthaft disruptiv sein will, muss erst einmal sein Geschäftsmodell zerstören. Daher haben deutsche Autobauer so lange am Verbrenner festgehalten; die Transformation zur Elektromobilität ist eine Aufgabe, die für Unternehmen kostspielig, mühsam und gefährlich werden kann. In Transformationsphasen sind Unternehmen operativ nicht effizient genug (siehe auch die Umweltschule in Kap. 6). Die Pandemie ist das beste Beispiel, was disruptive Veränderungen bedeuten können. Disruptionen lassen sich nicht kontrollieren, sie passieren einfach und müssen dann bewältigt werden. Kommunikationsverantwortliche sollten daher nicht leichtfertig mit dem Begriff umgehen.

VIII. **Bewahrung des Status-quo.** Strategien zielen selten auf wirkliche Veränderungen, sondern auf die Absicherung des Status-quo. Das will ja auch die SWOT. Veränderungen sind entgegen den Beteuerungen von

Unternehmen in Wahrheit unerwünscht, denn sie bedeuten Risiken (für das Management) und Investitionen, die letztlich die Rendite schmälern oder auch den Aktienkurs drücken. Veränderungen sind nur dann akzeptiert, wenn sie in Form günstiger Umstände daherkommen, die ohne eigenes Zutun zu mehr Umsatz und Gewinn führen. Daher beobachte ich den interessanten Widerspruch in Unternehmen, Disruptionen zwar im Marketing zu postulieren, real aber nichts verändern zu wollen.

IX. **Fokussierung auf Größe und Dominanz.** Monopol- oder Dominanzsituationen in einem Marktsegment anzustreben ist für Unternehmen attraktiv. Auch die absolute Größe eines Unternehmens kann interessant sein, um über Skaleneffekte Kostenvorteile zu realisieren. Größe und Marktanteile kann man u. a. durch organisches Wachstum, Zukäufe von Wettbewerbern oder Merger erreichen. Als Monopolist, so die Theorie, kann man Preise und Kosten beeinflussen zum eigenen Vorteil. Kostenvorteile erzielt man über Einkaufsmacht, durch die die Preise von Zulieferern gedrückt werden können. Eine Zeitlang ist es vielleicht angenehm, den Markt zu dominieren. Aber das erzeugt Widerstände bei Zulieferern, Wettbewerbern, oft auch der Kundschaft und nicht zuletzt beim Staat. Monopolisten können die Preise der Zulieferer drücken, für die Kundschft erhöhen und Wettbewerber aus dem Markt drängen. Dadurch verringert sich die Produktvielfalt, zum Nachteil für die Kunden. Ohne Wettbewerbsdruck müssen die Monopolisten auch nicht mehr so innovativ sein. Nachdem die SWOT aber zur Stärkung der Stärken regelrecht auffordert und Monopole betriebswirtschaftlichen Nutzen erzeugen, werden wir sie so schnell nicht los.

11

Kritik und Neuausrichtung

Zusammenfassung Die wesentlichen Kritikpunkte an der aktuell gelehrten Strategie werden zusammengefasst, um die Basis für eine Neudefinition zu legen, die in den nachfolgenden Kapiteln entwickelt wird. Nach der Kritik am bisherigen Strategieverständnis, seinem Hauptinstrument SWOT und dem üblichen Prozess komme ich nun zu meinem Vorschlag zur Neuausrichtung. Vorher aber erst noch die Zusammenfassung der wesentlichen Erkenntnisse aus den vorausgegangenen Kapiteln.

Zusammenfassung der Kritik.

Bevor ich einen Weg zu einer Neuausrichtung der Strategie skizziere, hier noch einmal die Zusammenfassung der Kritik am bisherigen Strategiekonzept, das auf der Stärkung von Stärken seinem zentralen Instrument, der SWOT, basiert.

Kampf ist keine Strategie. Die aktuellen Strategietheorien basieren auf dem alten Paradigma militärischer Überlegenheit in direkten Konfrontationen zweier Streitkräfte. Überlegenheit wird durch Stärkung eigener Stärken und Ausnutzung gegnerischer Schwächen erreicht. Dieses Paradigma versagt bei der Bewältigung komplexer Aufgaben, bei denen Überlegenheit im militärischen Sinne nutzlos ist; Klimawandel, Pandemien, Rassismus, Armut und vieles andere lässt sich nicht niederkämpfen!

Vollständige Information gibt es nicht. Die Komplexität militärischer, gesellschaftlicher, wirtschaftlicher, klimatischer oder anderer realer Systeme und Prozesse können niemals vollständig erfasst und beschrieben werden, und ihre Zusammenhänge und Wirkungsweisen können wir nie vollständig verstehen. Nicht nur wissen wir nicht alles, vielmehr wissen wir noch nicht einmal genau, was wir alles nicht wissen. Wir müssen lernen, auf Basis unvollständiger Informationen Entscheidungen zu treffen. Die SWOT aber führt ohne vollständige Informationen zu problematischen Schlussfolgerungen.

Komplexität ist ein Normalzustand in der realen Welt. Ein Uhrwerk kann man verstehen und genauso berechnen, dass es funktioniert, so wie gewünscht; die Realität dagegen bleibt unberechenbar. Wäre es anders, hätten wir nicht so viele kontroverse Diskussionen über die richtigen Maßnahmen bei dringenden Problemen wie dem Klimawandel, Armut oder Rassismus. Das heißt aber auch, dass einfache, monokausale Problemlösungsansätze, wie die in der SWOT als Normstrategie vorgeschlagene Stärkung der eigenen Stärken, zu falschen Lösungsansätzen führen können. Wir müssen daher Komplexität besser verstehen und mit Unsicherheiten besser umgehen lernen, statt sie durch Übervereinfachung eliminieren zu wollen.

Wenn wir die Richtung nicht ändern, werden wir das Ziel verpassen. Klingt nicht sehr logisch, oder? Wenn die deutschen Autobauer immer weiter ihre Verbrennungsmotoren verbessern, also die Richtung nicht ändern, werden sie niemals zu erfolgreichen E-Mobilitätsherstellern. Oder anders formuliert: sie müssen sich verändern. Auf dem von der SWOT vorgegebenen Weg der Stärkung dessen, was wir sowieso schon gut können, verpassen wir leicht die Ausfahrt in die Zukunft. Leider ist es bequemer, an alten Stärken fest- und die Richtung beizubehalten. Da, wo wir gut sind, wollen wir bleiben. Komfortzone nennen das die Psychologen. Wenn aber die Richtung nicht zum gewünschten Ergebnis führt, dann bleibt uns nichts übrig als uns zu verändern. Daran hindert uns aber die SWOT, weil sie auf Richtungsänderungen keine Antworten gibt. Beim Klima wird zwar viel von Energiewende und radikaler Umkehr geredet, und zum Beginn des Ukraine-Krieges wurde eine Zeitenwende herbeigeschworen. Aber was hat sich tatsächlich verändert, wo wurde gewendet? Beim Klima helfen weder mehr Mülltrennung, weniger SUVs oder mehr Windräder allein offenbar nicht weiter; wohin aber wollen die bisweilen ungeduldigen Klimaaktivist*innen unsere Gesellschaft wenden?

Irrationalität und Zufälle bestimmen die Zukunft. Wenn man mit Betriebswirten redet, die Strategie während ihres Studiums gehört haben sollten, so wird man mit einer rationalen Welt konfrontiert, in der vernünftige Akteure gemäß den Prinzipien des optimalen Nutzwerts handeln und Zufälle praktisch nicht vorkommen. Die Spieltheorie liefert dazu Aussagen und Lösungen. Aber ist diese Weltsicht überhaupt realistisch? Wir waren vom russischen Einmarsch in der Ukraine genauso überrascht wie die Dinosaurier von Einschlag eines Himmelskörpers von ca. 60 Mio. Jahren. So etwas nennt der Autor

Nassim Taleb (2010) [13] »Schwarze Schwäne«, weil sie so selten sind, dass man mit ihnen im Alltag nicht rechnet. Strategieverantwortliche nennen sie auch »Wild Cards«: Zufallskarten in einem Spiel, die die Lage des jeweiligen Spielers dramatisch verändern kann; in beide Richtungen. Wir sollten also immer auch mit dem Unerwarteten rechnen, ob bei Menschen oder im Verhalten natürlicher und künstlicher Systeme. Die SWOT hat aber keinen Algorithmus, um mit schwarzen Schwänen oder irrationalen Akteuren umzugehen; sie ignoriert sie schlicht und einfach.

Die SWOT ist kein geeignetes Strategieinstrument. Aus den vorhergehenden Thesen leitet sich aus meiner Sicht zwangsläufig die Schlussfolgerung ab, dass das zentrale Instrument heutiger Strategieentwicklung, die SWOT, für viele strategische Aufgabenstellungen sinnlos ist. Sie verleitet das strategische Denken und Handeln vordringlich zur Herstellung von Überlegenheit durch Stärkung vorhandener Stärken, und das, obwohl die dafür erforderlichen Informationen nicht vollständig verfügbar sein können. Hat Napoleon in seinen Feldzügen nicht auch immer an die eigene Überlegenheit geglaubt und die Stärken seiner Gegner dabei oft unterschätzt? Aber nicht nur bei den klassischen strategischen Aufgabenstellungen wie bei der Kriegsführung ist die SWOT problematisch; bei den meisten aktuellen Herausforderungen gesellschafts-politischer oder ökologischer Art liefert der Stärken-Schwächen-Ansatz keine Lösungen, weil sie sich Problemstellungen nicht einfach bekämpfen lassen. Auch sind Stärken und Schwächen subjektive Einordnungen. So ist die globale Vernetzung von Menschen und Produktionsketten eine Stärke im Hinblick auf Wohlstand und Bildung; sie erweist sich aber als Schwäche in der

Pandemie und beim Klimaschutz. Stärken und Schwächen sind niemals absolut, sondern müssen je nach strategischer Fragestellung unterschiedlich eingeordnet werden. Ein anderes Beispiel ist die Stärke deutscher Autobauer bei Verbrennungsmotoren, die im Hinblick auf emissionsfreie Elektromobilität als Schwäche gewertet werden muss. Die SWOT liefert auch hier keine vernünftigen Lösungen.

Strategie ist die Veränderung des Veränderbaren. Statt unrealistische Ziele durch Aufbau eigener Überlegenheitspositionen zu »erkämpfen«, sollten wir versuchen, uns Schritt für Schritt auf realistische Ziele hin zu bewegen, und zwar durch die zielgerichtete und wirksame Veränderung unserer Fähigkeiten. Statt den Verbrennungsmotor ständig zu verbessern, sollten Automobilbauer lieber lernen, wie man Batterien produziert. Operativ tätige Produktionsleiter*innen müssen die Produktion verbessern, die strategisch tätige Unternehmensleitung muss die Richtung des Unternehmens überprüfen und im Zweifel verändern, damit es auch in Zukunft überleben kann. Daher ist Veränderung ein so wichtiges Element der Strategie. Allerdings müssen wir uns auch auf die Veränderung des Veränderbaren konzentrieren. Es macht keinen Sinn, gegen dicke Mauern anrennen oder Windmühlenflügel mit bloßen Händen aufhalten zu wollen. Stattdessen sollte man, metaphorisch ausgedrückt, Türen in der Mauer oder den richtigen Hebel in der Mühle suchen.

Strategie muss sich die richtigen Ziele erst suchen. Pläne setzen vorgegebene Ziele um; Strategien fangen mit der Wahl der richtigen Ziele an. Dieser Aufgabe widme ich später ein eigenes Kapitel Kap. 13). Ziele sind wiederum solche, die man durch Veränderungen auch erreichen kann. Ziele, die außerhalb des eigenen (persönlichen, unternehmerischen, nationalen etc.) Vermögens liegen, sind Visionen. Das 1,5-Grad-Ziel ist daher eine Vision, denn keine Person und kein Land allein kann es erreichen. Ebenso eine Vision ist die weitgehend vollständige Durchimpfung der Bevölkerung, denn sie kann nicht erzwungen werden; die Impfpflicht scheint ja politisch und administrativ nicht durchsetzbar zu sein. Strategie auf Visionen hin sind daher sinnlos; wir müssen uns Ziele setzen, die wir auch erreichen können, und hoffen, dass durch diese Ziele die Vision möglich wird.

Strategie nutzt uns allen. Ohne Strategie würden wir wohl Ziel- und absichtslos durchs Leben treiben, oder getrieben werden. Das ist sicher auch in vielen Fällen so. Strategie heißt, sich für die für uns wichtigen Ziele zu entscheiden und sie zu verfolgen. Dabei sollten wir uns aber nicht von dem leiten lassen, was »man« so tun sollte. Die Werbung ist voller »man sollte tun«-Botschaften: Haus, Familie, Hund, Auto, Urlaub und Shopping. Genauer gesagt sind das »man-sollte-haben«-Botschaften, die uns bis zur Erschöpfung durch die Arbeitswelt jagen, bis wir nicht mehr können oder es für das wahre Leben zu spät ist. Statt den vorgefertigten Visionen der Werbung auf den Leim zu gehen, sollten wir uns frühzeitig Ziele setzen, die auch erreichbar sind; unerreichbare Ziele machen selten glücklich. Auch wenn man es oft hört: nicht jeder Tellerwäscher wird zum Millionär, sondern bleibt sein Leben lang ein unglücklicher Tellerwäscher. Werden Sie ein professioneller Stratege in eigener Sache und gestalten Sie Ihre persönliche Eudämonie, Ihr geglücktes Leben. Aber nicht mit der SWOT, denn die verleitet Sie nur dazu, sich durch Ihr Leben zu kämpfen; und das ist nicht der Sinn des Lebens!

Was sind die Konsequenzen aus der Kritik?
Im bisherigen Teil des Buches habe ich die Ursprünge, Genese, Defizite, Gültigkeit, Einschränkungen, Irrtümer und Probleme der heute gängigen und weitgehend anerkannten Strategieparadigmen, -Konzepte und -Prozesse analysiert. Nach dieser Zusammenfassung der wesentlichen Erkenntnisse der kritischen Analyse entwickele ich nun ein zukunftsfähigeres Strategiekonzept. Wie schon mehrfach im Buch betont, sollten sich Strategien auf die Veränderung des Veränderbaren konzentrieren. Das gilt einerseits dann, wenn die Stärkung vorhandener Stärken keinen (Wettbewerbs-)Vorteil mehr bringt. In diesem Fall ist Veränderung im Sinne eines Aufbaus neuer Fähigkeiten überlebenswichtig, zumindest strategisch wirksam. Andererseits gilt es, das Veränderbare zu verändern, wenn wir Herausforderungen bewältigen müssen, die unser eigenes Vermögen übersteigen. Wenn wir das Unveränderbare, das nicht in unserer Macht liegt, verändern wollten, werden unsere Bemühungen unwirksam bleiben. Strategie heißt aber nach meiner Überzeugung, wirksam zu handeln.

> Veränderbares zu verändern ist die Voraussetzung dafür, strategisch wirksam zu handeln.

Ich betone dieses scheinbar simple Prinzip so oft in diesem Buch, weil ich es als die bessere Alternative für das ebenso simple, aber überholte Prinzip der Stärkung von Stärken halte. Damit sich das Strategieverständnis (zum Besseren) verändert, muss ich dem einfachen alten Motto ein ebenso einfaches neues entgegenstellen. Geht es Ihnen nicht auch so, dass Sie nach dem Durchblättern von Strategiebüchern den Eindruck gewonnen haben, Strategie sei eine unheimlich komplizierte Angelegenheit? Dabei lässt sie sich auf das intuitiv erfassbare, einfache Grundprinzip der SWOT zurückführen. Strategische Intuition ist auch für mein neues Strategiekonzept entscheidend. Strategieverantwortliche müssen die Situation (ihres Unternehmens etc.) erfassen und dann eine neue Perspektive aus der Zukunft heraus entwickeln. Natürlich sollten sie dabei auf sinnvolle Analysemethoden und Strategieinstrumente zurückgreifen; aber ohne einen strategischen Kompass, ohne die Fähigkeit, Situationen strategisch zu betrachten, werden Strategieverantwortliche kaum wirksame Handlungsempfehlungen entwickeln können.

> Die Umsetzung des Veränderungsprinzips erfordert von Strategieverantwortlichen nicht nur eine mentale Abkehr vom bisherigen Stärkenprinzip, sondern auch einen fundamentalen Perspektivenwechsel: Strategien müssen aus der Zukunft heraus entwickelt werden. Dafür müssen Strategieverantwortliche lernen, mit vier Herausforderungen umzugehen: Unsicherheit, Zielambiguität, Irrationalität und Komplexität.

Diese Herausforderungen oben werde ich in den kommenden Kapiteln erläutern und Vorschläge machen, wie Sie damit umgehen können. Wer sich darauf nicht einlassen will, dürfte es in der Strategie schwer haben. Ich habe zwar Zweifel, ob es möglich ist, ein neues strategisches Denken zu postulieren, denn wir können ja immer nur so denken, wie wir denken. Aber Strategie heißt für mich, strategische Perspektiven zu entwickeln, wenn Entscheidungen getroffen werden sollen, die die Zukunft betreffen. Bei Entscheidungen denkt das Controlling an Kosten und Erträge, die Produktion an Herstellbarkeit, das Marketing an Verkaufbarkeit, das Personalwesen an Ressourcen, die Unternehmensführung an den Aktienkurs. An was denkt die Strategie? Sie sollten an die Zukunft denken!

12

Wissen können und Nichtwissen beherrschen

Zusammenfassung Strategien rechnen immer mit der Zukunft, die naturgemäß nicht berechenbar ist. Strategieverantwortliche müssen daher das Nichtwissen in ihre Überlegungen einbeziehen. Der Grad des Nichtwissens ist dabei oft unbekannt, oder wird ignoriert. Die Annahme linearer und damit abschätzbarer Veränderungen ist nur in begrenztem Umfang möglich; Dynamik und Komplexität realer Systeme sind oft unberechenbar. Das Kapitel beschreibt Ebenen des Wissens und Nichtwissens, um wie Strategieverantwortliche damit professionell umgehen sollten.

Die Zukunft liegt in Dunkelheit und macht das Herz uns schwer

Man trifft immer wieder Menschen, die an die Berechenbarkeit des Lebens und damit an deterministische, monokausale Zusammenhänge glauben. Alles, was passiert, ist für sie das Ergebnis des bewussten und effektiven Wirkens (geheimer) Eliten, Zirkel und Netzwerke, oder auch göttlicher Absichten. Der Ursprung dieser Sichtweise könnte im Prädeterminismus liegen, der Teil reformatorischer Überzeugungen war. Zu solchen Überzeugungen kann man nur neigen, wenn man die Komplexität natürlicher, wirtschaftlicher oder gesellschafts-politischer Systeme ignoriert, an ein eindeutiges Verursacherprinzip glaubt und die persönliche Freiheit zu Entscheidungen als Illusion ansieht.

Die Welt funktioniert aber nicht wie ein Uhrwerk, bei dem Zeiger über komplizierte, aber trotzdem berechenbare Spindel- und Zahnradkonstruktionen genau von einer Feder oder Batterie angetrieben werden. Uhren sind kompliziert, aber nicht komplex. Anders dagegen unsere reale Welt mit ihren natürlichen wie auch künstlichen Systeme, deren Wirkungsketten und Abhängigkeiten sich dynamisch und oft nicht direkt beobachtbar verändern. Die Bedienungsmannschaft von Tschernobyl hatte das im Jahre 1986 leider zu spät begriffen. Komplexe Systeme können schnell aus dem Ruder laufen. Ökologische Katastrophen wie das Austrocknen des Aralsees, die Weltwirtschafts- oder die Finanzkrise 2008 und auch die letzte Pandemie sind das Ergebnis nicht verstandenen und unbeherrschbaren Systemverhaltens, das sich wegen der Eigenart exponentieller Entwicklungen oft erst zu spät registriert wird. Reale Systeme werden nicht nur von Menschen mit schlechten Absichten ins Chaos gestürzt, sondern oft auch von den vielen Gutmeinenden. Der Grund liegt oft darin, dass Informationen über komplexe Systeme niemals vollständig vorliegen können; das ist die Definition von Komplexität. Während ein Uhrwerk immer gleich funktionieren, sofern kein Teil bricht, können komplexe Systeme ihr Verhalten dynamisch und im Verborgenen ändern. Nie können wir genau alle Zustände des Systems genau kennen. Vollständige Informationen über Zustände und Verhalten von komplexen Systemen ist daher eine weit verbreitete Illusion.

Genau auf dieser Illusion basiert aber die heutige strategische Planung; die SWOT braucht Informationssicherheit. Daher ist sie ungeeignet für die komplexen und dynamischen Herausforderungen unserer Zeit. Wir müssen akzeptieren, dass die Vorhersehbarkeit von Ereignissen nur sehr eingeschränkt möglich ist.

Wie aber kann man dann die Zukunft planen? Welche Unternehmen haben in ihren strategischen Plänen die Möglichkeit einer Pandemie berücksichtigt? Ich vermute, es sind nur sehr wenige. Vielleicht müssen wir uns generell mit der Tatsache anfreunden, dass wir uns auf Entscheider verlassen müssen, deren Entscheidungen auf unvollständige Informationen basieren, ja basieren müssen.

Fragen wir die Philosophie

Wie sollen wir überhaupt planen, wenn wir doch eigentlich gar nicht alles wissen können, und noch nicht einmal genau wissen, was wir nicht wissen? Der Umgang mit Nichtwissen ist eine wesentliche Aufgabe von Strategieverantwortlichen. Da hilft es, den Schriftsteller Nils Bonder (2001) [14] in auf seinem nicht ungefährlichen Weg durch seine »Gärten der Erkenntnis« zu begleiten. Vier davon gibt es, wobei die Gärten als Metapher für Erkenntnisebenen dienen:

- Die Welt, in der Erkennbares erkennbar ist (Wissen)
- Die Welt, in der Erkennbares verborgen ist (Lernen)
- Die Welt, in der Verborgenes erkennbar ist (Weisheit)
- Die Welt, in der Verborgenes verborgen ist (Glaube)

Das Buch gibt nicht nur bemerkenswerte Einsichten in die Welt jüdischer Lebensweisheiten, sondern auch Antworten auf die Frage, was wir überhaupt wissen können.

Um es vorwegzunehmen: In der Strategie bewegt man sich in der Welt, in der Verborgenes erkennbar ist.

Zunächst tauchen wir in die uns zugängliche Welt ein, in der Erkennbares erkennbar ist. Hier bewegt sich das Offensichtliche, auch wenn manche Philosophen erkenntnistheoretische Zweifel bereits am Offensichtlichen haben. Offensichtlich scheint die Sonne, ich habe Durst, bin verheiratet, habe eine Wohnung, eine Arbeit. Mein Gehalt ist soundso viel, mein Auto hat 100PS, eins und eins gibt zwei. Sogar die Steuererklärung in all ihrer Kompliziertheit gehört zu dieser Welt. In Unternehmen ist dies die Welt der Zahlen und Fakten: Anzahl der Mitarbeiter, Standorte, Anlagevermögen, Kredite, Zulieferer und Abnehmer, Name des Chefs, Firmenlogo und Produktpalette. Auch Umsatz und Gewinn bis Jahresende lassen sich einigermaßen vorhersagen, wobei einem die Disruptionen wie Corona gelegentlich einen Strich durch die Rechnung machen können. Mit Prognosen bewegen wir uns also schon am Rande der nächsten Welt, in der Erkennbares verborgen ist.

Vieles in dieser Welt ist berechenbar, und die Regeln von heute gelten meist auch morgen noch. Nur deshalb funktioniert unser Leben. Ohne gewisse Sicherheiten wäre der Alltag ein gefährliches Abenteuer. Aber diese Sicherheiten sind nicht immer stabil; schon beim Wetter wird das deutlich. Je weiter wir in die Zukunft planen wollen, desto unsicherer werden die Randbedingungen, mit denen wir rechnen müssen. Märkte, Unternehmen, Gesetze, Kundenwünsche oder Wettbewerber verändern sich. Die scheinbare Unveränderlichkeit des Lebens, die

12 Wissen können und Nichtwissen beherrschen

wir im Alltag fühlen, weicht langfristig mal evolutionären, mal revolutionären Veränderungen. Zwangsläufig sind wir in der Welt des Verborgenen. Allerdings glauben viele, dass sie sich noch in der Welt des Erkennbaren befinden, welches zunächst noch im Verborgenen der Enthüllung harrt. Wie bei einem Uhrwerk, dessen Funktion sich dem Fachfremden beim ersten Anblick normalerweise nicht erschließt, der sie aber erlernen kann, wenn er sich Mühe gibt.

Durch das Lernen holt er das verborgene Erkennbare in die Welt des Wissens. Vieles lässt sich lernen, das ist unsere selbstverständliche Lebenserfahrung. Lernen lässt sich aber auch nur das berechen-, reproduzierbare und bestätigte Wissen. Wie sich Aktienkurse entwickeln, kann man dagegen nicht lernen, sondern nur schätzen, auch wenn fragwürdige Methoden und Börsen-Berater*innen Vorhersagbarkeit suggerieren. Die Zukunft sprengt immer die Grenzen unseres Wissens, und auch die des Wissenkönnens. Ein spezieller Fall des Wissenkönnens ist der sogenannte »Blinde Fleck«. Das sind objektive Tatsachen über unsere selbst, die zunächst nur von anderen gesehen werden. Wenn uns jemand etwas uns bisher Unbekanntes über uns sagt, Feedback gibt, dann kann das auf Ablehnung oder Erstaunen stoßen. Wenn wir dieses Feedback annehmen, haben wir etwas über uns gelernt und unsern »Blinden Fleck« etwas verringert.

Auch Unternehmen haben ihn; woher sollen sie auch alles über sich wissen können? Ein geflügeltes Wort im unternehmerischen Wissensmanagement lautet daher auch: »Wenn das Unternehmen wüsste, was das Unternehmen weiß«. Wissen ist in Unternehmen verteilt, aber nicht allen zugänglich, noch nicht einmal dem Management. Wie sonst soll man verstehen, dass Top-Manager*innen in der Automobilindustrie von den eigenen Dieselabgasmanipulationen nichts gewusst haben wollen? Dies kann man doch nur mit Ahnungslosigkeit erklären, oder?

Aber Nichtwissen ist ja keine unheilbare Krankheit. Im Gegenteil, es gibt dagegen eine simple Medizin: Fragen stellen. Die Welt, in der Erkennbares verborgen ist, nähert man sich durch das Fragen.»Wieso, weshalb, warum: wer nicht fragt bleibt dumm«, behauptete schon die »Sendung mit der Maus«. Fragen hilft aber nur da, wo Antworten auch möglich und das Wissen grundsätzlich vorhanden sind.

Über die Zukunft kann es kein Wissen a priori, also vorab, geben, daher liegt sie in der Welt des Verborgenen. Strategie bewegt sich in der Zukunft, denn es wäre sinnlos, Strategien für das Heute zu machen; damit bewegt sich Strategie auch in der Welt des Verborgenen. Glücklicherweise aber dort, wo das Verborgene auch erkennbar sein kann. Ganz so blind steuern wir nicht durchs Leben. Die Zukunft kann innerhalb gewisser Grenzen durch Extrapolation aus der Vergangenheit, Statistik und Simulationen abgeschätzt werden. So wie die Sonne morgens im Osten aufgeht kann man auch mit gewisser Wahrscheinlichkeit davon ausgehen, dass Deutsche lieber in Autos als gutes Essen investieren, Bayern München die Meisterschaft gewinnt oder in Grönland auf absehbare Zeit kein guter Wein wachsen dürfte. Statistisches Verhalten ist oft vorhersehbar, nicht aber Einzelereignisse. Fukushima gehört dazu, und natürlich die Corona-Pandemie. Allerdings gab es Warnungen, sowohl vor Kraftwerksunfällen als auch Pandemien. Systeme haben ihre spezifischen Anfälligkeiten, die man erkennen kann, und mit denen man rechnen sollte. Wenn man es will.

Unternehmen bewegen sich in der Welt des Verborgenen, da sie weit in die Zukunft vorausdenken sollten. Manches lässt sich statistisch ermitteln, denn ohne gewisse Sicherheiten im Kundenverhalten wäre Wirtschaft praktisch unmöglich. An den Rändern dieser Sicherheit entwickeln sich aber Graubereiche, die zu Fehleinschätzungen führen können. Blackberry oder Nokia haben offenbar nicht verstanden, welchen Nutzen Smartphones für Kund*innen haben können. Die Attraktivität der Integration vieler Funktionen auf einem Gerät und die ausbaufähige und intuitiv nutzbare Nutzeroberfläche gehörte für sie zur Welt des Verborgenen. Was für Geschäftsleute anfangs vielleicht noch eine Spielerei war, entpuppte sich als Renner bei privaten Kund*innen, und zog dann auch ins Geschäftsleben ein.

Die Unsicherheit wird umso größer, je weiter Planungen in die Zukunft reichen. Was in zehn Jahren passiert, das können wir heute noch nicht wissen. Strategiepläne reichen naturgemäß weit in die Zukunft, und damit ist der Grad der Unsicherheit, des Nichtwissens, entsprechend hoch. Es reicht nicht, die Welt von heute zu analysieren, sondern die von morgen oder übermorgen. Das ist einer der Hauptnachteile der SWOT: sie konzentriert sich auf das Hier und Jetzt. Einstein soll gesagt haben, dass Vorhersagen schwierig sind, vor allem, wenn sie die Zukunft betreffen. Und schon befindet sich der Strategieverantwortliche in einer schwierigen Lage. Als rational denkender und an seiner Karriere als Manager*in arbeitender Mensch muss er etwas Irrationales machen: prognostizieren.

Wie aber kann man die Zukunft abschätzen? Genauso: durch Schätzen. Ein Professor hat uns in einer Vorlesung einmal gesagt, man könne sich nie so verschätzen, wie man sich verrechnen kann. Wer rechnet, der folgt einem klaren Algorithmus, den er nicht selbst verstehen muss. Manchmal hadere ich mit meinem Navi, wenn es mich anders leitet als es meine Intuition tut. Den Algorithmus im Navi kenne ich nicht und auch nicht, warum er mir den einen und nicht den anderen Weg vorschlägt. Ich kann ihm glauben, oder auch nicht. Schon einige Male lag ich mit meiner Orientierungs-Intuition richtig, manchmal aber auch falsch. Berechnungen sind nicht fehlerfrei, denn sie können ja nicht alle Einflussgrößen kennen und berücksichtigen. Auch wenn die vielen Strategieinstrumente Genauigkeit suggerieren, sie sind nur eine Hilfestellung für die eigene Entscheidung. Sie schränken einerseits die Auswahlmöglichkeiten ein, andererseits bilden sie die Realität nur unvollständig ab. Erfahrene Strategieverantwortliche verlassen sich also niemals auf die Ergebnisse der Berechnung ihrer Instrumente, sondern lassen ihre Intuition einfließen. Intuition ist nach neuesten Erkenntnissen nicht einfach ein Gefühl, sondern das Ergebnis von Gedankenprozessen, die im Unterbewusstsein ablaufen. Wer darauf hören kann, der bekommt Hinweise, wo der der richtige Weg sein könnte, auch wenn die Rationalität des Bewusstseins keine eindeutigen Vorschläge macht, die logisch erscheinen. Strategie braucht diese Intuition, um die Welt des Verborgenen etwas aufzuhellen.

Es ist aber auch möglich, sich der Welt des Verborgenen durch Umkehrung anzunähern. Wenn ich einen im Verborgenen der Zukunft liegenden Markt kaum vorhersagen kann, könnte ich ihn doch aktiv gestalten. Modeschöpfer*innen machen dies erfolgreich, in dem sie genau die Kollektionen vorhersagen, die sie bereits auf Lager haben. Wundersamerweise tragen alle Modebewussten, sagen wir, ein perl-graues Outfit; aber was sollten sie sonst tragen, wenn nichts anderes in den Läden hängt?

Start-ups mit neuen und innovativen Ideen haben oft keine Zielscheibe im übertragenen Sinne, auf die sie zielen könnten. Man könnte sagen, sie zielen ins Dickicht des Waldes in der Hoffnung, ein »Einhorn« zu treffen Dabei können sie über keinerlei Erfahrungswerte verfügen, und haben oft nicht mehr im Gepäck als Ideen, Mut und Motivation. Sie müssen daher – um bei der Metapher eines Pfeiles zu bleiben – denselben abschießen, und dessen Richtung im Fluge korrigieren. Allein schaffen das die Wenigsten, weshalb sie ständig auf der Suche nach Geldgebern sind, die an die Ideen glauben, den Mut bewundern und hoffen, sie finanzieren vielleicht ein Einhorn. Start-ups sollten auch immer wieder die Richtung überprüfen, und müssen gar das ursprüngliche Ziel ändern. Ist das Ziel dann getroffen in Form eines lebensfähigen Unternehmens mit steigenden Umsätzen, dann ist nicht anderes passiert als eine nachträgliche Positionierung der Zielscheibe. Das Handeln bestimmt das Ziel und nicht umgekehrt. Diese Vorgehensweise können aber auch nur solche Firmen leisten, die ihre Wertschöpfungsstrukturen erst noch aufbauen müssen. Etablierte Unternehmen tun sich damit schwerer. Ihre mächtigen Kanonen, also der gesamte operative Betrieb, sind auf ein Ziel ausgerichtet und lassen sich nur langsam drehen. Daher auch das Festhalten an Verbrennungsmotoren.

In der Welt des Verborgenen muss man sich wie ein Start-up bewegen: neugierig und beweglich zugleich, und jederzeit bereit, die Richtung zu ändern, wenn der ursprünglich geplante Weg versperrt ist oder ins Leere läuft. Erst im Gehen erkennt man das Ziel, nicht schon beim Start. Strategische Planung im klassischen Sinne braucht ein klares Ziel. Statt der vielleicht attraktiveren, aber noch nicht erkennbaren Ziele, werden die bekannten, sichtbaren ins Visier genommen und mit den vorhandenen Stärken attackiert. So entstehen aber keine Innovationen. In die Welt, in der Verborgenes wie Innovationen erkennbar werden sollen, muss man sich hineinbewegen und überraschen lassen. Wer Planungssicherheit will, hat hier nichts verloren.

Verborgenes im Leben offenbart sich niemals a priori. Wie alt ich werde, kann ich nur erfahren, indem ich mein Leben lebe. Es ist sinnlos, vorab intensiv darüber nachzudenken. Leben heißt aber auch, sich zu irren und Fehler zu machen. Manchmal hadern wir mit unseren schlechten Entscheidungen und Erfahrungen, aber wären wir die, die wir sind, ohne diese Erfahrungen? Ein Leben kann man zwar rückblickend bewerten, aber man muss es voraus leben.

Die Botschaft für Unternehmen, die innovativ sein wollen, ist daher einfach: seid mutig, macht Fehler und lernt daraus! Schon wieder ein esoterischer Ansatz, der nicht immer gut ankommt. »Failure is not an option« ist ein geflügelter Spruch, der nur teilweise stimmt. Die vollständige Elimination von Fehlern ist eine Schimäre. Es geht nicht um absolute Fehlersuppression, sondern um optimales Fehlermanagement. Die Fliegerei ist nicht deshalb sicher, weil dort Menschen keine Fehler machen oder Systeme nie versagen würden, sondern weil das Mensch-Maschine-System fehlertolerant und enorm lernfähig ist.

Wenn aber CEOs ihre Unternehmen auf absolute Fehlerintoleranz trimmen wollen, dann geht das genauso schief wie der Versuch des chinesischen Regimes, Infektionen mit Gewalt vollständig zu eliminieren. Die Lockerungen der Regeln in Deutschland bei Corona sind nichts anderes als Toleranz gegenüber Fehlern, also der Möglichkeit von Infektionen. Damit werden erstens das wirtschaftliche und gesellschaftliche Leben entlastet, und zweitens die natürliche Impfung durch Ansteckung bewusst befördert.

Fehler fördern daher die Weiterentwicklung, auch die von Organisationen und Unternehmen; somit werden

12 Wissen können und Nichtwissen beherrschen

Innovation ermöglicht. Fehler reduzieren zwar die Produktivität, aber sie können auch zu Zukunftslösungen durch Lernen und Innovationen führen. Innovationen erfordern einen speziellen Typus in Unternehmen. Der Sänger Ricky Nelson hatte den Hit »Fools rush in where wise men never go«. Narren gehen dahin, wohin sich weise Männer niemals trauen. Ein starker Innovationsspruch, meine ich. Ein Unternehmen, in dem nur Weise und Vernünftige das Sagen haben, verspielt seine Zukunft. Denn nur Narren trauen sich in die Welt des Verborgenen, in der die Zukunft liegt. Und daher habe ich wenig Hoffnung, dass deutsche Unternehmen die Zukunft gestalten werden. Die (nicht notwendigerweise harmlosen) Narren von heute sind andere: Musk, Branson, Jobs, Gates, Zuckerberg oder Bezos. Sie haben uns schon oft mit innovativen Ideen überrascht und werden die Welt verändert haben, wenn die deutschen CEOs immer noch an ihren traditionellen, auf Sicherheit getrimmten Strategien festhalten, und mit staatlicher Hilfe versuchen, ihre Märkte zu schützen.

Aber es gibt auch Verborgenes, bei dem es keine Erkenntnis geben kann. Das ist die Welt des Glaubens. So ist es unwahrscheinlich, dass wir die Existenz eines Gottes jemals beweisen werden können. Seine Existenz wird wohl immer im Verborgenen bleiben, auch wenn viele Menschen aus der Bibel das Gegenteil herauslesen. Trotzdem treibt der Glaube die Menschen seit Jahrtausenden zu den großartigsten wie schrecklichsten Taten an. Wir wissen nicht, ob Gott existiert, setzen aber alle Hebel in Bewegung, die Welt und unser Leben –und leider oft auch das der anderen- in seinem – unbekannten – Sinne zu gestalten. Das nicht erkennbare Verborgene hat nachweislich eine enorme Motivationskraft. Vielleicht haben wir so eine Situation beim Klimawandel: Werden wir wirklich jemals genau verstehen, wie die komplexen chemisch-physikalischen Zusammenhänge in der Atmosphäre und das Wirken von Menschen, Tieren, Pflanzen, Wetter und Weltall die globale Durchschnittstemperatur beeinflusst? Und erst recht, wie wir diese beeinflussen, ja begrenzen können? Trotzdem entfaltet das 1,5-Grad-Ziel rund um den Globus eine enorme Wirkung. Aber ist dieses Ziel überhaupt richtig, realistisch und beeinflussbar? Oder laufen wir einer Illusion hinterher?

Schon die alten Griechen wussten, dass weise ist, wer weiß, dass er nichts weiß. Aber so ganz stimmt das nicht, denn wir können prognostizieren, vermuten, extrapolieren und aus Statistiken Wahrscheinlichkeiten für die Zukunft ableiten. In gewissen Grenzen natürlich. Strategieverantwortliche müssen Annahmen über die Zukunft treffen, sonst wäre jede Strategie sinnlos. Aber sich sollten sich immer der vier Ebenen der Erkenntnis bewusst sein und sich weder auf das Offensichtliche noch das unerkennbar Verborgene verlassen. Sie sollten ein Gespür entwickeln, was im Verborgenen erkennbar ist.

Wenn man nicht alles wissen kann, wie kann man dann überhaupt die richtigen Ziele setzen, und wie sind überhaupt diese richtigen Ziele beschaffen?

13

Ziele und Visionen

Zusammenfassung Ein wesentliches Merkmal von Strategien ist die Auswahl geeigneter Ziele, die im Gegensatz zu Plänen nicht vorgegeben sind. Der Begriff Ziel ist nicht eindeutig und wird oft mit Vision verwechselt oder gleichgesetzt. Unterschieden werden muss auch zwischen Ergebnis- und Handlungszielen. Während Ergebnisse nicht immer erreicht werden können, sind eigene Handlungen das einzige Mittel auf dem Weg zum Ziel. Statt sich auf Visionen oder Wunschziele zu konzentrieren, bedeutet Strategie, sich mit den beeinflussbaren Handlungen zu befassen und die notwendigen Voraussetzungen zu schaffen, die aber nicht notwendigerweise das angestrebte Ergebnis garantieren.

Am Anfang des Buches habe ich bereits darauf hingewiesen, dass wir nur für solche Ziele Pläne machen können, die eindeutig, messbar und erreichbar sind.

Das gilt unter anderem für alle Baumaßnahmen. Ein realistischer, finanzierbarer Plan in den Händen erfahrener Architektenteams und unter Mitwirkung qualifizierter Ingenieur*innen und Handwerker*innen führt zum Traumhaus, jedenfalls in der überwiegenden Zahl der Fälle. Wie gesagt: hier reicht ein Plan mit klaren Maßnahmen. Eine Strategie ist nicht erforderlich.

Was machen wir aber, wenn das Ziel nicht eindeutig, messbar oder gar aus eigener Kraft erreichbar ist? Ein hohes Alter in Gesundheit, Reichtum und Glück können wir nicht bereits in jungen Jahren genau so planen, wie wir es wünschen. Das Leben hält dafür zu viele Überraschungen und Wendungen bereit. Auch wenn Versicherungsunternehmen uns einreden wollen, man könne durch frühzeitige und natürlich angemessene Altersvorsorge ein sorgloses Rentenalter sichern; den Tod können sie uns nicht wegversichern.

Natürlich wollen die meisten Rassismus und Armut ausmerzen, und Gerechtigkeit oder Gleichberechtigung für alle Menschen erreichen. Leider gibt es keine Skalen, auf denen man eine Zielgröße einstellen und das aktuelle Ausmaß ablesen könnte. Heute steht die Armut bei 30 %? Schwer vorstellbar. Null Armut kann man höchstens als eine Vision bezeichnen, niemals aber als ein Ziel, weil wir sie weder als Individuen noch als Gesellschaft ohne massive Eingriffe in unsere Gesellschaftssysteme erreichen können. Abgesehen davon gibt es nach der offiziellen Armutsdefinition der EU -als arm gilt, wer weniger als 60 % des mittleren Einkommens zum Leben hat- auch dann Armut, wenn wir alle Millionär*innen wären. Mir geht es beim Beispiel Armut aber nur darum, zu zeigen, dass manche Ziele nicht erreichbar sind und daher als Visionen gelten müssen.

Visionen sind mächtig, aber oft unerreichbar
Der Begriff Vision eignet sich daher besser für Ziele, die aus eigener Kraft kaum oder nicht zu erreichen sind. Bei politischen Visionen spricht man von Utopien, bei psychologischen von Wunschvorstellungen: Beispiele dafür sind die von einem sorglosen Leben als Millionäre träumenden Tellerwäschern in den USA, oder auch die auf einen Meistertitel hoffenden Bundesligavereine nördlich von München. Ein realistischer Napoleon hätte sich vielleicht vordringlich um die Verwaltung seiner Departements und die Maximierung des Steuereinkommens gekümmert; der visionäre, vielleicht auch unter Hybris leidende Napoleon, wollte mehr als er vermochte. Trotzdem teile ich ganz und gar nicht die Meinung von Helmut Schmidt, für den Visionäre zum Arzt gehen sollten. Visionen können Kräfte freisetzen, die für ambitionierte Ziele notwendig sind.

Die 1,5-Grad-Grenze ist so eine ambitionierte, und gleichzeitig auch mächtige Vision, denn sie mobilisiert sehr viele Menschen rund um den Globus. Theoretisch wissen diese Menschen auch, was getan werden müsste, um sie einzuhalten, nämlich den CO_2-Ausstoss drastisch zu begrenzen, jedoch haben sie nicht die Macht, dies global durchzusetzen. Das ist eine Erklärung, warum wir beim Klimawandel bisher so erfolglos sind.

Nach meiner Vorstellung sollten sich Ziele immer an den eigenen Fähigkeiten orientieren. Manchmal muss man sich zwar ordentlich anstrengen, kann es theoretisch aber schaffen. Sobald Ziele das eigene finanzielle, körperliche, mentale oder intellektuelle Vermögen (deutlich) übersteigen, spreche ich von Visionen, die man auch bei äußerster eigener Anstrengung niemals aus eigener Kraft erreichen kann. Wir müssen für Visionen andere Menschen, Organisationen oder Staaten gewinnen, uns zu unterstützen und unseren Interessen zu folgen.

> **Beispiel**
>
> Dazu ein praktisches Beispiel: die Vermarktung eines Buches. Wer an einem Manuskript schreibt, weiß normalerweise (falls es sich nicht um eine Auftragsarbeit handelt) nicht, ob aus dem Manuskript ein Buch und aus ihm ein Autor werden. Dies liegt nicht in seinen Händen allein, sondern erfordert einen Verlag und Leser. Somit ist es zunächst eine Vision, Autor zu werden, das Ziel dagegen, ein möglichst gutes Manuskript zu verfassen. Zum Schreiben braucht man Kreativität, Talent und Ausdauer, zum Vermarkten Manuskripts dagegen eine Strategie. Bei Manuskripteinsendungen besteht die Strategie darin, mit einem guten Exposee die richtigen Verlage zu überzeugen. Ob es einem Verlag gefällt, liegt nicht ausschließlich an den Autor*innen.

Die Vision lässt sich daher, wenn überhaupt, nur mit einer guten Strategie erreichen. Ich wünschte, die Kluft zwischen dem guten Wollen und Können wäre auch den verantwortlichen Politikern und Klimaaktivisten bewusst. Viele sind der Ansicht, das 1,5-Grad-Ziel zu formulieren sei bereits schon die Strategie; dabei ist es nur eine Vision, ein Wunschbild. Um es zu erreichen, brauchen wir eine Strategie, um die CO_2-Emissionen in die Atmosphäre nachhaltig zu reduzieren. Das ist unter Wissenschaftler*innen weitgehend akzeptiert. Wie aber ist diese Reduktion zu realisieren? Mülltrennung gehört dazu, Ächtung von SUVs, Energiesparlampen, Häuserdämmung, Elektromobilität, Effizienzsteigerung bei Maschinen, Recycling, nachhaltige Materialien, Windkraft, Geothermie und Solarenergie, aber auch die Nutzung von Bahnen und ÖPNV, Verzicht aufs Fliegen und der Umstieg aufs Fahrrad. Wahrscheinlich fällt Ihnen noch mehr ein; aber all das reicht augenscheinlich nicht aus.

Ziele und Sinn

Wer über Ziele nachdenkt, tangiert unweigerlich auch Sinnfragen; daher mache ich in diesem Kapitel auch einen Ausflug in die Philosophie. Eines ihrer wichtigsten Denkfelder sind Sinnfragen. Wie im persönlichen Bereich fragen sich auch Unternehmungen, wozu sie da sind (die Mission) und wohin sie sich entwickeln sollen (die Vision). Manche machen sich auch über das Wie Gedanken (Werte). Strategie soll Unternehmungen also auch einen Sinn geben; inzwischen macht sich auch der Begriff »Purpose« (Zweck) breit, den ich allerdings für wenig gelungen halte, weil Sinn und Zweck nicht gleichzusetzen sind[1].

Das Wort »Sinn« stammt vom indogermanischen **»sent«,** was so viel wie »gehen, reisen, fahren« bedeutet, und wurde im Althochdeutschen zu »sinnan«, das für »reisen, streben, trachten« steht. Sinn bedeutet also auch Bewegung, und Bewegung ist das Ergebnis von Entscheidung und Handlung. Leben bedeutet damit Handeln. Im Vollzug des Lebens lebe ich, mein Sinn ist es, mein Leben zu leben, ergo zu handeln. Genau das gilt auch für Unternehmungen: sie müssen heute handeln, also etwas unternehmen. Strategie hat die Aufgabe, das Handeln aus Sicht der Zukunft zu steuern und dem Unternehmen einen Sinn, ein »Wozu« zu geben. Die Frage nach dem »Warum« hat mit der Sinnfrage wenig zu tun, ob bei uns persönlich oder bei Unternehmen. Unternehmen gibt es, weil sie gegründet, uns, weil wir geboren werden. Was wir aus unserem Leben machen, das »Wozu«, liegt weitgehend an uns selbst, sofern wir freie Menschen

---

[1] Meine Definition: Einen Sinn kann ich nur mir selbst geben, einen Zweck habe ich für andere, z. B. mein Unternehmen.

sind. Trotzdem kann es verschiedene Antworten auf die Frage geben.

Mitarbeitende sehen den Sinn ihres Unternehmens darin, ihnen bezahlte Arbeit und vielleicht auch persönliche Sinnstiftung zu ermöglichen. Aktionär*innen wollen Dividende und Wertsteigerung, also Shareholder Value. Dann gibt es auch noch die Kund*innen, die nur dann für Waren bezahlt, wenn sie Sinn in Form von materiellem oder ideellem Nutzen machen. Die Frage ist, ob diese Sinnstiftung aus Sicht des Unternehmens ein Zweck, oder nur Mittel zum Zweck ist? Auch wenn Kommunikationsabteilungen der Welt weismachen wollen, ihre Unternehmen täten alles nur für die Kundschaft, so dient dieser Zweck oft nur dazu, die Aktionär*innen zu beglücken. Auch die Mitarbeitende und Lieferanten eines Unternehmens sind dafür nur Mittel zum Zweck. Man muss das so deutlich sagen und es ist auch nicht verwerflich, denn so funktioniert Wirtschaft. »It's all economy, stupid!« hat schon Bill Clinton gewusst. Mir geht es hier nicht um Kapitalismuskritik, sondern um die Offenlegung der Strukturen und deren Sinnvorstellungen, in denen sich auch Strategieverantwortliche bewegen müssen. Ohne Aktionär*innen kein Unternehmen, ohne Unternehmen keine Produkte, ohne Produkte kein Umsatz, ohne Umsatz kein Gewinn, ohne Gewinn kein Unternehmen, ohne Unternehmen keine Arbeitsplätze. Jeder in diesem Kreislauf ist sowohl Zweck als auch Mittel zum Zweck, wenn auch alle unterschiedlich von dem System profitieren. Sogar der Staat in Form von Steuern. Für alle macht dieses System offensichtlich Sinn, sonst würde unser marktwirtschaftliches System schlichtweg nicht funktionieren.

Möglicherweise wird auch Altruismus mehr und mehr an Bedeutung gewinnen. Sehen wir nicht gerade eine Generation heranwachsen, der eine gesunde Welt wichtiger zu sein scheint als persönlicher Reichtum oder

Karriere? Vielleicht aber auch nur, weil sie materiell gut abgesichert ist? Diese Frage kann die Soziologie wahrscheinlich besser beantworten, ich kann mich dazu nur phänomenologisch nähern. Meine Beobachtung lässt mich vermuten, dass die zukünftigen Unternehmensstrategien ökologisch-ethische Zielsetzungen wesentlich mehr berücksichtigen müssen, als dies heute geschieht. Ein Grund mehr, die heutige Strategie von Grund auf zu überdenken. Es stellt sich ultimativ die Frage nach dem mit dem jeweiligen Kollektiv verträglichen Sinn eines Unternehmens. Man kann dies auch auf die Ebene der Mitarbeitenden übertragen. Wie passt der Sinn meines Unternehmens oder meiner Arbeitsstelle zu meinem persönlichen Sinn, den ich mir für mein Leben gebe? Kann ich als überzeugte Pazifist*in meine berufliche Erfüllung in einem Rüstungsunternehmen finden, als Moslem oder Muslima in der katholischen Kirche oder als Umweltaktivist*in in einem Automobilunternehmen? Die einfache Antwort ist natürlich: keiner zwingt mich dazu.

Eco Value statt Shareholder Value?
Die Verantwortung für die Welt, die Umwelt und das Klima wird mehr und mehr in Unternehmensstrategien Einzug halten… müssen. Wer Sicherheit, Wohlstand und Frieden hat, der kann es sich aber auch leisten, über Themen jenseits der eigenen Bedürfnisse nachzudenken. Das Verantwortungsgefühl für die Welt ist in Deutschland ungebrochen. Möglicherweise ist unsere in Deutschland ausgeprägte Umwelt-, Natur- und Klimaorientierung der Ansatz, um neue Stärken zu entwickeln, mit denen wir Chancen in den globalen Märkten realisieren können. Umwelt- und Klimatechnologien, -Produkte und -Dienstleistungen als Exportkompensation für unseren klassischen Maschinenbau; nicht sofort, aber zumindest perspektivisch kann ich mir das vorstellen. Dafür müssen

die Unternehmungen aber Umwelt und Klima nicht nur als Argumente in ihren Marketingkampagnen einsetzen, um weiterhin ungeeignete Produkte wie Hybridantriebe zu verkaufen, sondern sie müssen vollkommen Neues entwickeln. Bevor es Elon Musk tut.

Kant und Strategie
Wenn wir schon bei Philosophie sind, dann darf Immanuel Kant nicht fehlen, denn seine drei Grundthemen der Philosophie sind auch strategische Fragestellungen:

- Was kann ich wissen?
- Was soll ich tun?
- Was darf ich hoffen?

Die erste Frage zielt auf die Erkenntnisfähigkeit. Nur wenn wir Realitäten angemessen wahrnehmen, können wir unser Handeln klug darauf ausrichten. Im weiteren Sinn muss man sich fragen, was man wissen kann und was verborgen sein könnte. Einiges existiert real und lässt sich mit Zahlen messen, wie betrieblichen Daten, Umsatzzahlen oder Marktdaten, wobei die schon nicht mehr so einfach zu bekommen sind. Weitgehend verborgen bleiben dagegen die Gedanken und Wünsche der Kund*innen, unerwartete Ereignisse wie Pandemien oder Finanzkrisen, die Absichten von Wettbewerbern, Gefahren durch neue Produkte und die Zukunft allgemein. Kant hat eine sehr kluge Frage gestellt, die heute stark an Aktualität gewinnt. Was kann ich wissen? Desinformationskampagnen, Fake News, alternative Fakten oder Verschwörungstheorien lassen mich oft daran zweifeln, wie viel man überhaupt von dem glauben kann, was veröffentlicht wird. Unternehmungen haben es immer schwerer, die Realität zu erkennen, auch im eigenen Haus.

Nun zur zweiten Kant'schen Frage: Was soll ich tun? Für ihn war das eine Frage der Ethik, aber Unternehmungen stellen sich eher die Frage nach ihrer Mission, also sehr vereinfacht, welchen Nutzen sie für Kund*innen stiften sollen in Form von Produkten oder Dienstleistungen, und mit welchen betrieblichen Mitteln sie diesen erzeugen sollen. Und genau hier ist ein starker Bezug zur SWOT, denn die Mission bestimmt die dafür notwendigen Stärken und Schwächen. Keine Unternehmung sollte etwas tun, wofür sie keine Stärken hat. Welche Mission soll das aber sein: die gegenwärtige oder die zukünftige? Wenn sich Unternehmungen nur daran orientieren, was sie heute gut können, werden sie nie in der Zukunft ankommen. Die zeitliche Dynamik der Welt wird durch die SWOT nicht abgebildet.

Unternehmungen müssen sich aber auch für die Art entscheiden, wie sie im Wettbewerb agieren wollen, mit welchen Mitteln und Absichten. Preiskampfstrategien sind ein gutes Beispiel für eine fragwürdige Art, als verantwortungsvolles Wirtschaftsunternehmen zu handeln. Wer den Preiskampf einläutet muss wissen, was es am Ende bedeuten kann, nämlich Gewinneinbrüche durch konsequentes Reduzieren von Preisen und Deckungsbeiträgen. Und die können nur durch konsequentes Sparen auf Kosten der Angestellten und Zulieferer kompensiert werden, wenn überhaupt. Milchbauern können davon ein Lied singen. Gemäß Kant, und auch aus betriebswirtschaftlicher Sicht, sind Preiskämpfe selbstmörderisch. Irgendwann kollabiert das System. In der Lebensmittelbranche zeigt sich dies an immer minderwertigen Lebensmitteln. Tricks wie Inhaltsreduzierungen, Mogelpackungen oder verdeckten Preiserhöhungen sind Symptome pervertierter Wettbewerbsstrategien. Kant würde sich zu Recht die Haare raufen, aber die Kund*innen scheinen das zu honorieren, sonst würden sie nicht immer nach der billigsten Milch greifen. Darf man die Ansprüche der Kundschaft an günstige Preise ethisch höherstellen als die Ansprüche der am Herstellungsprozess beteiligten Personen an fairen Gehältern? Ich meine nicht.

Auch das Eindringen in andere Märkte kann sich als hohes Risiko herausstellen, sofern die angegriffenen Marktteilnehmer zum Gegenangriff blasen und den Eindringling im Gegenzug in dessen Heimatmarkt attackieren. Tesla entert gerade den deutschen Markt. Nachdem die meisten deutschen Automobilhersteller auch ihre Produktionsstätten in den USA haben, sind Klagen fehl am Platz. Wer nicht angegriffen werden will, sollte den anderen auch nicht angreifen. Das ist ein typischer »Kategorischer Imperativ«.

Nun kann man die Frage tatsächlich auch im ethischen Sinne interpretieren. Dafür gibt es die Compliance Abteilung, von deren Effektivität ich nicht so ganz überzeugt bin, wenn man die vielen Skandale rund um Wirecard, Abgasmanipulationen oder Arbeitsbedingungen bei Zulieferern, einschließlich der Landwirte, in Betracht zieht. Internationale Konzerne haben ohnehin Möglichkeiten, unsere strengen deutschen Regeln zu umgehen. Die Strategie, Regeln jedweder Art zu missachten, mag für die jeweiligen zeitweise Unternehmungen lukrativ sein; langfristig schaden sie nicht nur sich (Automobilindustrie) sondern insbesondere auch dem Standort Deutschland, der mehr und mehr an Glaubwürdigkeit verliert. Und das nicht nur durch Regelbrüche, sondern auch solche Fehlleistungen wie der Berliner Flughafen.

Schließlich fragt Kant noch: Was darf ich hoffen? Für ihn war das eine metaphysische Frage nach Gott oder dem Jenseitigen. Unternehmungen könnten darunter ihre Zielvorstellung verstehen, also Weltmarktführerschaft, der reichste Bäcker am Ort werden, Umsatzchampion und so weiter.

Das Wesen von Zielen
An dieser Stelle komme ich nochmal auf Seneca zurück, den ich bereits erwähnt habe. Oberstes Ziel des Menschen nach Seneca ist, durch innere Gelassenheit glücklich zu werden. Was hat das mit Strategie zu tun? Tatsächlich wenig mit der praktizierten Strategie von heute, aber viel mit der von morgen.

Seneca sagt: »Man muss zuerst wissen, worauf das Streben zu richten ist; sodann ist der Weg aufzusuchen, der am raschesten ans Ziel führt«. Seine drei Zielkriterien definiert er so:

- Wollen: Das Ziel muss tatsächlich angestrebt werden
- Können: Das Ziel muss erreichbar sein
- Wagen: Die Zielverfolgung und die die dazu nötigen Aktionen müssen durchgeführt werden.

Wie aber müssen Ziele beschaffen sein, damit wir sie auch erreichen können? Dabei unterscheide ich zunächst zwischen Ergebnis- und Handlungszielen.

> **Wichtig**
> **Handlungsziele** sind die bewusste Entscheidung, konkrete Handlungen durchzuführen oder Maßnahmen zu ergreifen. Sie unterliegen ausschließlich eigenem Willen und Können.
> **Ergebnisziele** sind Ergebnisse, die mit Handlungen oder Maßnahmen erreicht werden sollen, für die es aber keine Garantie gibt, insbesondere, wenn sie auch von Dritten abhängen.

Nur Handlungen -so wie es das Wort bereits beinhaltet- habe ich in der Hand. Im Alltag werden beide Arten oft verwechselt, so wie beim Shareholder Value, dem Unternehmenswert. Der ergibt sich als ein mittelbares Ergebnis von Handlungen, und lässt sich nur sehr begrenzt direkt beeinflussen. Der Kurs einer Aktie ist im Großen und Ganzen nicht steuerbar und folgt oft irrationalen und nicht immer nachvollziehbaren Einflussparametern, und vor allem den unberechenbaren Entscheidungen vieler, oft anonymer, Aktionär*innen. Auch werden Firmen mit noch geringen Assets aber hohen Zukunftserwartungen oft höher bewertet als solche mit großen Assets, exzellenter Marktposition und soliden Finanzen. Kurz: Aktienkurse und damit der Shareholder Value sind nicht direkt beeinflussbare und nicht planbare Größen. Sie haben daher in einer Strategie als Handlungsziel nichts verloren.

Mir ist wichtig, den Unterschied zwischen diesen zwei Zielarten klarzumachen. Wenn in Strategiepapieren Ziele stehen wie »Wir werden Marktführer« oder ähnlicher strategischer Unsinn, dann sind das Ergebnisziele.

> Strategie braucht Handlungsziele, in denen das »Wie« beschrieben wird, mit dem ein bestimmtes Ergebnis erreicht werden soll. Das Wieviel ergibt sich als Konsequenz eines wirksamen Wie.

Wir können versuchen, die Voraussetzungen für Ziele zu schaffen, die ihre Erreichung wahrscheinlicher machen. Womöglich muss ich mich dann auch verändern. Genau das muss in Strategiepapieren stehen, wenn sie Sinn bekommen sollen. Beim Klimawandel ergibt sich damit die Frage, was denn die Voraussetzungen sind, die man schaffen muss, um die Einhaltung des 1,5-Grad-Ergebnisziels zu ermöglichen? Genau diese Frage gilt es zu beantworten.

Visionen sind Wunschbilder von Zuständen, die vielleicht weit außerhalb unseres eigenen Aktionsradius liegen; Voraussetzungen dagegen müssen wir selbst schaffen können, sonst sind sie sinnlos. Mangels der Fähigkeit, die 1,5-Grad-Vision aus eigener Kraft zu erreichen, hat sich bei Klimaaktivist*innen eine Forderungskultur entwickelt. Natürlich können protestierende Schüler*innen den Klimawandel nicht selbst aufhalten, aber die Forderung an die Bundesregierung zu stellen, die es auch nicht kann, halte ich zwar für nachvollziehbar, aber sinnlos. Auch wenn es wichtig ist, auf Missstände öffentlich hinzuweisen, damit sich etwas verändert, so haben inzwischen wohl auch die Letzten den Ruf gehört, dass die Welt gerettet werden muss. Betroffenheit ist vielleicht ein wirksamer Motivator, aber keine gute Voraussetzung, komplexe Probleme zu lösen.

> Deutschland braucht weniger Warner, sondern mehr kompetente Problemlöser!

Letztlich stellt sich die Frage, wie stabil sich eigentlich die Umwelt verhält, wenn ich meine Ziele definiere. Selbst auf Jahrmärkten gibt es bewegte Zielscheiben für Luftgewehrschützen. Wenigstens laufen diese bewegten Ziele so gleichförmig, sodass man sich darauf einstellen kann. Im wahren Leben können sich Umwelten aber schnell und radikal ändern, sodass die ursprünglichen Ziele komplett verloren gehen. Planer*innen von Kernkraft- und Kohlekraftwerken haben sich wohl nicht vorstellen können, dass die Bundesregierung aus beiden Technologien aussteigen wird. Alternative Zukünfte werden in der strategischen Planung als Szenarien bezeichnet. Sie unterscheiden sich oft fundamental.

Es ist deutlich geworden, dass wir unsere Vorstellung und die Verwendung von Zielen in den strategischen Prozessen gründlich überdenken sollten. Gehen wir nicht zu leichtfertig mit Zielen um.

Wenn man nun unter allen möglichen Zielen die richtigen herausgesucht hat, muss man versuchen, sie auch zu erreichen. Das Postulieren von Zielen allein ändert noch nichts. Und frontal auf Ziele loszulaufen kann gewaltig schief- oder danebengehen. Wir müssen beim Handeln drei wesentliche Parameter einkalkulieren, die uns eine Menge Probleme bereiten können:

- Die Komplexität der realen Welt, deren Verhalten wir nicht vollständig verstehen können,
- die Handlungen derjenigen, von denen unsere Ziele abhängen und die womöglich andere Ziele haben als wir, und schließlich
- die Irrationalität der Handlungen anderer Menschen, die uns auf unseren Strategiewegen begegnen.

Wir sind in dieser Welt häufig mit irrationalen Akteur*innen konfrontiert. Das macht mir Sorge, vor allem deshalb, weil wir deren Handlungen in der bisherigen Strategie kaum abbilden können.

14
Rationalität und Irrationalität

Zusammenfassung Die in der Betriebswirtschaft vermittelte Strategie handelt überwiegend vom Verhalten rationaler Akteure in strategischen Situationen; dies wird durch die Spieltheorie beschrieben. Akteure versuchen immer, im eigenen Interesse rational zu handeln, das heißt, den eigenen Gewinn gegen die Interessen anderer rationaler Akteure zu maximieren. Dies ist in wirtschaftlichen Konkurrenz-Situationen meist der Fall. In politischen, religiösen, militärischen und ideologischen Konfliktkontexten muss man aber zunehmend mit irrationalen Akteuren rechnen, die Gewinn und Verlust nicht rational definieren. Hierfür gelten die klassischen Strategieinstrumente nur eingeschränkt. Es ist daher wichtig, sich immer über die strukturelle und mentale Beschaffenheit der konkurrierenden Akteure klar zu werden.

Zunächst ein paar einführende Erläuterungen. Allerdings muss ich zugeben, dass die Spieltheorie sehr komplex sein kann; ich werde also keine umfassende Wissensvermittlung anbieten. Wer mehr darüber lesen möchte, dem empfehle ich die Dixit et al. (1995) [15], (Holler et al. (2007) [16] und Rieck (2007) [17]).

Die rationale Interaktion von Handlungen zwischen zwei oder mehreren Akteur*innen wird in der sogenannten Spieltheorie behandelt, wobei die Handlungen als Spiele bezeichnet werden, auch wenn es sich um ernsthafte Angelegenheiten wie Kriege handelt. Die Theorie versucht, das Verhalten mehrerer Spielenden zu beschreiben, die zum Beispiel um Ressourcen und Gewinne miteinander konkurrieren, wobei das Ergebnis für jeden der Beteiligten vom Verhalten der jeweils anderen abhängt. Dabei kann der Begriff Gewinn sehr weit ausgelegt werden.

> **Beispiel**
>
> Ein drastisches, aber einprägsames Beispiel für eine spieltheoretische Situation ist der sogenannte Geisterfahrer. Wenn man erkennt, dass ein Auto auf der Autobahn in gleicher Spur auf einen zufährt, hängen Leben und Tod von der Entscheidung im Bruchteil einer Sekunde ab, wohin jeder Fahrende lenkt. Bleiben beide in der Spur, oder lenkt der eine nach rechts und der andere nach links, dann kann es zum Zusammenstoß kommen. Lenken beide jedoch nach rechts oder beide nach links, dann kann ein Unfall womöglich vermieden werden (sofern die Fahrzeuge nicht ins Schleudern geraten). Ein Fahrender allein kann also den Ausgang ohne die Entscheidung des anderen nicht bestimmen; gleichzeitig kann keiner diese Entscheidung vorab wissen.

Das ist auch der Fall in vielen realen militärischen oder anderen strategischen Situationen.

Ich werde nachfolgend einen Abriss über die wesentlichen spieltheoretischen Theorien geben und die Nutzbarkeit für strategische Überlegungen bewerten. Die Grundannahme dieser Theorie ist, dass alle Spielenden rational im Sinne des eigenen Vorteils handeln. In vielen Fällen sprechen wir von »Nullsummenspielen«, bei denen der Gewinn des einen den Verlust des oder der anderen bedeutet. Zwei Erste in einer Fußballmeisterschaft kann es nicht geben, und wer mitspielt, der will gewinnen, was nur funktioniert, wenn alle anderen verlieren. Absichtlich zu verlieren wäre offensichtlich irrational.

Rationalität der Spielenden ist eine wesentliche Voraussetzung, damit rationale -vernünftige- Spielzüge möglich werden. Allerdings verhalten sich nicht alle immer rational, zumindest im Kontext klassischer Vorstellungen von Gewinn und Verlust. Selbstmordattentäter*innen sind nach westlicher Vorstellung irrational, weil das Opfern des eigenen Lebens in keinem Verhältnis zu welchem irdischen Gewinn auch immer stehen sollte. Wenn die vermeintlichen Freuden des Paradieses allerdings mit ins Kalkül gezogen werden, verschiebt sich offensichtlich die subjektive Gewinn-Verlust-Bilanz der Attentäter*innen.

Handelt Putin rational?

Auch bei Putin sind aus meiner Sicht Zweifel an seiner Rationalität angebracht, sofern wir diese nach den Maßstäben westlicher Demokratien von Völker- und Menschenrechten bewerten. Ich habe auch schon Stimmen gehört, der russische Präsident verhalte sich im Rahmen seiner eigenen Logik rational, was ich für ein problematisches Argument halte. Nach dem allgemeinen gesunden Menschverstand verursacht der Angriff auf die Ukraine auf allen Seiten reale Verluste, die sich nach meiner ethischen Überzeugung nicht gegen ideelle Gewinne aufrechnen lassen. Auch wenn wir dem utilitaristischen[1] Prinzip der Glücksmaximierung folgen, ist bei einem »Erfolg« Putins im Sinne seiner großimperialistischen Absichten, und einem damit vielleicht verbundenen persönlichen Glücksgefühl, die Glücksbilanz über alle Betroffenen negativ. Von daher kann man mit gutem Recht von einer erheblichen Irrationalität ausgehen. Damit umzugehen, fällt rational orientierten Menschen schwer. Wir müssen aber lernen, mit irrationalen Spielenden umzugehen, denn es gibt zu viele davon auf dieser Welt. Frau Merkel als mutmaßlich rational denkende Physikerin hat nach meiner Einschätzung trotz aller sichtbaren Zeichen und Warnungen versucht, einem irrationalen Politiker mit Rationalität zu begegnen. Wir sollten unsere politischen Verhandlungspartner*innen in anderen Ländern zukünftig sehr viel sorgfältiger daraufhin prüfen und bewerten, wie sehr sie ihr Handeln von Irrationalität leiten lassen könnten.

Ohne Rationalität funktioniert keine Gesellschaft
Die Frage, wie weit sich Menschen, Organisationen, Staaten oder gar die gesamte Menschheit selbst rational verhalten, vermag ich nicht abschätzen. Unklar ist auch eine objektive Einschätzung der Rationalität eigener Handlungen. Am Beispiel der Aktivist*innen, die sich auf Straßen kleben, kann man sehen, dass hier offenbar das Ziel der Weltrettung zu irrationalen, weil strafrechtlich relevanten Handlungen führen kann, die wegen der Bedeutung des Ziels subjektiv als rational gesehen werden. Auch beim Börsengeschehen kann ich nicht immer Rationalität der Handelnden voraussetzen. Trotzdem

---

[1] Als Utilitarismus bezeichnet man eine Form der zweckorientierten Ethik, die Handlungen ausschließlich danach bewertet, welchen positiven Nutzen sie den Handelnden bringen.

würde unser Leben kaum funktionieren, wenn sich Gesellschaften hochgradig irrational verhalten würden. Die überwiegende Maxime der meisten Menschen, so würde ich es annehmen oder hoffen, ist doch, möglichst angenehm zu leben, ohne anderen absichtlich zu schaden. Absichtlich deshalb, weil es natürlich viel Kritik an unserem Lebensstil gibt, der nach Ansicht einiger auch ohne Schadensabsicht zur Ausbeutung der Natur und Belastung des Klimas führt. Eine globale Betrachtung würde den Rahmen dieses Buches sprengen, daher beschränke ich mich hier auf das rationale Verhalten im Rahmen der Systemstrukturen unserer deutschen und europäischen Gesellschaften, die ohne ein hohes Maß an Rationalität kaum funktionieren könnten. Das gilt insbesondere für unsere Wirtschaftssysteme. Damit sind Strategieverantwortliche immer mit spieltheoretischen Situationen konfrontiert, bei denen sie das Verhalten ihrer Gegenspieler abschätzen müssen.

Wir spielen immer und überall

Die Spieltheorie kann Strategieverantwortliche dabei unterstützen, sich in die anderen Spielenden hineinzuversetzen und zu erahnen, was diese tun werden. Allerdings machen das auch alle anderen, sofern sie die Spieltheorie kennen. Im Idealfall wäre am Ende keiner schlauer, wenn alle über die gleichen Informationen verfügen würden, was in der Realität unmöglich ist, wie ich im Kap. 12 dargelegt habe. Daher bleiben Entscheidungen immer zu einem gewissen Grad erratisch und die Ergebnisse unberechenbar, vor allem dann, wenn Spiele, die sogenannten Einfachspiel nur ein einziges Mal in der gleichen Konstellation ablaufen. So kaufen sich wohl die meisten Menschen in ihrem Leben nur einmal eine Immobilie. Etwaige Fehlentscheidungen kann man zumindest beim gleichen Verkäufer nicht durch wiederholtes Kaufen kompensieren. Ein typisches Einfachspiel.

Kooperative Spiele sind solche mit ausgewogenem Nutzen. Das sind normalerweise Mehrfachspiele, bei denen sich die Spieler regelmäßig wiedertreffen und über die Zeit sogar kooperieren können. Einen gut bekannten Wettbewerber haut man weder leicht übers Ohr, noch lässt man sich übers Ohr hauen. Auch seinen Arbeitsgeber wird man bei vorhandener Rationalität nicht wegen eines kleinen Vorteils betrügen, wenn man bis zur Rente dort arbeiten möchte. Rationale Spiele sind häufig kooperative Spiele, bei denen beide Seiten einen ausgewogenen Vorteil haben. Arbeitsleistung gegen Gehalt. Kooperative Spiele funktionieren zumindest dann, wenn nicht einer der Spielenden mit dem Rücken an der Wand steht und das Kooperationsabkommen verletzen muss, wenn er überleben will.

Gewinnspiele sind aber eher die Regel, zumindest in der Wirtschaft. Den Spielenden geht es dann ums Gewinnen, und dafür werden dominante Strategien gesucht. Das sind Entscheidungen für Handlungen, die unter den gegebenen Umständen immer zu besseren Ergebnissen führen, unabhängig von den Entscheidungen des oder der anderen Mitspielenden. Spieltheorien nutzen meist sehr einfache Beispiele, um die Prinzipien anschaulich zu machen. Ich nutze auch eins für die Illustration der dominanten Strategie. Zwei Heere stehen sich gegenüber und haben die Wahl zwischen Angreifen und Fliehen. Das eine Heer ist deutlich überlegen. Damit ist seine dominante Strategie, anzugreifen. Es wird in jedem Fall ein gutes Ergebnis erzielen, egal ob der Gegner auch angreift oder flieht. Beim Kampf wird es gewinnen, und bei der Flucht des Gegners hat es ohne Kampf gesiegt. Wenn das überlegene Heer dagegen fliehen würden, so würde es nach jeder Logik den Sieg verlieren, egal ob der Gegner selbst angreift oder auch flieht. Ein anderes Beispiel für eine dominante Strategie ist im nachfolgenden, zugegeben etwas theoretischen Beispiel beschrieben.

> **Beispiel**
>
> Die sogenannte »Pascal'sche Wette« des Philosophen Blaise Pascal (1623–1662) kann man als eine dominante Strategie interpretieren. Pascal befasste sich mit der Frage, ob es klug ist, an Gott zu glauben. Wer an ihn glaubt, so Pascal, kommt in den Himmel, wenn es Gott gibt. Sollte es ihn nicht geben, hat man gut gelebt und der Glaube nicht geschadet. Wer aber nicht an Gott glaubt, der kommt in die Hölle, wenn es ihn doch gibt. An Gott zu glauben ist also die dominante Strategie, weil sie im Zweifelsfall eine angenehme Ewigkeit im Himmel sichert, wogegen der Glaube im relativ kurzen Leben nicht schadet. Er schadet nicht nur nicht, sondern kann sogar angesichts einer kirchlichen Inquisition das eigene Leben retten.

Dominante Strategien sollte man immer wählen, wenn man sie identifizieren kann. Aber nicht immer ist eine solche eindeutig vorhanden. Die Unwägbarkeiten in komplexen Systemen führen immer wieder zu Überraschungen. Gibt es keine dominante Strategie, was vorkommen kann, oder sehen wir sie nicht, dann sollten wir versuchen, die nachteiligsten aus den schlechten Strategien auszusortieren, sich mit dem geringsten Übel zufriedenzugeben… und auf die nächsten Spiele besser vorzubereiten.

Gleichgewichtszustände sind auch eine Eigenschaft von Spielen, die sich nur dann einstellen können, wenn alle Spielenden rational handeln, was nicht immer der Fall ist. Märkte sollen Gleichgewichte zwischen Angebot und Nachfrage bilden. Dass diese nicht immer vorteilhaft sind, wissen Milchbauern nur zu gut: hohes Angebot bei gegebener Nachfrage führt zu Preisverfall. Die regulierende Macht des Marktes versagt hier offenbar und muss durch Subventionen an die Landwirte kompensiert werden, wobei die Subventionen ja selbst das Gleichgewicht stören. Ein bedenkliches Beispiel, dass eine aus der finanziellen Lage der Landwirte sich ergebende operativ notwendige Maßnahme, die Subvention, strategisch zu einer unbefriedigenden Stabilisierung der Preise auf niedrigem Niveau führt. Man könnte jetzt über die Macht der Kundschaft spekulieren Abnehmern, oder die freiwillige Reduzierung der Milchkühe durch die Landwirte selbst; aber ersteres ist wegen der Rationalität der Kundschaft unwahrscheinlich, und letzteres ginge nur auf Kosten ihres Umsatzes, Aufgabe der Milchwirtschaft vieler Betriebe oder deren Insolvenz. Die Landwirtschaft ist ein spieltheoretisches Desaster. Ähnliches haben wir bei den Tankrabatten im Sommer/Herbst 2022 feststellen können; die Preise sind sofort angezogen und die Rabatte für Kund*innen war zumindest subjektiv keiner mehr. Märkte reagieren immer auf Subventionen durch die Anpassung von Preisen.

Gleichgewichtszustände scheitern aber auch am Wachstumspostulat unserer Wirtschaft. Offensichtlich existiert ein Widerspruch zwischen Gleichgewicht und Wachstum, weil letzteres ja bedeutet, die Gleichgewichtszustände bewusst zu verlassen, um ein höheres Niveau an Umsatz, Gewinn, Marktposition oder anderem zu erreichen. Wettbewerber bringen Gleichgewichte also immer wieder aus dem Gleichgewicht, womit die Spieltheorie aber nicht richtig umgehen kann. Das macht auch spieltheoretische Betrachtungen in der Praxis so schwer umsetzbar.

Kooperation und Wettbewerb sind zwei weitere Merkmale spieltheoretischer Situationen, die durch das wohl bekannteste Prinzip der Spieltheorie, das Gefangenendilemma, prägnant illustriert werden.

> **Beispiel**
>
> Zwei Einbrecher-Komplizen werden nach Einbruch und Festnahme getrennt verhört und können sich nicht abstimmen. Beiden bietet man folgendes an: »Wenn du gestehst und dein Komplize auch, dann bekommen beide fünf Jahre. Wenn ihr beide nicht gesteht, dann müssen wir euch freilassen. Wenn du gestehst und der andere nicht, dann bekommst du ein Jahr (Kronzeugenbonus), dein Komplize aber zehn Jahre.« Vernünftig wäre es, wenn beide nicht gestehen, denn dann kommen beide frei. Wenn der eine nicht gesteht, dafür aber sein Komplize, dann hat der Nichtgeständige mit der Höchststrafe zu rechnen. Da die Einbrecher kein Vertrauen zueinander haben, werden beide gestehen und kassieren jeweils fünf Jahre, was schlechter ist als die Freilassung, aber immer noch besser als zehn Jahre.

Dieses Prinzip findet man auch in der Wirtschaft, vor allem in Preis-sensitiven Märkten. Tankstellen sind ein gutes Beispiel, weil die meisten Kunden zur billigsten Tankstelle fahren. Die Erdölfirmen wollen aber keine zu niedrigen Preise, daher senken sie nur dann die Preise, wenn sie glauben, die Konkurrenz macht dies auch. Absprachen sind natürlich verboten, also tendieren Tankstellenpreise eher nach unten, aber innerhalb der Grenzen des Erdölpreises. Die wiederum werden durch ein Kartell – die OPEC[2] – reguliert, damit sie nicht zu stark sinken. Die OPEC legt Förderquoten so fest, dass alle Akteure

---

[2] Organization of the Petroleum Exporting Countries.

möglichst hohe Preise realisieren können. Das funktioniert aber auch nur dann, wenn alle OPEC-Staaten an einem Strang ziehen.

Da sich die Akteure immer wieder im gleichen Spiel treffen, ist das Verhalten berechenbar, und es ist allen bekannt, dass Sanktionen bei Abweichung von Absprachen drohen. Mehrfachspiele sind einigermaßen fair im Vergleich zu Einmalspielen. Deshalb gibt es auch regelmäßige Wahlen mit begrenzter Legislaturperiode in Demokratien. Die Bereitschaft, alles auf eine Karte zu setzen und zu betrügen ist in manchen Diktaturen wesentlich höher, weil man möglicherweise um einen lebenslangen Job als Diktator spielt. Dafür werden schon man die heftigsten Kämpfe ausgetragen.

Arbeite ich mit meinem Wettbewerber zusammen oder bekämpfe ich ihn? Eine sehr lebensnahe Frage, die weit über die Wirtschaft bis hin zu fundamentalen Fragen der Menschlichkeit reicht. In diesem Punkt kann die Spieltheorie auf viele Fragen zwischenmenschlicher, gesellschaftspolitischer oder internationaler Natur Antwort geben.

In der Wirtschaft existieren Wettbewerb und Kooperation oft gleichzeitig zwischen Spielenden. Der Begriff dafür ist »Cooptition« also die Kombination von Cooperation und Competition. Automobil- und Flugzeughersteller greifen bei Bauteilen, die nicht Wettbewerbs-entscheidend sind, auf gemeinsame Zulieferfirmen zurück. Den Vorteil daraus haben beide, weil die Economies-of-Scale des Zulieferers geringere Preise bewirken. In der Raumfahrt gibt es drei große Systemanbieter in Europa: Airbus, Thales Alenia Space und OHB, die um Satellitenaufträge konkurrieren, im Falle des Erfolgs oftmals die anderen mit Unteraufträgen versehen. Dies liegt im sogenannten »Geo Return« bei öffentlichen Aufträgen, aber auch an den teils komplementären Kompetenzen. Letztlich profitiert jeder der drei Firmen von dieser Art Cooptition.

Ende der 1950er Jahre stand BMW zum Verkauf, und Mercedes war ein Kaufkandidat. Letztlich ist BMW eigenständig geblieben. Die deutsche Automobilindustrie hat davon sehr profitiert, denn ein gesunder Wettbewerb um die besten Autos hat erst zu unserer heutigen Weltklasseposition geführt, deren Glanz allen deutschen Herstellern nutzt. Eine Übernahme von BMW wäre für Mercedes nach Amortisation der Übernahmekosten vermutlich eine Zeitlang lukrativ gewesen, langfristig hätte der Verlust an Wettbewerb aber die Qualität und technische Exzellenz verhindert, für die deutsche Autos bis heute geschätzt werden. Allerdings ist das kein Gleichgewicht, was sich automatisch aus Vernunftüberlegungen heraus eingestellt hätte. Spieltheoretisch hätte Mercedes BMW kaufen müssen, um eine Dominanzposition zu erreichen. Ein Grund mehr, bei strategischen Überlegungen volkswirtschaftliche Perspektiven einzunehmen, was allerdings nicht durch die Unternehmen selbst erfolgt.

Spieltheorie behandelt die Auswirkungen egoistischen (rationalen) Verhaltens von Einzelnen auf die Population. Deshalb bleibt der »Kategorische Imperativ« von Kant auch nur eine schöne Utopie, denn Menschen denken zuallererst an sich und nicht an die Population. Dieses Verhalten, durch Missachtung der Regeln die Solidargemeinschaft zum eigenen Wohl zu schädigen, finden wir in unseren Solidaritätsräumen wieder. Das fängt bei illegaler Entsorgung von Müll an (»mein Müll allein schadet nicht«) und hört beim Missbrauch der Sozial- und Gesundheitssysteme nicht auf. Die im Grunde gutgemeinte Absicherung der Einzelnen durch die Allgemeinheit kann dieses System durch Missbrauch zum Kollaps bringen. Auch die Atmosphäre ist ein

Allgemeingut, in das man den eigenen Emissionsmüll bis heute noch weitgehend Sanktions-frei entsorgen kann. Wohin das führt, kann man in Italien beobachten, wo das Solidaritätsprinzip weitgehend außer Kraft ist und jeder zuerst für sich selbst sorgt, ja sorgen muss, weil man der Fürsorge des Staates überhaupt nicht mehr vertraut.

> **Beispiel**
>
> Das wird in der spieltheoretischen Metapher der »Gemeindewiese (Allmende)« deutlich. Allgemeingut ist oft von der Ausbeutung durch die einzelnen Individuen bedroht. Bauern durften früher eine Anzahl ihrer eigenen Kühe kostenlos auf Gemeindewiesen grasen lassen. Die Anzahl der Kühe musste natürlich begrenzt werden. Wenn aber einzelne anfingen, noch ein paar Kühe dazuzustellen, um Futterkosten zu sparen, dann ging das eine Zeitlang gut. Bei zunehmendem Missbrauch der Gemeindewiesen konnte es aber zur Überweidung und damit Zerstörung des Allgemeinguts kommen.

Was kann Strategie von der Spieltheorie übernehmen?
In der Tat finde ich Spieltheorie höchst spannend, weil sie Verhaltensmuster von Menschen oder auch Unternehmen erklären kann. Sie kann Gründe liefern, warum Dinge schiefgegangen sind; allerdings im Nachhinein. Schwieriger wird es, normative Regeln für langfristige Strategieentscheidungen abzuleiten. Spieltheorie gibt Hinweise, wie man sich in direkten wettbewerblichen Situationen verhalten soll. Mit der Einschränkung, dass es meist unmöglich ist, die für rationale Entscheidungen erforderlichen Informationen vollständig zu erhalten.

Ein wesentlicher Nachteil der klassischen Spieltheorie ist ihre Illusion, man könne die Ergebnisse von Spielen wirklich vorhersagen. Dies setzt etwas voraus, über was wir immer weniger verfügen, nämlich vollständige Informationen. Die realen Spielsituationen sind bei weitem nicht so einfach wie das Gefangenendilemma. Über das Verhalten komplexer Systeme können wir nie so viel wissen, um exakte Entscheidungen treffen zu können. Das mag an dem hohen zeitlichen oder finanziellen Aufwand für die Informationsbeschaffung liegen, oder daran, dass manche Systemparameter einfach nicht berechenbar sind. Bei Erdbeben- und Tsunamivorhersagen wird dies besonders deutlich. Aber auch die Börsenkurse lassen sich nur tendenziell vorhersagen, mit großen Unsicherheiten, ebenso das Wetter. Es gibt keine vollständige Information über das Wetter. Leider ignorieren Verschwörungstheoretiker*innen gerne diesen unvermeidbaren Informationsmangel in der realen Welt und vermuten hinter jeder Fehlprognose der Politik eine Absicht dunkler Mächte oder Eliten. Sie sind eigentlich Komplexitätsleugner.

Der wesentliche Nutzen der Spieltheorie befasst sich mit der Frage nach Kooperation und Wettbewerb. Ist es langfristig gut, nach Dominanz im Markt zu streben? Die Erfolgsgeschichten von Mercedes und BMW legen das Gegenteil nahe. Auch Lidl und Aldi bauen ja nicht ihre Häuser nicht nebeneinander, um sich zu schaden, sondern, weil beide letztlich davon profitieren. Die Kunden gehen zwar oft in den Discounter, wo es gerade Sonderangebote gibt, aber sie gehen eben nicht zu einem dritten Lebensmittelanbieter. Der Umsatzgewinn macht Rabatte offenbar mehr als wett. Daher wird auch keiner der beiden versuchen, den anderen zu dominieren, weil er sich selbst schadet.

Gleichgewichte sind ein wesentliches Thema der Spieltheorie. Es macht auch anschaulich Sinn, nach stabilen Gleichgewichten zu streben, in denen sich die Akteure entwickeln können. Ungleichgewichte sorgen zwangsläufig für Dynamik in den Systemen, weil sie nach Ausglich trachten. Druckunterschiede in der Atmosphäre erzeugen Wind und Sturm, um diese auszugleichen. Wohlstands- oder Machtungleichgewichte führen oft zu Aufständen und Protestbewegungen. Monopolisten sind oft permanentem Angriff durch Wettbewerber ausgesetzt. Gleichgewichte sorgen zumindest phasenweise für Ruhe. Allerdings bin ich da ambivalent, denn sie können auch Fortschritt verhindern. Innovation entsteht oft aus Mangel und Bedürfnissen, und damit Unzufriedenheit. Unzufriedenheit ist ein starker Motor für Veränderungen und Fortschritt, daher können allzu angenehme Gleichgewichtszustände Fortschritts-hemmend wirken. Hier gibt es keine klare Verhaltensnorm für Strategieverantwortliche. Die Spieltheorie liefert Strategieverantwortlichen Hinweise auf das Verhalten von rationalen und Spielenden in Situationen, bei denen das Ergebnis von den Handlungen aller abhängig ist, deren Absichten vorab aber nicht erkennbar sind. Rationale Spielende streben in rationalen Handlungen nach eigenem Vorteil, wobei sich dann für alle akzeptable Gleichgewichtszustände einstellen können. Irrationale Spielende lassen sich spieltheoretisch nur schwer begreifen; bei ihnen ist daher erhöhte Vorsicht geboten, da ihre Handlungen rational oft nicht nachvollziehbar sind.

Spielende können sich rational oder irrational verhalten, Spiele haben daher oft Strukturen, die sich mit Komplexität und Ambiguität charakterisieren lassen.

15

Komplexität und Ambiguität

Zusammenfassung Strategieverantwortliche sind meistens mit komplexen Situationen konfrontiert, die sich durch Unberechenbarkeit auszeichnen. Im Rahmen enger zeitlicher und inhaltlicher Grenzen können komplexe wie komplizierte Systeme erscheinen und Berechenbarkeit suggerieren. Je weiter der Referenzrahmen aber gezogen wird, desto weniger ist das Verhalten dieser Systeme beschreib- und verstehbar. Beim Klima wird dies genauso deutlich wie bei Finanzsystemen, deren Kipppunkte meist nicht vorhersehbar sind. Strategieverantwortliche müssen mit solchen Kipppunkten rechnen, tun es oft aber nicht. Das liegt auch an der Überzeugung, wir könnten dank unseres Wissens und numerischer Simulationen deterministische Vorhersagen machen. Die Chaostheorie beschäftigt sich mit komplexen Systemen. Ambiguität ist im strategischen Kontext die gegenseitige Abhängigkeit von konkurrierenden Zielen; erwünschte Ziele müssen oft mit unerwünschten Nebenwirkungen erkauft werden, die oft nicht beachtet werden.

Was bedeutet Komplexität?
Operative Maßnahmen sind meist vorherseh- und berechenbar. Alle Ziele, für die man konkrete Pläne machen kann, sind operativ und weitgehend deterministisch. Siehe dazu auch Kap. 2.

Strategieverantwortliche sind dagegen meist mit komplexen Situationen konfrontiert, nicht zu verwechseln mit komplizierten Systemen. Komplizierte Systeme sind alle technischen Maschinen, deren Verhalten zwar nicht immer einfach zu durchschauen, trotzdem aber deterministisch ist. Auch hier empfehle ich für weiterführendes Lesen Dörner (2003) [18], Malik (2011) [19] und Pascale et al. (2002) [20].

Uhren und Motoren sind zwei Beispiele für solche deterministischen Maschinen. Vielleicht basiert deren Faszination genau auf dem Determinismus ihrer Funktionalität. Ein einfacher Druck auf das Gaspedal, und schon wird Motorenkraft über verborgene Wirkungsketten in Beschleunigung, Geschwindigkeit und Glücksgefühle transformiert. Wie schön kann einfache Monokausalität sein, also die Macht, Naturkräfte in Form fossiler Verbrennung über komplizierte Mechanik beherrschen zu können. Was für eine Freiheit, der unberechenbaren realen Welt allein dadurch entfliehen zu können, indem man sich hinter das Lenkrad eines Automobils zwängt. Nur so lässt sich vielleicht erklären, warum Menschen Unsummen für Uhren und Sportwägen ausgeben, deren Funktionalität im Prinzip auch über billige Uhren und Smartphones, oder den ÖPNV bereitgestellt wird. Berechenbare maschinelle Präzision als wohltuender Gegenpol zur beängstigenden Komplexität der Realität.

15 Komplexität und Ambiguität

Unberechenbarkeit gibt es schon in scheinbar einfachen Systemen. Das Dreikörperproblem galt seit den Entdeckungen von Johannes Kepler und Nikolaus Kopernikus als eines der schwierigsten mathematischen Probleme, mit dem sich im Laufe der Jahrhunderte viele bekannte Mathematiker beschäftigten. Während sich die Bewegung von zwei Himmelskörpern, also zum Beispiel Sonne und Erde, deterministisch über die drei Kepler'schen Gesetze berechnen lassen, wird es bei Einbeziehung des Mondes bereits chaotisch. Dass wir das nicht merken, liegt an den geringen Kräften und langen Zeiträumen, in denen sich Abweichungen von den idealen Bahnen der Himmelskörper manifestieren. Eindrücklicher sieht man das Dreikörperproblem im Physikunterricht, wenn in einen Versuchsaufbau mit zwei Massen, die sich um einen Drehpunkt kontinuierlich drehen, eine dritte Masse eingeführt wird, die sich um eine der zwei Massen dreht. Dann wir das System sofort chaotisch. Das gibt es auch in Sozialsystemen. Ehen können chaotisch oder gar zerstört werden, wenn eine dritte Person dazukommt.

Komplexe Situationen sind vernetzte, intransparente und dynamische Situationen, deren Zustandsänderungen nicht analytisch berechnet werden können, allenfalls numerisch approximiert oder empirisch-statistisch abgeschätzt. Ihre Vorhersehbarkeit ist genauso eingeschränkt wie die Eingriffsmöglichkeiten.

> Während komplizierte Systeme oft das Ergebnis von Ingenieurstätigkeit sind, finden sich komplexe Systeme in ökologisch-natürlichen, gesellschafts-politischen und wirtschaftlichen Systemen.

Die tektonischen Bewegungen der Erde und daraus folgende Tsunamis lassen sich bis heute nicht exakt vorhersagen, ebenso wenig wie Vulkanausbrüche oder

Pandemien, wie wir heute wissen. Die Evolution folgt keinem Determinismus (wenn man göttlichen Willen als Erklärung ausklammert), sondern ist das Ergebnis von Zufällen, Mutationen, Selektionen und häufig auch dramatischen Ereignissen wie Vulkanausbrüchen oder Asteroideneinschlägen. Zufall ist ein starker Treiber von Komplexität (siehe dazu auch Taleb (2010) [14]). Aber auch gesellschaftliche oder zwischenmenschliche Vorgänge sind komplex. Menschenmassen in Paniksituationen entziehen sich jeder Kontrolle. Wahlen zeitigen oft merkwürdige Ergebnisse, entgegen allen Wahlprognosen. Börsenkurse sind unberechenbar, auch wenn Berater das Gegenteil behaupten. Wären sie berechenbar, wären alle Berater*innen schon längst reich. Auch die Kommunikation bleibt ein komplexes Problem, in dem die Übersetzungsfehler an den Schnittstellen zwischen Sender und Empfänger zu Fehlinformationen führen können und häufig auch führen. Ein wesentlicher Quell unschöner Konflikte. Auch im persönlichen Bereich gibt es kaum schwierigere, komplexe, Fragen wie die nach dem Gesundbleiben, langem Leben, Glücklichsein oder Beliebtsein. Das Leben ist leider sehr komplex, und Monokausalität eine schöne Illusion.

Scheinbare Kausalität ist daher eine der Fallen, in die Strategieverantwortliche tappen können. Oft ist Kausalität von Korrelation nicht zu unterscheiden, also die scheinbare Abhängigkeit zweier Parameter, zwischen denen aber keine echte Verbindung besteht. Kausalitäten zu suchen, entspringt vielleicht auch nur der Illusion, die Welt müsse doch irgendwie ordentlich sein. Komplexität dagegen kann man als eine Form der Unordnung sehen, für die in der Physik der Begriff Entropie[1] existiert. Allerdings ist

---

[1] Physikalischer bzw. thermodynamischer Gradmesser für Unordnung.

damit nicht die Unordnung gemeint, die gelegentlich in Kinderzimmern auftritt, und die von Eltern und Kindern meist unterschiedlich gewertet wird.

Die Komplexität, mit denen es Unternehmen zu tun haben, ist durch die Vielzahl und dynamischen Interaktionen der strukturellen, sozialen, gesetzlichen, wettbewerblichen, finanziellen, börslichen und Markt-seitigen Parameter des Systems Marktwirtschaft bestimmt. Michael Porter hat versucht, sie auf fünf Kräfte[2] zu reduzieren. Ich halte das aber für ein unzulässige Vereinfachung der marktwirtschaftlichen Systemparameter. Vor allem wird dabei die dynamische Interaktion zwischen den Kräften nur unzureichend abgebildet. Nimmt man Branchensysteme wie die Bankenwelt, dann wird die Zahl der Parameter noch unüberschaubarer und unberechenbarer. Sonst würden die Wirtschaftsweisen nicht bei der Vorhersage von Wirtschafts- oder Finanzkrisen regelmäßig versagen. Auf das Klima, das wohl eines der komplexesten Systeme auf der Erde darstellt, will ich an dieser Stelle nicht eingehen; das würde dieses Kapitel sprengen. Ich möchte Sie aber für die Tatsache sensibilisieren, dass wir uns von einfachen Kausalitäten in diesen Systemen verabschieden müssen. Wir können sie niemals zweifelsfrei beschreiben, geschweige denn steuern.

Vor Komplexität zu kapitulieren ist aber nicht nötig. Zunächst einmal sollte man sie akzeptieren und nicht versuchen, sie durch Vereinfachung oder gar Tricks zu eliminieren. Ein Beispiel für Komplexitätsreduktion haben wir beim Dieselabgasthema gesehen. Die hohen Emissions-Anforderungen der Bundesregierung ließen sich

---

[2] Porters 5-Forces: Bedrohung durch neue Marktteilnehmer, Substitution, Kunden, Lieferanten und Wettbewerber.

offenbar technisch nicht so einfach lösen. Man hat das Problem nicht selbst gelöst, sondern die Testbedingungen so verändert, dass sogar der TÜV über die wahren Emissionswerte im realen Betrieb getäuscht worden sind. Unnatürliche Testbedingungen kommen in der Automobilindustrie legal vor und führen zu den unrealistisch niedrigen Verbrauchswerten auf dem Papier. Beim Testen der Verbräuche in Windkanälen werden unter anderem alle Spalte am Fahrzeug abgeklebt und Audiogeräte mit minimal möglicher Leistung eingebaut. Mit diesen und anderen Tricks werden die Verbräuche beim Testen auf Niveaus gedrückt, die auch ein noch so umsichtiger Fahrer auf der Straße niemals erreichen kann. Für mich ist das nicht fair gegenüber den Kund*innen, in jedem Fall aber ein Fall von Komplexitätsreduktion, weil man das reale Problem der Emissionen umgeht. Natürlich gäbe es eine einfache Methode, Emissionen zu reduzieren, die aber weder den Unternehmen noch bisher den Kund*innen gefällt: kleine Motoren einbauen.

Ich könnte noch beliebig viele Beispiele von komplexen Systemen auflisten, aber Sie erwarten als Strategieverantwortliche ja Antworten auf die Frage, wie man damit umgehen soll.

Der Umgang mit Komplexität setzt zunächst voraus, dass man sich der Komplexität von realen Systemen bewusst ist. Mein Lehrmeister darin war der Kybernetiker und Autor Frederic Vester (2003) [21], der sich mit Komplexität befasst und aus meiner Sicht ein hervorragendes Lernspiel dazu erfunden hat: das Computer-Spiel »Eco Policy«, früher auch als Brettspiel »Ökolopoly« angeboten, kann auch gestandenen Manager*innen die Augen öffnen. Sie müssen einen simulierten Staat durch und aus Krisen führen, indem sie die verfügbaren Steuern sinnvoll einsetzen, um Umwelt, Bildung, die Finanzen oder andere

Staatsparameter zu verändern. Die Wirkmechanismen der einzelnen Parameter kann man zwar nachlesen, aber in der Simulation erlebt man dabei ziemlich oft Überraschungen, sprich unerwartete Systemreaktionen auf die eignen Entscheidungen, die oft nicht direkt, sondern erst nach mehreren Runden sichtbar werden. Ein gutes Spiel für Strategieverantwortliche, um angemessenen Respekt gegenüber Komplexität zu entwickeln.

Interessant dabei ist, dass es nicht um schnelle Entscheidungen geht, sondern die Spielenden gut überlegen und sich beraten können. Trotzdem enden die ersten Versuche oft im Chaos. Bei Vester ist das der Bürgerkrieg, durch den die Ordnung zusammenbricht; im Spiel darf man dann aber nochmal von vorne beginnen.

Komplexität ist nicht trivial. Die Entwicklungen beim Klima oder auch Russland zeigen ja deutlich, dass auch trotz des Bemühens und der Ernsthaftigkeit vieler Expert*innen Fehler gemacht werden. Das liegt in der Natur komplexer Systeme, die Irrtümer und Fehleinschätzungen herausfordern.

Es besteht aber ein riesengroßer Unterschied, sich um das Verstehen komplexer Systeme zu mit allen Mitteln zu bemühen, oder ihnen mit der einfachsten aller monokausalen Strategieprinzipien begegnen zu wollen: der Stärkung der Stärken.

> Die SWOT mit ihrer monokausalen Strategie der Stärkung der Stärken kann keine Antworten auf komplexe Probleme geben.

Wie man von Frederic Vester lernen kann, führt die Ausübung von Stärken in realen, komplexen Systemen zu unerwünschten Systemreaktionen bis hin zum Systemversagen. Der ziemlich trivialen Aussage, dass man die Transformation zur Elektromobilität nicht durch die Verbesserung der Verbrennungsmotoren erreichen kann, wird wohl keiner ernsthaft widersprechen. Komplexität kann man nur mit Veränderung begegnen. Allerdings darf man, auch das lernt man bei Vester, dabei nicht erwarten, dass die Veränderungen genau in die Richtung gehen, wo man sie haben will. Daraus ergibt sich die Notwendigkeit für eine gewisse Toleranz gegenüber den eigenen Zielen und Möglichkeiten, die ich mit Ambiguität bezeichnen will.

Die Schwester von Komplexität ist die Ambiguität
Man kann sie auch mit Mehrdeutigkeit oder Multikausalität übersetzen, was bei Verschwörungstheoretiker*innen ein Schaudern hervorrufen dürfte, da es für sie nur eindeutige, monokausale Gründe geben kann. Für jede Wirkung sehen sie nur eine Ursache. Ursachen- und Wirkungsvielfalt ist aber ein Indikator komplexer Systeme, die deshalb oft widersprüchlich erscheinen, oder nicht verstanden werden. Allerdings lässt sich über Ursachen auch trefflich streiten; mir geht es hier aber eher um die Ambiguität von Zielen.

Die Mutter aller Management-Ambiguitäten ist die Zielforderung nach profitablem Wachstum. BWL-Erstsemester wissen bereits, dass Wachstum im Normalfall zulasten der Profitabilität geht, denn man muss es sich erkaufen durch Investitionen in neue Produkte oder auch die Reduzierung der Margen in Preiskampfsituationen. Profitabilität dagegen kann man am besten in gesättigten Märkten oder Nischen erreichen, sofern man eine »Cash Cow[3]« im Portfolio hat. Die Forderung, beides zugleich zu realisieren, ist normalerweise unmöglich, wenn die Marktmechanismen funktionieren in Form rationaler

---

[3] Damit bezeichnet man Produkte oder Leistungen von Unternehmen, die hohe Renditen abwerfen und nur noch geringe Investitionen erfordern.

Kund*innen und aktiver Wettbewerber. Für Strategieverantwortliche bedeutet die Forderung nach profitablem Wachstum die Quadratur des Kreises. Ich habe selbst erlebt, wie Manager*innen mit solchen Forderungen umgehen: sie delegieren die Aufgabe in ihre Linie und fordern einfach die Erfüllung. Ob sinnvoll oder nicht, ist dann egal.

Vermutlich hat auch bei -ich bitte um Nachsicht für mein Lieblingsbeispiel- der Abgasthematik solch ein Mechanismus eine Rolle gespielt. Die mit Fahrfreude nicht immer kompatiblen hohen Abgasnormen haben die Ebenen, die das technisch Unmögliche umsetzen sollten, dazu geführt, dass sie eben schummeln mussten, wollten sie nicht Gefahr laufen, in der Hierarchie als Teil des Problems identifiziert zu werden. Wie gesagt, es könnte so gewesen sein, muss aber nicht.

Unternehmen können mit Ambiguität schlecht umgehen, denn sie müssen sich gegenüber dem Wettbewerb abgrenzen, in dem sie eigene starke Identität kreieren, die Marke. Ein iPhone verträgt kein Samsung-Image, ein BMW soll man nicht mit einem Mercedes oder Audi, oder gar Toyota verwechseln können. Ambiguität wäre hier fehl am Platze. Andererseits müssen sie aber eine gewisse Ambiguität zulassen, damit sie eine möglichst breite Kundenschicht ansprechen. Es ist ein Spagat zwischen Vielfalt im Angebot und Eindeutigkeit beim Image. Ein probates Mittel, Vieldeutigkeit in der Eindeutigkeit zuzulassen, ist die Übernahme anderer Marken, meist unterhalb des eigenen Segments. Skoda und VW, Rover und BMW sind nur zwei Beispiele. Die Firmen können neue Kundengruppen ansprechen, ohne die eigene Kernmarke zu gefährden, und die Käufer*innen bekommen Premiumqualität für Produkte unterhalb des Premiumsegments.

Vollkommen widerspruchsfreie Unternehmen, Organisationen und Gesellschaften gibt es wohl nicht, weil sie ja aus Menschen bestehen, die auch nicht widerspruchsfrei sind. Tun wir nicht auch gelegentlich das eine, ohne das andere zu lassen? Aber ist Ambiguität immer schlecht? Oder sollte man sie vielleicht sogar fördern? Ambiguität ist die Voraussetzung für Transformationen. Das fängt bei uns persönlich an, wenn wir die Rollen im Leben wechseln. Wenn wir nur Kind bleiben, werden wir niemals zum Erwachsenen. Im Transformationsprozess vom Kind zum Erwachsenen sind wir immer ein Stück weit beides, also ambig. Auch Unternehmen müssen sich gelegentlich transformieren, und dabei zeitweise eine neue neben der alten Identität entwickeln. Aus dem Röhrenhersteller Mannesmann wurde ein Mobilfunkanbieter, um nur ein Beispiel zu nennen. Komplexität und Ambiguität sind Eigenschaften realer Systeme, die man weder ignorieren kann noch sollte, wenn man sich erfolgreich darin bewegen will. Wirkzusammenhänge kann man nicht immer erkennen, daher sollte man nicht massiv in komplexe Systeme eingreifen. Insbesondere die Stärkung von eigenen Stärken ist kein probates Mittel, um komplexe Systeme im gewünschten Sinn zu beeinflussen.

Trotz all der beschriebenen Schwierigkeiten mit realen Systemen müssen Strategieverantwortliche handeln. Aber wie?

16
Strategisch wirksam handeln

Zusammenfassung Am Ende jeder strategischen Analyse müssen konkrete Handlungen stehen. In Anlehnung an die Praktische Philosophie lassen sich Handlungen grob in die drei Segmente Motivation, die Handlung selbst und ihre Folgen unterteilen. Das Kapitel soll Strategieverantwortliche sensibilisieren, sich bei Handlungsempfehlungen über alle drei Segment Gedanken zu machen. Dabei geht es immer um die Kernfrage, ob die Absichten über die Handlungen zu den gewünschten Folgen führen, also zum Beispiel Klimaproteste bei besten Absichten zur Begrenzung des Klimawandels führen. Strategieverantwortliche müssen sich solche aus der Philosophie stammenden Fragen stellen, wenn ihre Strategien wirksam sein sollen.

Grundsätzliche Gedanken zum Handeln

Zunächst ein kurzer Ausflug in das Wesen des Handelns, so wie es die Praktische Philosophie versteht. Sie differenziert zunächst Handlungen in drei Teile:

- Ethik
  - Motivation oder Zweck des Handelns
  - Leitfrage: Warum handle ich?
- Deontologie
  - Aktion/Handlung oder Mittel
  - Leitfrage: Wie handle ich?
- Teleologie
  - Nutzen oder Sinn der Handlung
  - Leitfrage: Wozu, mit welchem Ziel handle ich?

Die Ethik befasst sich mit der Motivation von Handeln: dem WARUM. Man kann Motivation auch als Zweck bezeichnen, wogegen die Dentologie das Mittel ist und die Teleologie den Sinn vorgibt. Sinn, Mittel und Zweck sind nicht immer leicht zu unterscheiden; gerade Sinn und Zweck werden fälschlicherweise gerne synonym verwendet. Ein Beispiel aus der Wirtschaft. Ein Unternehmen stellt Produkte her und verkauft sie. Das Herstellen der Produkte ist das Mittel. Der Verkauf der Produkte und der Gewinn daraus ist der Sinn der Herstellung, denn man will die Produkte ja nicht wegwerfen. Und es ist tatsächlich der Sinn von Wirtschaftsunternehmen, Geld zu verdienen. Wäre es anders, würde wir von einem NGO reden oder hätten den Kapitalismus gerade abgeschafft. Fehlt noch der Zweck; warum wollen Unternehmen Geld verdienen? Diese Frage ist spannend und nicht so eindeutig zu beantworten, wie es vielleicht scheint. Wer zwingt Unternehmen dazu, Geld zu verdienen? Die kapitalistische Antwort ist einfach: weil es so ist. Was sonst außer Geld zu verdienen könnte die Aufgabe eines Menschen oder Unternehmens im Leben überhaupt sein? Jetzt kommen wir tief ins Philosophische. Ich will hier auch gar nicht weiterphilosophieren, denn über den Zweck seines Handelns kann und sollte sich jeder seine Gedanken machen.

Das WIE betrifft die Handlung selbst. Menschen tun Gutes, Unternehmen verdienen Geld, karitative Einrichtungen sammeln Spenden, Greenpeace führt spektakuläre Aktionen durch und Fußballvereine spielen Fußball. Beim WIE sind wir an Grenzen gebunden: Gesetzte, Vorschriften, Moral oder auch Regeln der gebotenen Vernunft. Man kann sich gemäß des Kategorischen Imperativs von Kant verhalten, also nur das machen, was man auch akzeptieren würde, wenn es alle täten. Ich halte sein Prinzip, aus der globalen Perspektive die eigene Handlung zu betrachten, für sehr modern und sinnvoll.

Beim WOZU stellen wir uns dann die Frage, welches Ergebnis wir von unserem Handeln erwarten. Den maximalen Nutzen für die meisten, wie es die Utilitaristen sehen, den persönlichen Vorteil oder die Rettung der Welt? Die Spannweite an Ergebnissen ist groß.

Was hat das nun mit Strategie zu tun? Auch Strategie besteht aus Maßnahmen, für die Gründe und Ziele gibt, wobei der Schwerpunkt der Fragestellung unterschiedlich sein kann. Die SWOT fragt nicht nach der Motivation und auch nicht nach dem Sinn. Sie konzentriert sich auf das Tun selbst, auf die aktuellen Stärken und Chancen. Die SWOT fragt: was muss ich tun, um noch besser in dem zu werden, was ich ohnehin tue? Sie fragt aber nicht, um mein Paradebeispiel zu zitieren, ob es Sinn macht, weiter Verbrennungsmotoren zu bauen. Sie fragt auch nicht nach dem Zweck und ist damit frei von jeglicher Motivation.

Strategie heißt auch, die drei Fragen zu beantworten:

- Warum will ich handeln?
- Wie will ich handeln?
- Wozu und mit welchem Ergebnis will ich handeln?

Letztlich sollte das wichtigste Ergebnis eines strategischen Nachdenkens das strategische Handeln sein, aber nicht jedes Handeln ist auch strategisch. Es gibt Manager*innen, die sich nur auf dem sicheren Terrain bekannter operativer Entscheidungen bewegen. Kostensenkungsprogramme sind solche sicheren Terrains mit begrenzten Risikopotenzialen. Man bewegt sich in den gut strukturierten und vermessenen Gefilden der Produktion, des Einkaufs, Vertriebs und der Entwicklung. Die Kosten für Menschen und Maschinen sind bekannt, und auch deren Leistungsfähigkeit. Es ist also kein Hexenwerk, hier an der Effizienz zu schrauben. Die operative Optimierung hat aber Grenzen: auch noch so intensive Kostensenkungen oder Preisnachlässe können in Deutschland niemand mehr dazu bringen, neue Kernkraftwerke zu bauen. In jedem Unternehmen kommt einmal der Punkt, an dem das Management das sichere Terrain der Effizienzsteigerungsmaßnahmen verlassen und in die Ungewissheit strategischer Entscheidungen aufbrechen muss. Manchmal ist das überlebenswichtig.

Für diesen Fall werden gute Strategieverantwortliche gebraucht, die mit Nichtwissen, Unsicherheit und Komplexität professionell umgehen und ohne eindeutige Entscheidungsbasis Handlungsempfehlungen geben können. Leider werden diese Fähigkeiten nicht ausreichend an Schulen oder Universitäten vermittelt. Die SWOT erschwert den Blick über den Horizont. Ich mache den Erfindern der SWOT, den Repräsentanten der Design- und Planungsschule, keinen Vorwurf. Ihre

Weltsicht war geprägt von einer analogen, wenig global vernetzen und innerhalb der Branchen überschaubaren Industrielandschaft. Dazu passte die SWOT auch gut, aber nicht mehr in die hochkomplexe, digitale und globale Wirtschaft von Heute, geschweige denn von Morgen.

> Die klassische Unternehmensführung bewegt sich vordringlich in der Komfortzone berechenbarer und damit planbarer Zukünfte, die sich linear aus der Gegenwart extrapolieren lassen.

Strategieverantwortliche werden sich also mehr und mehr mit Unsicherheiten auseinandersetzen müssen. Weder lässt sich die Gegenwart exakt beschreiben noch die Zukunft auch sicher abschätzen. Disruptionen technologischer, politischer, gesellschaftlicher oder kultureller Art werden zunehmend unerwarteter, unvorhersehbarer und auch zerstörerischer eintreten als in der Vergangenheit. Strategieverantwortliche müssen sich mit zukünftigen Rahmenbedingungen befassen, die unter Umständen weit außerhalb der aktuellen Mission eines Unternehmens liegen, über die nur sehr wenige, vielleicht nur theoretische, Erfahrungswerte vorliegen.

Die Coronakrise hat klar gezeigt, was es für die Strategiefindung bedeutet, wenn es kaum Erfahrungswerte gibt, und die heutigen Wahrheiten morgen nicht mehr gelten. Wie aber soll man handeln in komplexen, unklaren, dynamischen und unsicheren Situationen? Dafür braucht es andere Grundsätze, Vorgehensweisen und mentale Einstellungen als in der klassischen operativen Planung mit ihrem maximalem Berechenbarkeitsanspruch.

Wenn sich Unternehmen aufmachen, »neue Welten zu entdecken und neue Zivilisationen«, dann brauchen sie Mut, Neugier, Flexibilität, Entschlussfreudigkeit und Durchhaltevermögen. Dann müssen sie auch das Risiko eingehen, ihre Aktionär*innen kurzfristig zu enttäuschen. Keine Welt für Mutlose und Zauderer*innen, für Planer*innen und Bewahrer*innen. Eher eine, in der sich Unternehmer wie Elon Musk wohlfühlen.

> Für die konkrete Aufgabe, eine Strategie ins Unbekannte zu entwerfen und sie umzusetzen, sind Fähigkeiten und Einstellungen erforderlich, die wesentlich näher am Entdecker- und Abenteuertum sind als an der Betriebswirtschaft (deren Rolle ich im operativen Geschäft nicht schmälern möchte, aber sie bei Strategie nicht sehe).

Falls jemand nun einen fertigen Prozess erwartet hat, mit dem man das Unbekannte sicher durchschreiten kann, den muss ich enttäuschen. Strategieentwurf und vor allem die -Umsetzung erfordern unkonventionelles Handeln und die Bereitschaft, nach Sachlage die Richtung schnell und radikal zu ändern, wenn sich unüberwindbare Barrieren aufbauen. Das bedeutet auch, Vertrauen in die eigene Fähigkeit zu haben, die für den Weg erforderlichen Fähigkeiten unterwegs aufbauen zu können, wenn sie erforderlich sind, mit Problemen souverän umgehen zu können und auf alle Überraschungen gefasst zu sein. Auch, Fehler zu machen und sie zu korrigieren. Unternehmen und Strategieverantwortliche, die solche Eigenschaften besitzen, können Transformationen schaffen und Ziele erreichen, die jenseits der Vorstellungskraft einer SWOT liegen.

Risiken und Fehler gehören zum unternehmerischen Handeln, sorgen aber auch für Innovationen und Fortschritt. Wenn etablierte Marktteilnehmer aus Angst vor Fehlern keine Risiken mehr eingehen, dann findet sich immer ein frecher Eindringling, der ihnen diese unternehmerische Kernaufgabe gerne abnimmt. Fehler sind keine Holzwege, keine Fehler machen zu wollen dagegen schon. Berechenbarkeit ist also einerseits eine Illusion, aber gleichzeitig eine Hürde für Innovationen. Die Zukunft ist nicht nur unberechenbar, in der Unberechenbarkeit liegt auch die Zukunft unserer Wirtschaft. Dass wir dafür auch mutige Unternehmer brauchen, steht auf einem anderen Blatt.

Bleiben Sie neugierig, skeptisch, kritisch, kreativ, unkonventionell und mutig, auch schwierige Wege vorzuschlagen oder gar zu gehen. Verlassen Sie als Strategie die Komfortzone operativer Sicherheiten und wagen Sie sich in den Dschungel strategischer Unsicherheiten. Nur so kann sich Ihr Unternehmen, Ihre Organisation oder auch Sie selbst weiterentwickeln.

Die Botschaft dieses Kapitels, das keine fertigen Lösungen für die komplexe Aufgabe eines Strategieverantwortliche liefern kann, ist aber eindeutig: Lassen Sie sich nicht von der scheinbaren Klarheit der SWOT dazu verleiten, die Welt so einfach und deterministisch zu sehen, wie es dieses Planungsinstrument vorgibt. Die Alternative, die ich dazu sehe: Die Veränderung des Veränderbaren!

Die Veränderung des Veränderbaren

Der vermeintlich abgedroschene Spruch, nichts sei so konstant wie die Veränderung, wird zunehmend relevanter. Damit komme ich zu meiner Kernthese eine Veränderungs-zentrierten Strategie.

> Veränderungen müssen im Fokus von Strategie sein, oder anders gesagt, wer nichts verändern will, braucht keine Strategie.

Bei Strategie geht es nach meinem Ansatz darum, neue Fähigkeiten aufzubauen, um zukünftige Herausforderungen meistern zu können, für die die heutigen Fähigkeiten nicht ausreichen.

Das ist eine Transformation weg vom Paradigma des Stärkenaufbaus hin zu dynamischem Veränderungsmanagement. Was nicht heißen muss, die aktuellen Stärken unkontrolliert aufzugeben. Kohle war lange Zeit eine Stärke Deutschlands zum Aufbau der Wirtschaft, auch wenn das manche Klimaaktivist*innen nicht wahrhaben wollen. Die Transformation hin zu erneuerbaren Energien wurde richtigerweise eingeleitet, braucht aber Zeit; die muss man Transformationen immer geben. Das gilt auch für die Elektromobilität und andere Veränderungen, denen wir in den kommenden Jahrzehnten entgegensehen. Damit die Transformationen erfolgreich sein können und die sie tragenden Strukturen und Menschen nicht daran zerbrechen, müssen die neuen Fähigkeiten besonnen aufgebaut werden, idealerweise im Gleichgewicht mit dem Abbau der alten, auch wegen der Sozialverträglichkeit. Veränderungen muss man können.

Eine wichtige Voraussetzung steckt in der These oben: Veränderungen müssen sich auf diejenigen Fähigkeiten konzentrieren, die man selbst unmittelbar beeinflussen bzw. aufbauen kann. Falls nicht, muss man andere dazu bringen, sie in unserem Sinne aufzubauen, damit unsere eigenen Visionen erreicht werden können.

Was wir aus eigener Kraft verändern können, ist immer einfacher umzusetzen. Forderungen an Dritte wie die Politik können zwar auch ihre Wirkung entfalten, allerdings braucht man dazu einen langen Atem, wie die jahrzehntelangen Proteste gegen Kernkraft beweisen. Auch am Beispiel der Klimaerwärmung wird deutlich, was ich meine. Weder Einzelpersonen, Organisation noch Länder können das 1,5-Grad-Ziel aus eigener Kraft durchsetzen. Handeln kann ich nur dort, wo ich Einfluss habe. Die deutsche Regierung also primär in Deutschland, und erst sekundär dort, wo das mehr als die Hälfte des globalen durch Menschen verursachten CO_2 erzeugt wird, nämlich China, USA, Russland und Indien. Da helfen nur Appelle oder internationale Abkommen, die dann auf freiwilliger Basis bekanntermaßen mehr schlecht als recht funktionieren. Das mögen manche beklagen und nach jedem Klimagipfel vom Scheitern sprechen. Aber die Realität nationaler Interessen lässt sich nicht ignorieren. Vielleicht ist das auch beruhigend vor dem Hintergrund von Theorien, die Welt werde ohnehin von geheimen Mächten gesteuert. Wenn es diese Mächte gibt, dann sind sie offensichtlich ziemlich machtlos.

Vielleicht fragen Sie sich jetzt, ob der Ansatz, das Veränderbare zu verändern, nach all der intensiven Auseinandersetzung mit der aktuellen Strategie und seiner SWOT nicht ein wenig zu einfach ist. Tatsächlich scheint die strategische Aufgabe, sich zu verändern, statt nur zu verbessern (Stärkung der Stärken), in der Theorie nicht sonderlich originell zu sein. Mir geht es aber in erster Linie um Wirksamkeit; mein Anspruch ist es, mit dem Veränderungsansatz Probleme lösen zu können, bei dem der Stärkenansatz bisher versagt hat. Wer schon einmal abnehmen wollte, weiß genau, dass gerade Veränderungen nicht leicht sind. Wer sich aber auf Veränderungen einlässt, der weiß, wie wirksam sie sein können, und welche positiven Auswirkungen sie haben können.

Wichtig

Das gültige Strategieprinzip lässt sich grundsätzlich auf die sehr einfache Formel reduzieren: »Stärke deine Stärken für die Überlegenheit im Kampf!«
 Gerade diese Eingängigkeit und Einfachheit ist ihr Erfolgsfaktor, und dem muss ich auch eine einfache Formel entgegensetzen: »Konzentriere dich auf die Veränderung des Veränderbaren!«

Wer vor der Aufgabe steht, über eine Strategie nachzudenken, kommt derzeit über die SWOT automatisch in den Modus, sich auf die Stärkung der Stärken zu konzentrieren. Er sollte sich aber überlegen, ob nicht der Modus, das Veränderbare zu verändern, besser auf seine strategische Fragestellung passt.

Natürlich gibt es Situationen und Zeiten, in denen die Stärkungsstrategie sinnvoll ist, vor allem, wenn sich das Umfeld kurzfristig nicht verändert und man Zeit hat für den »Muskelaufbau«. Aber dann würde ich auch nicht von Strategie reden, sondern von einer operativen Maßnahme. Sobald sich das Umfeld aber zu verändern droht, die heutigen Stärken morgen also vielleicht nicht mehr zählen, dann ist es Zeit für Veränderungen, dann ist es Zeit für eine Strategie.

Nun wissen wir alle nur zu gut, dass Veränderungen in der Praxis durchaus eine Herausforderung darstellen können. Die Beharrungskräfte von Menschen, Organisationen oder Systemen können sehr groß sein. Die wirkliche Herausforderung liegt also weniger in der Entscheidung für Veränderung, sondern in deren wirksamen und erfolgreichen Umsetzung. Und daher kommt dem Strategieprozess eine besondere Bedeutung bei.

Was nun folgt ist kein abgeschlossener und ausgetesteter Prozess, sondern ein Vorschlag, der sich in der Praxis erst noch bewähren muss. Dabei kann er sich verändern. Ich bin daher auf um jede Kritik und Anregung dankbar, die es mir erlaubt, den Prozess weiterzuentwickeln.

17

Ein kurzer neuer Prozess

Zusammenfassung Mit dem Paradigmenwechsel hin zu Veränderungsstrategien ist ein neuer Strategieprozess verbunden. Während der auf der SWOT basierende aktuelle Prozess Strategien aus den aktuellen Stärken und deren Stärkung entwickelt, muss der Veränderungsprozess von einer realistischen Beschreibung der Zukunft ausgehen, und die dafür erforderlichen Fähigkeiten ableiten, die dann im Rahmen strategischer Handlungen aufgebaut werden müssen. Die SWOT erfordert weitgehend stabile Situationen und ignoriert langfristige Veränderungen. Stabile Situationen erfordern aber keine Strategien, sondern die Sicherung des Status quo. Daher ist jede Strategie per Definition eine Veränderungsstrategie.

Eine Strategie der Veränderung erfordert auch einen neuen Strategieprozess, der von der Zukunft kommend die notwendigen Veränderungen der Gegenwart definiert.

Während sich die SWOT um die Verfestigung des Status quo bemüht und ihre Ergebnisse schon rein visuell in vier Quadranten einmauert, damit man ja nicht auf die Idee kommt, die »eigenen vier strategischen Wände« zu verlassen, stelle ich mir den neuen Prozess als Schritte vor. Schritte bedeuten Bewegung, Veränderung und Neugier auf Neues. Genau das, was eine Strategie und Strategieverantwortliche nach meiner Meinung auszeichnet. Um den Prozess zu erläutern, konzentriere ich mich auf unternehmerische Strategien, damit ich nicht ständig auch alle anderen Organisationen und Personen nennen muss, die ebenfalls Strategieprozesse durchlaufen.

> Hier zunächst die Schritte, formuliert als Aufforderungen, die auf alle Strategieaufgaben anwendbar sind:
>
> - Beschreibe die Zukunft!
> - Lege deine Vision fest!
> - Verändere dich!

Ich benutze für diesen Prozess nachfolgend gelegentlich die Abkürzung »ZVV« (Zukunft-Vision-Veränderung). Der Prozess sowie die Abkürzung sind bewusst so einfach und einprägsam gehalten wie die SWOT; das ist beabsichtigt, damit ihre Anwendung leichter wird. Wichtig ist, dass sich die Strategie konsequent aus der Zukunft ableiten muss, und nicht aus den aktuellen Stärken heraus. Während die SWOT mit dem Buchstaben S, also Stärken beginnt, steht in meinem Prozess das Z für Zukunft. Und genau da sollten Strategieverantwortliche mit ihrer Arbeit beginnen.

Schritt 1: Beschreibe die Zukunft

Der neue Prozess beginnt mit der Beschreibung des zukünftigen Umfeldes, in dem sich ein Unternehmen befindet, oder in das es sich hineinbewegen will. Dieser Ansatz verändert und erweitert grundsätzlich die Perspektive einer Strategieerarbeitung, was ich an einer Analogie aus der Astronomie erläutern will.

> **Beispiel**
>
> Auch die größten und besten Fernrohre haben einen entscheidenden Nachteil: je größer die Vergrößerung desto kleiner wird das sogenannte Gesichtsfeld, das beobachtet werden kann. Schon bei einem kleinen astronomischen Hobbyfernrohr wird das deutlich: wenn man keine parallaktische, am Himmelsäquator orientierte Montierung zur Nachführung hat, wandern Himmelsobjekte sehr schnell aus dem Blickfeld. Der Blick mit bloßem Auge oder auch mit einem einfachen Fernglas eröffnen sich viel weitere Horizonte. Man sieht Sternschnuppen, Satelliten oder andere Himmelsphänomene, die am begrenzten Ausschnitt des Fernrohrs unerkannt vorbeiziehen.

Das Fernrohr ist die Analogie für die Mission eines Unternehmens, also das, was es produziert und vertreibt. Vereinfachend ausgedrückt wird der Hersteller von Autositzen keine Strategie für Autos machen, und der Autohersteller keine für Flugzeuge. Die Strategie ist normalerweise immer durch die Mission vorgegeben und eingegrenzt, so wie der professionelle Astronom sein Fernrohr nicht einfach über den Himmel zieht, sondern bewusst auf eine Stelle richtet, die er genauer analysieren will.

Eine eingeschränkte Perspektive wird auch von der SWOT quasi erzwungen; sie fordert die Stärkung vorhandener Stärken, also eine Fokussierung der Strategie auf das, was ein Unternehmen ohnehin macht. Wie schon erwähnt, halte ich eine lineare Extrapolation der aktuellen Situation eines Unternehmens ohne grundsätzliche Änderungen der Mission oder Marktbearbeitung für eine

Aufgabe der operativen Planung und nicht der Strategie. Von daher kann mein Ansatz eines erweiterten Zukunftshorizonts die enge und auf den vorhandenen Stärken und Fähigkeiten basierende Perspektive der aktuellen Strategieentwicklung vermeiden.

Die Umfeldanalyse befasst sich also mit dem erweiterten Branchenumfeld in einem strategischen Zeithorizont. Dabei sollte man sich zeitlich und räumlich keine zu engen Grenzen setzen. Strategieverantwortliche dürfen sich keine intellektuellen Ketten anlegen, denn Branchenstrukturen und Wertschöpfungsketten, Kundenbedarfe und gesellschaftspolitische Randbedingung können sich dramatisch ändern, wie wir am Atomausstieg nach Fukushima sehen konnten. Gerade bei Energie und Mobilität reicht der Blick auf Einzel-Technologien nicht aus. So müssen sich Energieanbieter mehr und mehr auf komplexe Energienetze und -Wertschöpfungsketten einstellen, sowie auf Geschäftsmodelle, die durch Sektorenkopplung und einem Mix aus professionellen und privaten Energieeinspeisern geprägt werden. Automobilhersteller werden sich zunehmend mit Intermodalität, also der Vernetzung unterschiedlicher Transportmittel wie Auto, ÖPNV, Car-Sharing und Fahrrad beschäftigen müssen. Beide bewegen sich also zunehmend aus dem Bereich reiner Herstellung von Produkten hinein in den Dienstleistungsbereich. Die strategischen Aufgaben der Zukunft sind Energieversorgung statt Kraftwerksbau und Mobilität statt Automobilbau. Die klassische Produktstrategien folgen der SWOT und führen zu marginalen Veränderungen der jeweiligen Modelle, um den Kunden keine zu großen Designsprünge zuzumuten. Stattdessen werden die jeweiligen Designmerkmale der Modelle so lange weiter ausgereizt, bis man sich schließlich doch an etwas Neues traut.

Ich hoffe, damit den Unterschied von alter zu neuer Strategieperspektive einigermaßen deutlich gemacht zu haben. Er erfordert ein radikales Umdenken und eine Abkehr von der SWOT. Strategieverantwortliche müssen sich genau überlegen, wie sie ihr zukünftiges Umfeld definieren. Dabei müssen sie immer mit Veränderungen rechnen, denn ewig stabile Umfelder anzunehmen ist höchst naiv.

Analysen über die Zukunft gibt es viele, man muss sich nur darüber im Klaren sein, dass diese von den jeweiligen Autoren geprägt werden und damit nicht immer objektive Vorhersagen beinhalten. Seriös sind Analysen, die sogenannte Szenarien untersuchen, auf die ich gleich eingehen werde. Vieles wissen wir aber auch schon seit langen, z. B., dass wir CO_2 reduzieren, mehr Menschen in den ÖPNV und mehr Waren auf die Schiene bringen müssen, mehr Schienen, weniger Straßen und weniger Parkplätze in der Stadt brauchen, und einen ländlichen ÖPNV, der die Menschen in den Dörfern buchstäblich nicht im Regen stehen lässt. Das alles ist bekannt, es muss nur endlich mal umgesetzt werden.

Und hätte man nicht schon vor dem 24. Februar 2022 wissen können, welche Absichten des russischen Präsidenten verfolgt? Die Bewertungen waren im Vorfeld sicher nicht so eindeutig, wie es manche nachher behauptet haben, aber die Indizien für Krieg waren doch einigermaßen klar. Bei Zukunftsanalysen gibt es natürlich immer Unsicherheiten, die man mit einer bewährten Methode aber eingrenzen kann: der Szenarioanalyse.

Bei der Szenarioanalyse werden drei verschiedene Zukunftsszenarien unter Einbeziehung ausgewählter Experten entworfen: eine Fortschreibung der aktuellen Situation in die Zukunft, eine Best-Case- sowie eine

Worst-Case-Betrachtung. Im Falle Russlands wäre man beim Worst-Case-Szenario nicht an der Annahme eines Kriegsausbruchs vorbeigekommen. Ich vermute, dass solche Szenarien durchaus gemacht wurden und nun in den Schubladen von Militärs gut verwahrt werden. Das Problem mit Szenarioanalysen habe ich selbst in meiner Praxis erlebt: sie werden oft nicht ernst genommen. Das Management pickt sich gerne das Standard-Szenario heraus, das am wenigsten Konsequenzen für die Strategie hat, weil es sich in der Regel um eine Extrapolation des aktuellen Status quo handelt, mit leicht positiven Tendenzen. Vor Corona ist die Luftfahrt von mehr oder weniger konstant wachsenden Umsatzzahlen in der Größenordnung um 5 % pro Jahr ausgegangen. Die einzige Sorge, die sich Luftfahrtunternehmen machten, war, wie man mit der steigenden Flugzeug-Produktion fertig werden soll; ein typisches Luxusproblem. Corona kam in den Planungen als Worst Case überhaupt nicht vor, daher war man auch nicht vorbereitet. Zugegeben, bei Corona wurden alle auf dem falschen Fuß erwischt; keiner rechnete mit einer Krise dieses Ausmaßes. Gegen manche Ereignisse kann man sich nicht restlos absichern. Die Szenarioanalyse soll auch nicht dazu dienen, sich auf nur einen Fall festzulegen und die Strategie exakt darauf auszurichten. Das wird oft missverstanden. Stattdessen sollte man zumindest den Worst Case im Auge behalten und Indikatoren identifizieren, die im Laufe der Zeit darauf hindeuten könnten, dass genau dieser Fall eintreten könnte. Ich spreche hier bewusst im Konjunktiv, was das Zukunftsgeschäft nun mal mit sich bringt. Im Falle Russlands hat es diese Indikatoren offenbar zur Genüge gegeben; nur wollten die Verantwortlichen sie nicht wahrnehmen. Eine Möglichkeit, sich der Zukunft zu nähern, geht über die richtigen strategischen, also überwiegend qualitativen Fragen. Hier eine kleine Auswahl, die natürlich entsprechend den strategischen Aufgaben variieren kann.

> **Strategische Fragen**
> - Welcher Zeithorizont ist relevant?
> - Aus welchen Perspektiven muss ich auf mich schauen?
> - Wie stabil ist das Umfeld, in dem ich mich bewege?
> - Was sind die Erwartungen an mich in der Zukunft?
> - Warum existiere ich noch in der Zukunft?
> - Wie ist die Welt in 10 Jahren, in der ich mich bewege?
> - Wie verändern sich die Verhaltensweisen, Ansprüche und Erwartungen von meinen Stakeholdern im Laufe der Zeit?
> - Was kann ich überhaupt bewirken?
> - Was sind meine drei größten Herausforderungen in der Zukunft
> - Wie kann ich die Welt mit meinen Kompetenzen besser machen?

Das ist eine andere Klasse von Fragen als die nach Umsätzen und Renditen, die zwar CEOs und Controllern besser gefällt, aber in einer Strategie nichts zu suchen haben. Das WIE sollte im Vordergrund stehen, und nicht das WIEVIEL. Ich kann diesen Fehler gar nicht oft genug erwähnen, weil er so häufig gemacht wird. Nachdem die Zukunft naturgemäß nicht präzise beschrieben werden kann, sollte man es mit Präzision auch gar nicht erst versuchen.

SWOT-Expert*innen könnten jetzt einwenden, dass die Zukunft ja über Chancen und Risiken ausreichend behandelt wird. Auf den ersten Blick könnte man dies so sehen; allerdings werden nach meiner Erfahrung Chancen zu nahe an der Gegenwart und Risiken zu weit in der Zukunft festgemacht. »Quick Wins«, also schnelle Gewinne durch die Realisierung aktueller Chancen, erfreuen jeden CEO. Wer ihm stattdessen Chancen präsentiert, die erst nach dessen Amtszeit konkret werden, gefährdet seine Karriere. Daher halte ich die gängige Definition von Chancen und Risiken in der SWOT für wenig geeignet, strategische Umfeldveränderungen adäquat zu erfassen (siehe dazu auch Kap. 9).

Ich halte Narrative für ein geeigneteres Instrument, also die etwas unscharfe Formulierung der Welt von morgen. Die Szenarioanalyse liefert solche Narrative; vielleicht ist das ein Grund, warum Manager*innen sie ungern lesen. Ich halte das für einen Fehler, denn es ist allemal besser, mit Prognosen einigermaßen richtig als absolut falsch zu liegen. Warum hat die Politik den Einmarsch der Russen in die Ukraine kategorisch aus ihren Szenarien ausgeblendet? Hätte man uns, die Bevölkerung, nicht zumindest auf die Möglichkeit eines Krieges hinweisen und uns dann die Entscheidung überlassen müssen, wie wir zu den Gaslieferungen stehen? Es nicht zu tun, war ein großer politischer, aber mehr noch ein strategischer Fehler der Ära Merkel.

Die Beschäftigung mit der Zukunft mit Instrumenten wie der Szenarioanalyse sind nicht meine Erfindung, sondern State-of-the-Art. Es geht mir bei meinem neuen Strategieprozess darum, dass wir die Zukunftsanalyse als zentrale Aufgabe der Strategie an den Anfang des Prozesses ZVV stellen, und uns nicht hinter den Chancen- und Risikoanalysen der SWOT verstecken.

Mögen sich die operativen Manager*innen in Unternehmen mit den gegenwärtigen Stärken ihres operativen Betriebs befassen: Strategieverantwortliche sollten sich vordringlich um die Zukunft kümmern.

Schritt 2: Lege deine Vision fest
Nun kommen wir zum nächsten Schritt des Prozesses, der Ableitung der Vision aus den Herausforderungen der Zukunft. Zur Erinnerung: Visionen sind Ziele, deren Erreichbarkeit man selbst nicht in der Hand hat, weil sie

von anderen Faktoren abhängen. Trotzdem sind sie als Treiber für Veränderungen enorm wichtig. Es sind Ergebnis-, aber keine Handlungsziele (siehe auch Kap. 13).

Aus den Analysen im ersten Schritt des ZVV-Prozesses ergeben sich ein oder mehrere Cluster an Herausforderungen; je nachdem, ob man sich auf ein Nominal-Szenario festlegt, oder die beiden anderen – Worst und Best Case – dazu nimmt. Warum sind die Herausforderungen noch nicht im ersten Schritt enthalten? Weil ich mir Situationen vorstellen kann, in denen jemand das zukünftige Umfeld umfassend beschreibt, dann aber annimmt, dieses Umfeld habe keine Auswirkungen auf die eigene Zukunft. Das klingt nach Selbsttäuschung, und ist es oft auch. Der umgangssprachliche Standardspruch für solche Situationen lautet: »Es wird schon nicht so schlimm kommen.« Psychologisch ist es verständlicherweise leichter, von einer schönen Zukunft ohne Veränderungen und Probleme zu träumen, ob für uns selbst, unser Unternehmen oder unser Land. Wer aber beispielsweise annimmt, dass es auch in den kommenden Jahrzehnten immer noch genügend Nachfrage nach Verbrennerautos gibt, der wird sein Unternehmen nicht ausreichend auf E-Mobilität vorbereiten. Strategie bedeutet daher, sich mit den möglichen Veränderungen in der Zukunft auseinanderzusetzen. Das ist eine wichtige Aussage, denn nur dann brauchen wir Strategien. Auch wenn diese Veränderungen dann nicht genau so wie erwartet eintreten, ist es wichtig, auf sie vorbereitet zu sein. Strategie fragt also vordringlich nach dem »Was wäre wenn?«

Ich gebe zu, dass die Kommunikation mit dem eigenen Management über Veränderungen nicht unbedingt einfach ist. Offen zu sagen, dass man das Unternehmen in Gefahr sieht, sollte es sich weiter in die gleiche Richtung bewegen wie bisher, erfordert eine gewisse Portion Mut. Man gerät schnell in den Verdacht, Teil des Problems zu sein. Risikoanalysen landen gelegentlich in den strategischen Giftschränken, denn von Strategie wird oft erwartet, positive Entwicklungen aufzuzeichnen, nicht das Gegenteil.

Für die weiteren Betrachtungen gehe ich davon aus, dass Strategieverantwortliche mit aller Offenheit ein Zukunftsszenario mit möglichen Konsequenzen gezeichnet haben, aus dem sich ableiten lässt, dass Veränderungen der Richtung unvermeidbar sind. Für die neue Richtung braucht man eine Vision. Wie ich im Kap. 13 ausführlich erläutert habe, ist eine Vision kein konkretes und quantitativ beschreibbares Ziel, sondern ein Wunsch, ein erstrebenswerter Zustand. Unternehmen sind leider oft sehr einfallslos bei ihren kommunizierten Visionen, wenn sie profitables Wachstum, Marktführerschaft oder ähnliche Worthülsen postulieren. In diesem Fall dienen Visionen nicht der strategischen Richtungsänderung, sondern nur dem Zweck, Euphorie bei Eigentümer*innen und Aktionär*innen durch positive Botschaften erzeugen. Aussagen wie »Wir müssen uns auf den langen, teuren und riskanten Weg zur Elektromobilität machen!« dürfte man dagegen in keinem Visionspapier finden.

Auch das 1,5-Grad-Ziel ist eine Vision, ein Wunsch, wenn auch vermutlich ein vernünftiger. Aber schon Kinder wissen, dass der Weihnachtsmann nicht jeden Wunsch erfüllt. Forderung von Wünschen an den Weihnachtsmann sind selten umfänglich erfolgreich. Und ich habe ebenso meine Zweifel, ob moralische Forderungen an Deutschland, China, Russland, die USA oder Indien, doch endlich ihren Klimaverpflichtungen nachzukommen, zum gewünschten Ziel führen werden.

Auch persönliche Visionen sind Wünsche. Dabei haben wir die Entscheidung zwischen mehreren Visionen. Ob wir lieber Reichtum, Karriere, Zufriedenheit oder Freizeit haben wollen, manchmal auch alles auf einmal, liegt ausschließlich in unserer Hand. Niemand kann uns Vorschriften machen, wenn wir uns nicht freiwillig dem gesellschaftlichen Diktat des »man muss« beugen. Man tut dies und lässt jenes, weil es Eltern, Clique, Nachbarn, Kolleg*innen oder die Gesellschaft insgesamt so wollen. Man ist sozial engagiert, mäht den Rasen regelmäßig oder geht sonntags zur Kirche, weil man es halt so macht. Interessant, wie wir unsere persönliche Freiheit gelegentlich zugunsten einer abstrakten Entität wie dem »man« freiwillig aufgeben. Aber genau das macht die Wahl der persönlichen Visionen auch so schwer; wir müssen uns selbst entscheiden und können die Verantwortung für unser Leben nicht an eine höhere Instanz delegieren, deren Vorgaben wir dann nur umsetzen müssen (um in den Himmel zu kommen).

Visionen zu folgen ist auch nie frei von Konflikten. Die Entscheidung der Bundesregierung, aus Kohle- und Kernkraft aus- und in die erneuerbaren Energien einzusteigen, sowie für die sich daraus ergebende Energielücke billiges russisches Gas einzukaufen, wird uns weiterhin heftige Debatten und Proteste bescheren. Das hat sich im Sommer und Herbst 2022 deutlich gezeigt. Umso wichtiger ist die intensive Auseinandersetzung von Menschen, Unternehmen, Organisationen und Gesellschaften mit ihren Visionen. Im Gegensatz zu Helmut Schmidt würde ich niemanden eine ärztliche Behandlung empfehlen, nur weil er Visionen entwickelt. Im Gegenteil. Wie sollte man ohne Visionen sinnvoll leben können?

Visionen sollten aber auch nicht im luftleeren Raum hängen, sondern sich an den im Schritt 1 gewonnenen Erkenntnissen über die Zukunft orientieren. Vollkommen unrealistische Visionen sind sinnlos. Genau deshalb sollte die Strategie ja mit dem weiten räumlichen und zeitlichen Blick in die Zukunft begonnen werden, damit über Szenariobetrachtungen ein Gefühl dafür entwickelt werden kann, was möglich ist. Die Mär vom Tellerwäscher, der Millionär wird, basiert auf einer bizarren Realitätsverklärung. Wessen Qualifikation nur zum Tellerwäscher reicht, der kann höchstens durch Lotterie oder Raub an Millionen kommen. Als Gymnasiast habe ich Blumen ausgefahren, um mein Taschengeld aufzubessern. Heute bin ich Ingenieur. Bin ich deshalb vom Blumenfahrer zum Ingenieur geworden? Um die richtigen Visionen zu entwickeln können folgende Fragen helfen.

> **Strategische Fragen**
> - Was oder wer will ich langfristig sein?
> - Was will ich in der Welt bewirken?
> - Welchen Nutzen will ich für andere haben?
> - Stehen meine Ziele mit dem Kategorischen Imperativ von Kant im Einklang?
> - Wenn das große Ziel unerreichbar ist, welche kleinen Ziele nehme ich mir vor?
> - Welche Kräfte gibt es, die mich aus meiner Richtung drängen können?
> - Sind meine Ziele nachhaltig?
> - Stärken die Ziele meine Überlebensfähigkeit?
> - Wer sind die wichtigsten Adressaten meiner Handlungen?
> - Wer ist am meisten von meinen Handlungen betroffen, positiv und negativ?
> - Passen die Ziele zu mir oder verfolge ich Ziele anderer?

Das Ergebnis von Schritt 2 ist eine Beschreibung der Vision(en), also derjenigen Zustände in der Zukunft, die ich für mich, mein Unternehmen, Land oder die Welt für sinnvoll, wertvoll und erstrebenswert erachte, die ich aber nicht direkt erreichen kann.

Schritt 3: Verändere dich
Hier sind wir bei dem vielleicht wichtigsten Punkt, nämlich was getan werden muss, damit die Visionen Realität werden können. Einfach so weiter machen wie bisher oder abwarten reicht ja nicht aus, dass weiß jeder, der abnehmen will. Man muss etwas in seinem Leben verändern. Philosophische ausgedrückt: das Einzige, was Menschen getrost abwarten können, ist ihr Tod. Alles andere erfordert Handlung. Nun will die SWOT ja, dass wir unsere Stärken stärken, um Ziele zu erreichen. Bedeutet das aber nicht auch, wie bisher weiterzumachen, nur eben besser? »Mehr desgleichen« wie es Paul Watzlawick (2005) [22] treffend beschreibt. Ein Jogger, der Marathon laufen will, muss einfach nur noch mehr joggen, was in diesem Fall durchaus funktionieren kann. Allerdings hilft es beim Abnehmen nicht, seine Ernährungsgewohnheiten beizubehalten; man muss entweder weniger oder anders essen. Nur immer das Gleiche noch intensiver zu machen, reicht also nicht immer aus. Vor allem dann, wenn die Zukunftsanalyse Veränderungen der Welt zutage fördert. Natürlich kann man annehmen, dass sich die Welt nicht verändert, aber damit belügt man sich nur selbst. Eine Entschuldung dafür, dass man sich heute nicht bewegen muss. Wir können nicht ernsthaft davon ausgehen, mit 80 noch genauso fit und agil zu sein wie mit 30, also müssen wir uns schon mit 30 auf die 80 durch gesundes Leben vorbereiten. Haben die deutschen Energieversorger geglaubt, dass es für immer in Deutschland Großenergieanlagen geben wird? Wer weiß? Wer sich nicht bewegt und verändert, der ist in seiner Zukunft nicht mehr auf dem Platz, auf dem er heute steht, denn dieser Platz hat sich im übertragenen Sinne selbst weiterentwickelt. Das Leben zieht sprichwörtlich an dem vorbei, der sich selbst nicht bewegt. Bewegung bedeutet

Veränderung, und daher beschäftigt man sich im Schritt 3 mit den notwendigen Veränderungen.

Für die Veränderungen brauchen wir aber noch einen gedanklichen Zwischenschritt. Nachdem die Visionen nach meiner Definition selbst nicht direkt erreichbar sind, können wir nur versuchen, die Voraussetzungen für sie zu schaffen und damit die Wahrscheinlichkeit zu erhöhen. Unsere Handlungsziele und damit die Basis für Veränderungen sind also die Schaffung geeigneter Voraussetzungen. Voraussetzungen können der Aufbau von Fähigkeiten sein, Aufbau einer finanziellen Basis, Investitionen, Ausbildungen, Unternehmens- und Organisationsgründungen oder auch die Schaffung gesetzlicher Rahmenbedingungen. Wichtig ist mir nur die Festlegung, dass Abwarten keine gute Strategie ist und man sich auf diejenigen Voraussetzungen konzentrieren sollte, die man selbst direkt oder indirekt beeinflussen kann.

Die SWOT befasst sich gar nicht mit der Frage der Voraussetzungen für die Aufgaben der Zukunft, denn sie fokussiert sich auf vorhandene Stärken der Gegenwart. Für echte strategische Herausforderungen müssen Voraussetzungen geschaffen werden, für die man eben nicht alle Fähigkeiten im Hause hat. Und neue Voraussetzungen bedeuten Veränderungen der Fähigkeiten im Sinne, fähig zu sein, sich auf seine Visionen zuzubewegen und im besten Fall auch zu erreichen.

Welche Voraussetzungen das sind, hängt vom Einzelfall ab. Beim Marathonlauf ist es klar, bei der Frage nach dem Klimawandel kann eine Antwort schwierig, bei der nach persönlichem Glück vielleicht unmöglich sein. Sobald man sich aber über die Voraussetzungen klar geworden ist, ergibt sich eine Differenz zu dem, was man aktuell kann oder ist. Dieser Schritt 3 ist der Herausforderndste. Es gibt keine Strandart-Vorgehensweise. Aber er ist auch der Wichtigste, denn schließlich geht es beim Schaffen der richtigen Voraussetzungen um Alles oder Nichts der Strategie. Wenn die Voraussetzungen nicht stimmen, bleibt die Vision eine unerreichbare Illusion. Die SWOT hat diese Sorgen nicht, denn sie schaut ja immer nur auf die vorhandenen Stärken. Umso wichtiger ist die Beschäftigung mit den Voraussetzungen und mit den Veränderungen des Veränderbaren. Auch die Voraussetzungen müssen erreichbar sein aus eigenem Vermögen oder Einfluss. Natürlich besteht immer die Möglichkeit, dass nicht nur die Vision, sondern auch die Voraussetzungen dafür nicht realisierbar sind. Dann bleibt nichts übrig als die Vision selbst zu überdenken. Vielleicht ist sie zu ambitioniert. Diese Frage stellt sich sofort beim 1,5-Grad-Klimaziel, zumal es viele Stimmen gibt, die es jetzt schon für unerreichbar halten. Natürlich kann das niemand mit Bestimmtheit verifizieren oder falsifizieren, daher gibt es keine Alternative dazu, es zu versuchen. Unabhängig davon ist die Frage an sich müßig, denn wir müssen ja in jedem Fall versuchen, die Voraussetzungen zu schaffen. Abwarten ist keine gute Strategie. Stattdessen sollte man sich folgende Fragen stellen.

> **Strategische Fragen**
> - Welche Voraussetzungen sind nötig, damit die Erreichung der Vision wahrscheinlich wird?
> - Welche Fähigkeiten/Kompetenzen sind erforderlich, um die Voraussetzungen schaffen zu können?
> - Wie groß ist die Differenz zwischen meinen aktuellen und den angestrebten Fähigkeiten?

Ein weiteres Ergebnis von Schritt 2 neben der Vision ist die Antwort auf die Fragen oben. Falls die Differenz zwischen Vision und Voraussetzung zu groß sein sollte, dann muss man die Vision selbst noch einmal überdenken und gegebenenfalls neu definieren. Meine klare Position dazu ist: Besser das Erreichbare erreichen, als vom Unerreichbaren nur träumen.

Für das Erreichbare muss man die konkreten Maßnahmen und Veränderungen festlegen. Hierbei geht es um das WIE, also die Veränderungsrichtung, die -Schritte und möglicherweise auch strukturelle Veränderungen der Unternehmen. So kann es erforderlich sein, sich Partner*innen zu suchen, mit denen man die Transformation gemeinsam durchführt.

Ein wichtiger Aspekt des Transformationsplans ist die Frage, ob man etwas allein bewältigen kann, welchen Einfluss man selbst auf die Transformation hat. Das mag in der Wirtschaft noch relativ einfach gehen, sofern die Aktionär*innen mitgehen oder sich geeignete Partner*innen finden. Erfolgsbestimmend ist diese Frage bei so großen Themen wie dem Klimawandel. Was kann jede und jeder Einzelne, was eine Partei, ein Land oder ein Kontinent dazu beitragen, dass die Klimaziele erreicht werden? Wie kann Deutschland mit seinen geschätzten 2 %-Anteil am globalen CO_2-Ausstoss die restlichen 98 % beeinflussen?

Im Gegensatz zu Klimaaktivist*innen können Unternehmen sich aber nicht auf Straßen kleben und Forderungen an andere stellen, sondern sie müssen selbst handeln. Daher müssen sie sich genau überlegen, ob und wie sie ambitionierte strategische Ziele erreichen wollen.

Nun kommt das Wichtigste, das Handeln.

> Ohne Handeln ist jede Strategie sinnlos, genauer gesagt, Strategie ist handeln. Handeln heißt, den ersten Schritt zu machen und einen Prozess in Gang zu setzen.

Zu große Ziele haben oft den Nachteil, dass die ersten Schritte als zu klein und damit unsinnig angesehen werden. Aber auch jede Alpenüberquerung beginnt mit dem ersten Schritt aus der Haustüre. Den muss man machen. Auch Transformationen lassen sich nicht mit einem großen Sprung über Nacht umsetzen, sondern sie sind das Ergebnis vieler kleiner Maßnahmen, die aber alle dem übergeordneten strategischen Ziel folgen sollten.

Wie genau müssen diese Maßnahmen aber sein? Bei dem Aufbruch ins Unbekannte ist der Weg nicht immer klar bis zum Ende erkennbar. Eine Transformation ist ein wenig wie eine Entdeckungsreise; man muss immer auf alles gefasst sein und bereit, andere Wege zum Ziel einzuschlagen und gegebenenfalls auch das Ziel selbst zu überdenken. Eine Horrorvorstellung für operative Planungsmanager*innen, die sich daran messen lassen, wie genau sie jeden einzelnen Schritt und dessen Wirkung vorausplanen können. Bei Strategieplänen geht das aber nicht, die erfordern eine ganz neue Art der Vorgehensweise, die typische sind für komplexe Prozesse, die mit großen Unsicherheiten behaftet sind. In jedem Fall sollte man sich folgende Fragen stellen.

Strategische Fragen
- Habe ich die Freiheit, die notwendigen Veränderungen einzuleiten?
- Habe ich die Fähigkeiten dazu?
- Was passiert, wenn ich nichts tue?
- Was muss ich konkret tun?

Am Ende von Schritt 3 steht also ein Maßnahmenplan mit dem Ziel, die Voraussetzungen dafür zu schaffen, dass die angestrebte Vision erreichbar wird. Nach dieser Maßnahmenfestlegung beginnt dann die Umsetzung und die regelmäßige Überprüfung der Ziele, oft auch die Anpassung von Zielen und Maßnahmen.

Zusammenfassung

Strategieentwicklung ist kein Kochrezept, bei dem es eine klare Abfolge von Handlungen gibt, die immer zu guten und reproduzierbaren Resultaten führen. Man kann sich einem Problem von mehreren Seiten nähern. Gerade das macht Strategie aber so schwierig, denn wenn man überall anfangen kann, wo genau soll man dann anfangen? Die SWOT ist auch deshalb so beliebt, weil sie eine sehr einfache Anleitung zur Strategieentwicklung anbietet, die allerdings so große Defizite hat, dass ich in diesem Buch einen neuen Ansatz entwickelt habe. Es wird sich zeigen, ob er sich in der Praxis bewährt.

Bevor ich mein Konzept an ein paar praktischen Beispiele theoretisch erprobe, hier noch einmal eine Zusammenfassung der wesentlichen Argumente für einen neuen auf Veränderung des Veränderbaren basierenden Strategieansatz.

- Die SWOT-Methode der Stärkung der eigenen Stärken mit dem Ziel, Überlegenheit (auf dem Feld, im Wettbewerb oder wo auch immer) zu erreichen, ist für die Bewältigung vieler realer strategischer Herausforderungen ungeeignet.
- Diese Herausforderungen sind insbesondere gekennzeichnet durch Komplexität, Dynamik, unvollständige Information und Unberechenbarkeit, die von der SWOT nicht adäquat abgebildet werden können.
- Wegen der zunehmenden Dynamik natürlicher, wirtschaftlicher und gesellschafts-politischer Veränderungsprozess muss sich Strategie auf diejenigen Veränderungen konzentrieren, die das Leben und Überleben auch in einer von Heute stark unterschiedlichen Zukunft sicherstellen kann. Fokus muss dabei auf der Veränderung des Veränderbaren liegen.

- Eine Strategie ist insbesondere bei visionären Zielen erforderlich, die sich nicht direkt und aus eigener Kraft erreichen lassen; daher muss sie sich vordringlich auf die Schaffung derjenigen Voraussetzungen konzentrieren, mit denen die visionären Ziele wahrscheinlicher werden.
- Der Strategieprozess beginnt mit einer weit gespannten Abschätzung des zukünftigen Umfelds, und nicht der Beschreibung der aktuellen Stärken (von Personen, Unternehmen, Organisationen etc.).

Im weiteren Prozess werden dann Herausforderungen abgeleitet, Visionen definiert, die notwendigen Voraussetzungen identifiziert und dann konkrete Maßnahmen festgelegt. In den folgenden drei Beispielen für Krisenmanagement, Klimaschutz und Bürgerinitiativen will ich aufzeigen, wie die neue Strategie praktisch angewendet werden kann. Es geht mir nicht um fertige Konzepte, sondern um eine neue Perspektive auf die jeweiligen Probleme und ihre möglichen Lösungen. Wenn es über den neuen Denkansatz der Veränderung des Veränderbaren gelingt, einen neuen Zugang zu Lösungen zu finden, dann habe ich meinen selbst gesetzten Anspruch erfüllt.

Die Beispiele basieren auf persönlichen Erfahrungen mit Krisen und Bürgerinitiativen, und – im Falle des Klimas – auf der Hoffnung, dass wir aus dem Kampfmodus gegen »Windmühlen« herauskommen und endlich Veränderungen anstoßen, die dann auch effektiv zum Ziel einer Begrenzung der Klimatemperatur beitragen können

18
Beispiele für wirksames strategisches Handeln

Zusammenfassung Nach der vorangegangenen theoretischen Analyse der strategischen Prozesse und Paradigmen, wird die Entwicklung einer neuen Strategieschule auf Basis der Veränderung des Veränderbaren an drei strategischen Aufgabenstellungen theoretisch getestet. Diese Aufgabenstellungen sind das Management von Krisen, ein neuer Ansatz, mit der Klimakrise umzugehen und abschließend das strategische Management von Bürgerinitiativen, die insbesondere für die Klimakrise eine erhebliche Bedeutung haben. Wie bei allen Strategien ist eine kritische Diskussion über die hier entwickelten Lösungsansätze zulässig und gewünscht. Insbesondere beim Klimawandel sollte es keine Dogmen geben. Nur im Dialog können strategisch wirksame Handlungen entwickelt werden.

18.1 Strategisches Krisenmanagement

Wer in eine Krise kommt, braucht eine gute Strategie. In keinem Fall darf man auf dem Weg weiterlaufen, der einen in die Krise gebracht hat, sondern man muss etwas verändern! Stärken zu stärken hilft meist wenig, sofern mit Stärken genau die Verhaltensmuster gemeint sind, die einen in die missliche Lage gebracht haben.

Krisen erfordern Krisenstrategien
Jeden kann mal eine Krise treffen, ob eine persönliche oder eine kollektive wie die Pandemie. Die Merkmale von Krisen im Allgemeinen lassen sich auch aus der inzwischen vergangenen Pandemie recht gut ableiten:

- Sie kam mehr oder weniger über Nacht ohne lange Vorbereitungsmöglichkeit.
- Experten, Politiker und auch die Bevölkerung waren anfangs weitgehend ahnungslos, was zu tun ist.
- Es gab keine ausreichende Datenbasis, auf der qualifizierte Entscheidungen hätten getroffen werden können.
- Die Wirksamkeit von Maßnahmen war anfangs nicht vorhersehbar.
- Es gab keine klaren Ziele, stattdessen endlose Debatten über den Umgang mit Risikogruppen, Öffnungen für Kinder und Jugendliche, Reihenfolge beim Impfen und vieles mehr.
- Maßnahmenentscheidungen seitens der Politik erfolgten auf Wochenbasis und scheinbar ohne klare Richtung.
- Die Berücksichtigung demokratischer Strukturen und Rechte hat schnelle Entscheidungen oft erschwert.

- Es gab keine globale Strategie, die Pandemie einzudämmen, stattdessen individuelle Versuche rund um die Welt mit unterschiedlichen Ausgängen.

Man muss sich eine Pandemie als eine hochkomplexe, chaotische Situation verstehen, in der Entscheidungen schnell und unter weitgehender Unwissenheit über die grundlegenden Zusammenhänge getroffen werden müssen, weil es um Menschenleben geht. Mit einem Satz: eine Pandemie stellt eine typische strategische Situation dar. Aber was bedeutet Strategie in einer ernsten Krisensituation, in der das Entscheiden und das Nichtentscheiden gleichermaßen den Tod von Menschen zur Folge haben können?

Im Nachhinein haben wir ein paar Grundregeln lernen können, die wir beim nächsten Mal hoffentlich erinnern und rechtzeitig anwenden. Zunächst einmal ist es nicht sinnvoll, mit Entscheidungen abwarten, bis alle Daten und Fakten auf dem Tisch liegen und verstanden sind. Viele Erkenntnisse bekommt man erst nach Abklingen der Pandemie durch empirische Analysen a posteriori heraus, die man aber dann nur für die kommende Pandemien nutzen kann. Konsequenz: man muss Entscheidungen auf Basis von Nichtwissen treffen, wobei man noch nicht einmal den Grad des Nichtwissens abschätzen kann. Die Dunkelziffer der Infizierten war ein gutes Beispiel dafür; ich glaube nicht, dass diese Zahl während der Pandemie auch nur ein einziges Mal annährend bekannt war. Forderungen von manchen »Querdenkern«, man müsse die Dunkelziffer erst kennen, bevor man irgendetwas entscheidet, kann ich nur als taktischen Verzögerungsversuch werten.

Ebensowenig wie bei der Dunkelziffer kann man abwarten, bis alle Wirkmechanismen der Virus-Ausbreitung und -Eindämmung komplett verstanden werden.

Erst im Nachhinein wird man beginnen, zu verstehen, was genau abgelaufen ist, warum sich das Virus so verhalten hat, welche Indikatoren (R-Wert oder andere) überhaupt gute Indikatoren waren und ob die Lockdown-Maßnahmen sinnvoll waren, wenn überhaupt. Pandemien sind komplexe Systeme, deren Verhalten man nicht zeitnah verstehen kann, und bei denen es anfangs immer mehr unbekannte als bekannte Parameter gibt.

Nachdem wir während der Pandemie so wenig über sie wussten, konnten wir anfangs auch keinen Kampf im Sinne der SWOT gegen sie führen. Unsere Maßnahme basierten auf einem einfachen Prinzip, dass in der SWOT aber nicht vorkommt: Selbstisolation. Wir haben uns dem »Angriff« des Virus so gut wie möglich entzogen; oft zum Leidwesen der von einem Lockdown und den diversen Kontaktverboten betroffener Menschen. Das Virus hat eine unserer »Schwächen« gnadenlos ausgenutzt, nämlich soziale Wesen zu sein. Unsere beste »Waffe« am Anfang der Pandemie war die soziale Distanz, mit der wir uns sowohl wirtschaftlich als auch psychologisch selbst schaden mussten, um dem Virus zu schaden. Wie paradox! Erst mit der Verfügbarkeit von Impfstoffen konnten wir den Kampf ernsthaft und effektiv aufnehmen. Man kann es als Stärke unserer Pharmaindustrie bezeichnen, relativ schnell wirksame Vakzine entwickelt zu haben. Das Wissenschafts- und Forschungssystem der führenden Industrienationen hat gut und schnell funktioniert.

Von Anfang an war klar, dass die Pandemie beendet werden muss; das Ergebnisziel war eindeutig, weniger dagegen die Handlungsziele. Versuche in Großbritannien und Schweden, das Virus mehr oder weniger laufen zu lassen, haben sich im Nachhinein als Fehler herausgestellt. Bei der Wahl der Handlungsziele waren Politik und Wissenschaft auch hierzulande lange ziemlich ratlos, denn es entwickelte sich schnell ein dramatischer

Zielkonflikt: Gesundheit von Menschen gegenüber Rettung der Wirtschaft. Die Debatte darüber erhitze die Gemüter in den Parlamenten ebenso wie auf den Straßen. Je nach gefühlter Betroffenheit durch Krankheit einerseits oder durch wirtschaftliche Einbußen andererseits wurden Forderungen laut, sie sich niemals alle unter einen Hut bringen ließen. Auch bei anderen Herausforderungen wie dem Klimawandel finden wir solche Zielkonflikte: Umwelt- und Klimaschutz werden sich ohne Abstriche bei persönlichen Freiheiten und Wohlstand nicht realisieren lassen. Handlungsziele sind kommunizierende Röhren, die sich immer gegenseitig beeinflussen und damit die Interessen von Menschen unterschiedlich stark betreffen.

Aufgrund der immer zulasten der einen oder anderen gehenden Entscheidungen in der Pandemie warfen zumindest Außenstehende der Politik immer wieder vor, keine konsistente Vorgehensweise zu haben. Die Politik machte tatsächlich streckenweise keinen guten, sondern einen eher ratlosen und unentschlossenen Eindruck, was man ihr aufgrund der Komplexität dieser Pandemie nur eingeschränkt ankreiden kann. Immerhin hat sich die deutsche Politik ernsthaft bemüht, Lösungen zu finden, statt die Krise mehr oder weniger zu ignorieren, wie dies einige Staatslenker zum Beispiel in den USA, Großbritannien oder Brasilien getan haben.

Es war für die Entscheidungsträger überall schwer, immer das Richtige zu tun. Sie waren durch die Dynamik der Krise gezwungen, Entscheidungen unter großer Unwissenheit zu treffen, wohl wissend, dass sie für jede Entscheidung kritisiert werden würden. Von den Virolog*innen und Epidemiolog*innen wegen Gefährdung der Risikogruppen, seitens des Handels wegen der Pleitenwelle, seitens der Ethiker*innen wegen Ungleichbehandlung, seitens der Jugend wegen fehlender Feiermöglichkeiten, seitens der Opposition wegen der

Nichteinbeziehung des Parlaments und seitens der Querdenker*innen wegen Aushebelung der Demokratie. Einzelne Mitglieder der Regierung dürften wegen Corona Karriereprobleme bekommen haben, oft ohne eigene Schuld. Ich hoffe nur, dass sie trotzdem weiterhin verantwortungsvolle Entscheidungen treffen, auch, wenn sie dafür Nachteile erleiden. So wie Winston Churchill, der trotz der Rettung Englands von seinen Landsleuten 1945 nicht mehr zum Prime Minister gewählt worden war.

Heuristik für komplexe Situationen
Für komplexen Situationen gibt es gleichwohl verschiedene Handlungsempfehlungen, die sogenannten Heuristiken. Das sind in gewisser Weise Spielregeln, aber nicht im klassischen Sinn, und sie sind mitnichten Erfolgsgaranten, können aber einen Erfolg wahrscheinlicher machen. Man kann diese Heuristiken nicht nur in Krisen, sondern auch für den regulären Strategieprozess nutzen. Zwischen strategischen Situationen und Krisen gibt es einige Ähnlichkeiten: Unsicherheit, Komplexität, Ambiguität oder Dynamik. Übrigens gibt es solche Heuristiken schon lange; früher nannte man sie Lebensweisheiten. »Was du heute kannst besorgen, das verschiebe nicht auf morgen« ist nichts anderes als die Umschreibung des heutigen Modeworts Prokrastination. Unsere Vorfahren hatte auch schon ähnliche Probleme wie wir.

Was bedeuten Heuristiken konkret für die Bewältigung von Krisen? Sie unterliegen keinen Spielregeln, sondern sind komplexe, dynamische und intransparente Prozesse, die man selten versteht, während sie ablaufen. Diejenigen, die sie einzudämmen versuchen, handeln unter der strategischen Randbedingung des weitgehenden Nichtwissens, was sie gegen die Krise tun können und ob ihre Maßnahmen auch zielführend wirken. Oftmals werden dann auch irrationale Entscheidungen getroffen, Verzweiflungstaten oder Panikreaktionen.

Deshalb ist Schach aus meiner Sicht auch kein Strategiespiel, obwohl es oft so bezeichnet wird und mir Kasparow [2] sicher widersprechen würde. Die Spieler*innen handeln nicht unter Krisenbedingungen, ihre Züge sind transparent und sie haben Zeit, zu reagieren, mit der Ausnahme Schnellschach. Die Spielzüge erfolgen sequenziell, weshalb auch kein spieltheoretisches Gefangenendilemma entstehen kann. Wer meint, durch Schachspielen gut in Strategie zu werden, den muss ich enttäuschen; er lernt höchstens gutes Schachspiel. Ich schiebe dieses Beispiel nur deshalb ein, weil es auch beim Schachspiel Heuristiken gibt. Die Spielregeln sagen nicht, wie man eine Figur in einer bestimmten Spielsituation ziehen muss, aber erfahrene Spieler*innen haben ihre Heuristiken, nach denen sie Bauern, Läufer, Pferde und so weiterbewegen, um ein Schach matt des Gegners zu erreichen.

Die folgenden Heuristiken können für strategische Entscheidungen in komplexen, unberechenbaren Situationen die Handlungsfähigkeit sicherstellen, wenn man mangels ausreichender Informations- oder Wissensbasis eigentlich nicht handeln kann. Schon im alten China kannte man solche Heuristiken, die heute unter dem Namen »36 Strategeme« bekannt sind. Man kann sie auch als List, Trick oder Kunstgriff bezeichnen, was ihre Absicht jedoch nicht gut erklärt. Es sind eher Anleitungen zum Handeln, wenn zum Handeln nicht alle Informationen vorliegen. Man könnte auch sagen, sie sind Weisheiten, mit denen Verborgenes erkennbar gemacht werden kann (siehe die Ebenen der Erkenntnis in Kap. 12). Auch die Empfehlungen von Macciavelli (2001) [8] kann man als Heuristiken bezeichnen, wenn sie auch für Renaissance-Fürsten gedacht waren. Von Malik (2007) [23] wurden ebenfalls Heuristiken zusammengestellt, die ich als geeignete Orientierungshilfe für Krisen ansehe. Weitere Informationen finden Sie auch in meinem Buch (2018) [24].

An dieser Stelle will ich noch mal den Unterschied zwischen Wahlmöglichkeiten und Entscheidungen verdeutlichen, denn Heuristiken braucht man nur für Entscheidungen, bei denen man das Ergebnis nicht kennt. Sie lassen sich nicht vorab einschätzen und basieren oft auf intuitiven Parametern. Bei der Entscheidung für eine Partner*in ist es unmöglich, vorherzusagen, wie die Partnerschaft verläuft. Alles ist möglich. Wir können uns aber nicht rückwirkend für jemanden entscheiden, sondern das geht selbstverständlich nur vorausschauend. Damit bewegen wir uns bei Entscheidungen in der Welt, in der Verborgenes erkennbar ist, wo also Weisheit gefragt ist. Heuristiken sind nichts anderes als Weisheitsregeln, die Orientierung geben sollen für den jeweils nächsten Schritt unserer Handlungen, für jede Entscheidung, die wir treffen müssen.

Jeder Schritt soll uns dem Ziel näherbringen, und nicht davon entfernen. Wer abnehmen will, sollte diesen Entschluss nicht mit opulenten Mahlzeiten flankieren. Und ein Fußballspiel gewinnt man nicht dadurch, dass man zunächst den Gegner Tore schießen lässt. Soweit mag das einfach sein. Allerdings kann man in komplexen Situationen nie genau wissen, ob eine Entscheidung definitiv zum Ziel, oder davon wegführt. Darum geht es auch nicht, sondern um die kritische Auseinandersetzung mit jedem einzelnen Schritt hinsichtlich seiner möglichen Wirksamkeit auf ein angestrebtes Ziel hin. Insofern hatten Wissenschafter*innen in der Pandemie Recht, als sie vor Lockerungen des Lockdowns warnten, denn das widersprach dem Ziel der Inzidenzreduktion. Anderseits hatten auch die Handelsverbände Recht, wenn sie genau diese Lockerungen forderten, denn das sollte Pleiten verhindern. Zielkonflikte schwebten über jeder Entscheidung. Was diese Heuristik bedeutet, wird vielleicht am Beispiel der Gaslieferungen aus Russland und dem Ausstieg aus der Atomenergie deutlich. Wie konnte Deutschland glauben, eine nachhaltige CO_2-Reduktion dadurch zu erreichen, indem man billiges Gas aus Russland einkauft und vergleichsweise klimafreundliche Atomkraftwerke stilllegt? Natürlich ist mir der Zielkonflikt zwischen Klimaschutz und der Endlagerfrage bewusst; aber genau um solche Zielkonflikte geht es bei strategischen Entscheidungen. Vielleicht müssen wir lernen, besser mit solchen Ambiguitäten umzugehen, also von Entweder-oder zum Sowohl-als auch zu kommen. Auch die Tankrabatte, die Pendlerpauschale und das 49-Euro-Ticket verursachen einen strategischen Zielkonflikt: zwischen ökologischer Vernunft und sozialer Notwendigkeit.

Bei jedem Schritt müssen wir die aktuelle Lage realistisch einschätzen, um Fehlentscheidungen zu vermeiden. Das schließt die Bewertung eigener Fähigkeiten (Kräfte) für einen Schritt ein, aber auch die mögliche Reaktion des Umfeldes oder möglicher Widersacher*innen. Wir sollten uns weder über- noch andere unterschätzen. So haben in der Pandemie viele die Ansteckungskraft des Virus und seine Ausbreitungsgeschwindigkeit anfangs unterschätzt, und ihre persönlichen Abwehrkräfte überschätzt. Wie kann man sich davor schützen? Durch Feedback von außen zum Beispiel. Wohlgesonnene Personen können uns einen wichtigen Spiegel vorhalten, im dem wir den Anspannungsgrad unserer Ambitionen womöglich erkennen. Bei Unternehmen übernehmen Berater*innen gerne diese Rolle, in der Politik die Medien und die Opposition. Letztlich ist es eine Frage des persönlichen Egos, wie realistisch wir uns oder eine Situation einschätzen. Gerade das macht aber auch die SWOT so abhängig von subjektiven Einflüssen: Stärken und Schwächen realistisch einzuschätzen ist eine Kunst, die nur wenige beherrschen.

Vom richtigen Zeitpunkt hängt die Wirksamkeit von Schritten entscheidend ab. Tue einen Schritt niemals, bevor es notwendig ist! Allerdings auch nicht später. Wir konnten die Problematik des richtigen Zeitpunkts in der Pandemie oft genug erleben. Die Frage nach Beginn und Ende der Lockdown-Phasen hat die Gemüter in Deutschland erheblich erhitzt, weil jeder dazu eine eigene Meinung haben konnte, je nach persönlicher Betroffenheit. Bis heute sind sich die Expert*innen nicht abschließend einig, ob Schulen, Kitas, Geschäfte und Theater zu früh geschlossen oder zu spät wieder geöffnet worden sind, oder auch umgekehrt.

Für mich bedeutet diese Heuristik praktisch, dass man mit wichtigen Entscheidungen so lange warten soll, bis es nicht mehr anders geht, aber auch nicht länger. Der Vorteil des Wartens liegt darin, dass mit der Zeit womöglich neue Fakten auf den Tisch kommen, die den Grad der Unsicherheit einer Entscheidung reduzieren können. Das gelingt nicht immer, aber schon der Volksmund weiß, dass sich manche Probleme aussitzen lassen. Damit will ich Vorsorge nicht in Abrede stellen; wer frühzeitig vorsorgt, kommt womöglich gar nicht erst in eine Krise, sei es gesundheitlich oder finanziell. Aber in einer Krise mit seiner oft dynamischen und komplexen Struktur macht es durchaus Sinn, Entscheidungen nicht zu früh zu treffen.

Ein logischer Grund für diesen Grundsatz ist auch, dass einmal getroffene Entscheidungen sich schwer oder überhaupt nicht rückgängig machen lassen. Von daher mag ein als Zaudern empfundenes Verhalten heuristisch sinnvoll sein. Handelt Olaf Scholz vielleicht doch strategisch? Das mögen andere beurteilen. Der richtige Zeitpunkt sollte, wie schon gesagt, auch nicht verpasst werden, da sonst andere Nachteile entstehen können. Viele Aktienbesitzer*innen kennen solche Situationen sicher, wenn sie bei fallenden Kursen zu spät verkaufen.

Schritte müssen in der richtigen Sequenz erfolgen, um wirksam zu sein. Gerade in Situationen mit hoher Unsicherheit über Zusammenhänge muss man sehr vorsichtig agieren und zunächst die Wirkungen einer Entscheidung beobachten, bevor man weitere Entscheidungen trifft. Schon Pilot*innen lernen, die Steuerung ihrer Flugzeuge gefühlvoll und dosiert zu bedienen, da es sonst zu unerwünschten Fluglagen und heftigen Pendelbewegungen kommen kann. Gelegentlich wird Politiker*innen ein solch vernünftiges Handeln als Schwäche ausgelegt, aber damit müssen sie leben. Also lieber mehrmals kleine Entscheidungen treffen als eine große. Die Gefahren, die bei massiven Eingriffen in komplexe Systeme entstehen können, sind nur schwer abschätzbar. In der Pandemie waren die Lockdowns solche massiven Eingriffe; allerdings in Deutschland noch wesentlich moderater als beispielsweise in China. Dort ist die Regierung mit ihren Eingriffen offenbar weit über das Ziel hinausgeschossen und hat mehr wirtschaftlichen Schaden angerichtet als notwendig gewesen wäre. Vielleicht liegt es in der Mentalität chinesische Führungen, lieber große Sprünge zu machen als vernünftige kleinere Schritte. Große Vorsitzende sind vielleicht auch nur zu großen Sprüngen fähig, gekoppelt mit der Unwilligkeit, sich selbst zu korrigieren, wenn der große Sprung danebengeht.

Selbst und eigenbestimmt zu handeln ist normalerweise besser, als von Personen oder Situationen dazu genötigt zu werden. Am Ende des zweiten Lockdowns im Winter/ Frühjahr 2021 hat man gesehen, wie der Druck auf die Politik deren Entscheidungen massiv beeinflusst hat. Irgendwann übernimmt die Opposition oder auch die Straße die Kontrolle über das Handeln. Was nicht heißt, dass Politiker*innen nicht auf beide hören sollten; sie sollten nur nicht unter deren Druck entscheiden müssen. Und wer kennt nicht die Masche von Verkäufer*innen, die einen mit wahrscheinlich oft vorgetäuschter Knappheit ihrer Waren zum sofortigen Kauf animieren wollen. In solchen Fällen ist es wahrscheinlich besser, nicht sofort zu reagieren, sondern noch einmal nachzudenken. In Krisen ist es manchmal notwendig, schnell zu reagieren; trotzdem kann man dabei durch rechtzeitiges Nachdenken Druck vermeiden, der von anderen oder der Macht des Faktischen ausgeübt werden kann.

Einmal getroffene Entscheidungen sollte man nur dann revidieren, wenn es nicht anders geht. Jeder Schritt zurück, oder jeder Schritt, den man ankündigt, dann aber nicht tut, kostet Energie und Glaubwürdigkeit. Der frühere Gesundheitsminister Spahn musste wohl einige Male schmerzvoll erkennen, wie schädlich es sein kann, Maßnahmen nicht umzusetzen, die man angekündigt hatte. Schon in der Erziehung ist klar, dass angedrohte und dann nicht vollzogenen Maßnahmen zum Autoritätsverlust der Eltern führen können. Um ernstgenommen zu werden, sollte man seine Ankündigungen auch umsetzen, oder aber erst gar nichts ankündigen.

18.2 Eine Strategie für das Klima

Das Grundproblem
Im Laufe des Buches habe ich die nach Aussagen der Klimaaktivist*innen bisher nicht sehr erfolgreichen Versuche, den Klimawandel ausreichend einzudämmen, immer wieder als Beleg dafür genommen, wie schwer wir uns mit echten strategischen Aufgabenstellungen tun. Ich bin jetzt großzügig und meine unser kleines Deutschland, wenn ich WIR schreibe. Für andere Nationen oder gar die Menschheit kann ich ohnehin nicht sprechen.

Leider habe auch ich keine Patentlösung, bin aber überzeugt, dass wir das Problem auf andere, strategische Weise anschauen müssen, um überhaupt in die Nähe von Lösungen zu kommen. Die Grundproblematik liegt in der weitgehend unterschätzen Komplexität von Problemstellung und Lösungsansätzen. Nicht ohne Grund bin ich auf Komplexität in einem eigenen Kapitel Kap. 15) eingegangen, ohne deren Verständnis wir gegen die steigenden Klimatemperaturen kaum eine Chance haben. Die Komplexität ergibt sich daraus, dass wir es nicht mit einem einfachen, monokausalen Klima-, sondern einem weitgehend unberechen- und unkontrollierbaren Multisystem zu tun haben, in dem wir uns als Individuen, aber auch als nationale Gesellschaften allein schwertun, wirksam zu werden. Zunächst will ich dieses Multisystem erklären, dem ich selbst diesen Namen gegeben habe.

Ein Multisystem bestimmt das Klima
Der Klimawandel ist eine Folge von Prozessen in vier miteinander interagierenden, in sich schon sehr komplexen, globalen Einzel-Systemen. Alle vier zusammen bezeichne ich als Multisystem. Es besteht aus:

- **Der Biosphäre,** im dem sich die physikalisch-chemischen Klimaprozesse abspielen, insbesondere die Anreicherung mit Treibhausgasen.
- **Der globalen Wirtschaft,** die durch ihre Tätigkeiten auf vielfältige Weise Treibhausgase und andere Emissionen verursacht. Sie wächst mit Anzahl der Menschen auf der Erde und deren Nachfrage nach Gütern und Dienstleistungen.
- **Den globalen politischen Systemen,** die durch Gesetze, Regeln und Verordnungen die Rahmenbedingen setzen kann, unter denen Wirtschaft und Gesellschaft handeln. Klimaschutz hat für viele, aber nicht für alle Systeme Priorität.
- **Die Gesellschaft,** bestehend aus Individuen und Gruppen, die einerseits durch ihre natürlichen und künstlichen Bedürfnisse Emissionen aller Art verursachen, andererseits aber auch Ansprüche an Wohlstand, Freiheit, Gesundheit und Umwelt stellen.

Dies stellt natürlich eine sehr grobe Vereinfachung der Zustände dar. Mir kommt darauf an, deutlich zu machen, dass die Prozesse, die in diesen vier Einzelsystem ablaufen, für sich genommen schon hochkomplex sind, und der Grad der Komplexität durch die vielfältigen Interaktionen zwischen den Systemen dramatisch zunimmt. Um allem Übel haben alle Einzelsysteme mit Ausnahme der Biosphäre eigene Interessen, die sich auf die anderen Systeme auswirken und dem großen Ziel der Begrenzung des Klimawandels entgegenlaufen. Es ist vermutlich niemandem möglich, dieses Multisystem in aller Vollständigkeit und mit all seinen Interaktionen korrekt zu beschreiben. Wie sollen wir dann herausfinden, an welchen Stellen Veränderungen eingeleitet werden müssen, damit positive Wirkungen in Bezug auf das Ziel der Eindämmung des Temperaturanstiegs erzielt werden können.

Mehr als klar sollte dabei aber auch sein, dass es keinen einzelnen Stellhebel geben kann, mit dem der Klimawandel wirksam begrenzt werden könnte. Zunächst möchte ich mit einem Missverständnissen aufräumen, die uns den Blick auf Lösungen verstellt.

Flugzeuge und Autos sind nicht das eigentliche Problem
Die Luftfahrt hat in den vergangenen Jahrzehnten erhebliche Effizienzsteigerungen geschafft und damit die Emissionen pro Flugzeug in den letzten Jahrzehnten durch enorme technologische Anstrengungen deutlich reduziert; CO_2, NOX und Lärm zwischen 50 % und 90 % laut dem BDL (Bundesverband Deutscher Luftverkehr). Dass die Menschen im Umfeld von Flughäfen trotzdem unter Lärm leiden, liegt daran, dass die Mobilität insgesamt zugenommen hat. Wer die Abgasfahnen alter Flugzeuge aus den 70er Jahren noch vor Augen hat, weiß, wovon ich rede. Die Luftfahrt hat sich aber nicht nur aus moralischer Pflicht heraus der Emissionsreduktion verschrieben, sondern insbesondere deshalb, weil effizientere Flugzeuge auch geringer Kosten im Betrieb verursachen. Ökologie und Ökonomie gehen in der Luftfahrt Hand in Hand. Für die Fluggesellschaften bedeutet jedes Prozent Effizienz bei Triebwerken gewaltige Kosteneinsparungen über die Jahrzehnte langen Betriebszeiten. Da rechnen sich Investitionen in die Triebwerkstechnologie in jedem Fall.

Hätten Automobilmotoren die gleiche Evolution in Punkte Treibstoffeffizienz durchlaufen, wären wir heute schon beim 1 L-Auto und könnten die Elektromobilität gelassen angehen. Stattdessen sehen wir immer noch zu viele Spritfresser auf unseren Straßen. Der Grund ist einfach: Autokäufer*innen denken nicht besonders ökonomisch. Sie sind offenbar bereit, höhere Verbräuche zu akzeptieren, weil für sie Autos keine Betriebsmittel sind im Sinne von Flugzeugen für Fluggesellschaften. Prestige geht offenbar immer noch vor Umwelt. Daher sind die gelegentlichen Klagen über falsche Verbrauchsangaben von Herstellern nur Scheinklagen; es scheint den Autofahrer*innen weitgehend egal zu sein. Das mag sich nun mit den steigenden Kraftstoffpreisen wegen Russland ändern, denn nun merken viele das Tanken deutlich im Geldbeutel. Taktische Reaktion der Politik: Tankrabatt. Strategisch wäre es sinnvoller gewesen, schon vor Jahrzehnten konsequent den Verbrauch von Autos über geeignete Steuerungsmechanismen zu reduzieren, aber nun ist es dazu zu spät. Auch wenn ich Zwangsmaßnahmen wie Tempolimits kritisch sehe, bin ich überzeugt, dass deutsche Autofahrer*innen nur über ökonomische Einbußen zum Ökologen mutieren werden, aber niemals mit dem Hinweis auf die Weltrettung. Moral ist keine guter Handlungsmotivator.

Der Luftverkehr ist vor Corona pro Jahr um 4–5 % gewachsen. Wenn man also jemandem die Schuld für Emissionen in der Luftfahrt zuschieben möchte, dann nicht den Flugzeug(-Herstellern), sondern doch eher den Passagieren, die fliegen wollen. Der global mobile Mensch ist der Verursacher der Emissionen. Ob die relativ wenigen Geschäftsreisenden in Deutschland im Vergleich zu den vielen Tourist*innen aus Asien das Klima überdurchschnittlich belasten, wage ich zu bezweifeln. Luftfahrtgegner*innen müssten eigentlich das Reisen verbieten; auch wenn dies manchen gelegen käme, sind solche Maßnahmen höchst undemokratisch, unrealistisch und utopisch. Und ob es ethisch zulässig ist, dass der Reiseweltmeister Deutschland anderen nun dieses Privileg verweigern möchte, wage ich zu bezweifeln. Trotzdem ist es im Sinne des Klimaschutzes wichtig, die eigentlichen Emissionstreiber anzuschauen; es sind nicht die Transportmittel selbst, sondern die Mobilitätsbedarfe der Menschen.

18 Beispiele für wirksames strategisches Handeln

> Wir dürfen uns nicht auf symbolträchtigen Nebenkriegsschauplätzen mit Streitereien über SUV-Fahrer, Dieselfahrverbote oder Landebahnen die Energie rauben, sondern sollten uns um eine wichtige Frage im Sinne des Klimas kümmern: Wieviel und welche Mobilität wollen wir, brauchen wir und können uns leisten?

Mobilität ist also das eigentliche Handlungsfeld von Veränderungen, nicht die Mobilitätsmittel selbst. Aber auch wenn es im Sinne der Biosphäre durchaus sinnvoll ist, Mobilität zu reduzieren, so läuft das den Interessen der anderen Einzelsysteme entgegen; Wirtschaft braucht Mobilität, die Gesellschaft will sie. Diskussionen über Notwendigkeit und Begrenzung von Mobilität sind schwierig, müssen aber geführt werden.

Diese zwei Beispiele des Luft- und Straßenverkehrs machen deutlich, dass wir uns auf dem falschen Spielfeld befinden, wenn wir statt der Mobilität den Flugzeugen und Autos die Schuld am Klimawandel geben. Unsere Mobilität gilt es, zu hinterfragen. Genauso sollten wir bedenken, dass die Wirtschaft Produkte herstellt, weil wir sie haben wollen, dass Lieferdienste für uns fahren und Heizungen für uns laufen. Ein Perspektivenwechsel auf die Ursachen und Verursacher der Emissionen ist notwendig, wenn wir Lösungen finden wollen. Die Verursacher*innen sind nicht der Kapitalismus oder die Politik, sondern diejenigen, die uns morgens im Spiegel anschauen.

Was können wir überhaupt tun?
Um diese Frage zu beantworten, folge ich dem von mir vorgeschlagenen ZVV-Prozess (Kap. 17) und beginne mit der Zukunft.

Die Zukunft ist beim Klima doch klar, oder? Vom Club of Rome bis zum Weltklimarat IPCC wurden und werden unzählige Zukunftsszenarien veröffentlicht, von denen meist der Worst Case öffentlich diskutiert wird. Nach der Szenarioanalyse ist der Worst Case das Szenario, in dem die dramatischsten negativen Entwicklungen zu erwarten sind. Das ist zwar verständlich, weil man ja aufrütteln will; wir tun uns aber keinen Gefallen, immer nur den Weltuntergang an die Wand zu malen. Entweder nutzen sich die Warnungen ab, oder sie führen zu Überreaktionen wie beim überstürzt beschlossenen Atomausstieg in Deutschland nach Fukushima. Vor allem dürfen wir nie vergessen, dass Eingriffe in unsere Wirtschafts- sowie auch Gesellschaftssysteme mit dem Ziel, Veränderungen in der Biosphäre zu bewirken, zu disruptiven Verwerfungen führen können, wenn wir maßlos und in Panik agieren.

Wenigstens ist die eine große Stellschraube zur Temperaturbegrenzung eindeutig bekannt: die Reduzierung des CO_2-Ausstoßes in die Atmosphäre. Es ist müßig, sich über den Einfluss des Sonnenwinds, die Position der Erde in der Galaxie oder dergleichen Gedanken zu machen. Das sind Ablenkungsargumente von sogenannten »Klimaleugnern«, gegen die mein neuer Strategieansatz ein einfaches Gegenargument liefert: Der Sonnenwind und die Position der Erde im Weltall gehören nicht in die Kategorie des Veränderbaren und können damit als Handlungsziele ignoriert werden.

Dagegen ist der menschengemachte CO_2-Ausstoss im Prinzip beeinflussbar. Es ist also strategisch sinnvoll, sich auf diesen Parameter zu konzentrieren, und vor allem, ihn zu verändern. Aber auch das geht nur mittelbar über die Beeinflussung derjenigen Parameter, die wiederum den CO_2-Ausstoß verantworten.

> Beim Klimawandel sind die Zukunftsszenarien gut analysiert. Welches Szenario wir wählen, ist nicht so wichtig. Erstens können wir ohnehin nicht wissen, was in Zukunft

sein wird, zweitens beeinflussen unsere Handlungen die Szenarien, entweder im positiven oder negativen Sinn. Und drittens macht es keinen Sinn, immer weiter zu analysieren, sondern ins Handeln zu kommen.

Zunächst aber der zweite Schritt des Prozesses, die Festlegung der Vision.

Die Vision, das sind die bekannten 1,5 Grad. Es ist kein Ziel im strategischen Sinn, denn, wie ich in Kap. 14 erläutere, ist die Temperatur ein typisches Ergebnis-, aber kein Handlungsziel. Durch mein mir als Individuum mögliches Handeln lässt sich dieses Ziel leider nicht nachhaltig beeinflussen. Ich trenne den Müll, nutze die Bahn und den ÖPNV, reduziere meine Wohnungstemperatur, dusche nicht lange, esse wenig Fleisch und fliege nicht aus Spaß um die Welt. Wesentlich mehr kann ich ohne massive Einschnitte in meine Lebensqualität nicht tun. Um den Klimawandel wirklich stoppen zu können, würde aber auch das nicht reichen. Auch noch konsequentere Effizienzsteigerungsmaßnahmen unserer Fabriken und Haushalte (Stichwort Positivenergiehaus) bringen uns nicht sehr viel weiter, auch wenn jede Maßnahme für sich genommen wichtig ist. Und ein generelles Tempolimit wird von Vertretern der Grünen inzwischen eher als ein Symbol gesehen denn als eine wirksame Maßnahme.

Wir bemühen uns ja bereits, unseren 2 %-Anteil am globalen CO_2-Ausstoss zu drücken. Ändern wird das nichts am Verhalten von China, Indien, der USA oder Russland, die zusammen mehr als 60 % des Übels verursachen. Ich begegne dabei oft dem Argument, maßgeblich für die Kritik an Deutschland sei ja nicht die Absolutzahl von 2 %, sondern die Tatsache, dass wir ja nur 1 % der Weltbevölkerung ausmachen, also pro Einwohner das Klima doppelt so stark schädigen, wie es uns zustünde.

Dagegen gibt es klare Gegenargumente. Erstens beschwert sich wohl auch niemand, dass wir mehr als 1 % zu den globalen Entwicklungshilfeaufwendungen beitragen. Und zweitens geht es bei Wirksamkeit nicht um rechnerische Relationen, sondern um effektive Beiträge zum Treibhauseffekt, und die betragen nun mal nicht mehr als etwa 2 %. Übrigens wird beim Luftverkehr auch mit der Absolutzahl, nämlich etwa 4 %, argumentiert, und nicht mir der Tatsache, dass sich der Kerosinverbrauch und damit der Ausstoß schädlicher Gase seit den 1970er Jahren mehr als 60 % pro Passagierkilometer verringert hat. Nur der Luftverkehr selbst hat absolute stark zugenommen. Aber Zahlenspiele retten das Klima nicht.

Die Vision beim Klima ist also eindeutig, aber gleichzeitig ist es kein Ziel, weil wir es nicht direkt beeinflussen können. Der Unterschied, etwas als Vision oder als Ziel zu begreifen, hat erhebliche Konsequenzen fürs Handeln. Ein Ziel kann ich für mich selbst einfordern, oder auch, es von jemand anderem zu fordern, von dem ich annehme, dass er es erreichen kann. Es reicht daher nicht aus, wenn sich Aktivist*innen an Straßen festkleben und die Bundesregierung, gar die Menschheit auffordern, den Klimawandel zu beenden. Indem wir andere für ein solches Ziel verantwortlich machen, sind wir selbst die Verantwortung dafür los; wir haben ja auf das Problem hingewiesen, dass andere verursacht haben, und es gefälligst auch lösen sollen. An diesem Missverständnis muss die deutsche Weltrettung scheitern. Erst dann, wenn wir die 1,5 Grad als eine erstrebenswerte Vision verstehen, können wir anfangen, über sinnvolles Handeln zu reden, und natürlich auch zu wirksam zu handeln.

Handeln ist der nächste Schritt im Strategieprozess. Und Handeln bedeutet die Veränderung des Veränderbaren und nicht die Stärkung der Stärken. Würde man

18 Beispiele für wirksames strategisches Handeln

eine SWOT machen, dann stellt sich sofort die Frage nach den deutschen Stärken im Hinblick auf die Vision. Da sind zunächst einmal unsere empathische Betroffenheit und die Sorge um die Welt. Leider reicht das nicht. Kirchen fordern, seit ich denken kann und sicher schon weit vorher, die Beendigung des Hungers in der Welt; mit welchem Erfolg? Glaube oder Forderungen allein können keine Berge versetzen, geschweige denn den Hunger beseitigen oder das Klima dazu bringen, sich an menschlich definierte Grenzen zu halten. Leider hat sich bei uns eine Forderungsethik breitgemacht. Wer Gutes fordert genießt mitunter mehr Ansehen als derjenige, der das Gute pragmatisch realisieren könnte. Gegen politische Utopist*innen haben pragmatische Realist*innen medial schlechte Karten. Was Utopist*innen zu keiner Zeit bieten konnten war ein Wegeplan zur Utopie, eine Strategie.

Zur Erinnerung: Es geht nicht darum, die 1,5-Grad-Grenze für die Klimaerwärmung gut oder richtig zu finden, sondern darum, WIE wir sie einhalten können. WIE und nicht WIEVIEL ist die Kernfrage guter Strategie. Wir neigen bisher dazu, so wie es auch die SWOT mit ihren militärischen Wurzeln suggeriert, gegen oder für etwas zu kämpfen.

Der Versuch, gegen den Klimawandel zu kämpfen, scheitert schon semantisch und ist als strategisches Handlungsprinzip schlichtweg falsch. Beim Klima handelt es sich nicht um eine physische Entität vergleichbar einer gegnerischen Armee, gegen die Gewalt physischer oder psychologischer Art angewendet werden könnte. Noch nicht mal ein argumentatives Niederringen des Temperaturanstiegs funktioniert. Wir haben es hier mit komplexen, dynamischen und oft nicht vollständig bekannten chaotischen Klima- und anderen Prozessen zu tun. Wie kann ich gegen etwas kämpfen, dass ich nicht greifen kann? Vielleicht sind wir deshalb so erfolglos, das 1,5-Grad-Ziel einzuhalten, weil wir es eben nicht aufhalten können wie eine feindliche Armee? Der Klimawandel an sich hat keine Schwäche, die man bekämpfen könnte. Radikale Umweltschützer*innen würden vielleicht einwenden, der wahre Feind der Erde und damit seine größte Schwäche sei der Mensch selbst, den es zu bekämpfen gelte. Ich will diesen absurden Gedanken nicht weiter kommentieren, der offensichtlich auf der irrigen Annahme basiert, der Mensch sei nicht Teil der Natur.

> Fassen wir zusammen: wir (Deutsche) können den Klimawandel weder durch Verzicht noch durch die Bekämpfung der Ursachen oder Verursacher von Treibhausgasen aufhalten.

Welche Handlungsoptionen haben wir stattdessen? Was könnte die Welt von Deutschland bei Klimaschutz lernen?

In Sachen Klimaschutz sind wir keine Vorbildnation, obwohl es an moralischen Appellen an die Welt ja nicht mangelt, was vielleicht der Grund dafür ist, warum man nicht auf uns hört. Dabei sind wir an vielen Stellen zumindest theoretisch vorbildlich unterwegs: Mülltrennung, effizientes Bauen und Wohnen, E-Mobilität, Solar- und Windenergie und so weiter. Theoretisch, denn unser Vorbild hat zwei gewichtige Schatten. Erstens ist unsere Energiewende sehr teuer. Wir zahlen die höchsten Strompreise in Europa, und wohl auch auf der Welt. Welcher andere Staat, insbesondere wenn er arm ist, kann und will seinen Bürgern schon eine EEG-Umlage zumuten? Die Herstellungskosten für Solaranlagen und bald auch Windräder sind in Deutschland so hoch, dass wir zumindest Solarzellen fast komplett aus China beziehen, die sie dort sicher nicht klimaneutral herstellen. Und zweitens hat unsere Vorbildfunktion im Jahr 2022 einen erheblichen Riss bekommen durch die bekannt gewordene Tatsache, dass wir bei allen wohlfeilen Lippenbekenntnissen eigentlich an fossilen Energieträgern festhalten müssen, weil unsere Energiewende weitgehend Theater war. Gaslieferungen aus Russland begründen unseren Wohlstand, und nicht Windräder. Als Ergebnis dieser kollektiven Selbsttäuschung wird es für deutsche Politiker*innen zunehmend schwer werden, andere Nationen zur regenerativen Energiewende zu motivieren. Der Zug ist erst einmal abgefahren und unsere Glaubwürdigkeit ruiniert.

Haben wir denn andere Hebel außer diplomatischer Appelle? Vielleicht könnte man hoffen, dass sich mit den nachfolgenden Generationen das Bewusstsein für eine gesunde und saubere Welt nach und nach auch im Rest der Welt verbreitet und damit nachhaltige Veränderungen einsetzen. Aber nach Ansicht von Klimaaktivist*innen haben wir ja keine Zeit mehr, also fällt dieser natürliche Weg der Bewusstseinsveränderung wohl auch weg.

Wenn also der frontale Weg über das ökologische Gewissen und die Moral der Menschheit beim Klima nicht wirklich funktioniert, was dann?

Ökonomie ist der Schlüssel zur Ökologie. Wir sind mitten in einem globalen ökologischen Transformationsprozess, der schon weite Bereiche der Wirtschaft, Gesellschaft und Politik erfasst hat. Wenn er gelingen soll, dann muss die Ökonomie ein integraler Bestandteil dieser Prozesse werden. Wirtschaft und Umwelt sollten keine Gegensätze darstellen. Nur eine vernünftige Koexistenz beider Prinzipien verschafft uns eine lebenswerte Zukunft. Natürlich wurde in der Vergangenheit die Wirtschaft oft ohne Rücksicht auf Umwelt und Klima vorangetrieben. Heute gibt es die gegensätzliche Forderung, Umwelt und Klima zulasten der Wirtschaft zu schützen. Das wird nach meiner

Einschätzung nicht funktionieren, weil die Menschen in reichen Ländern nicht bereit sind, zugunsten des Klimas erhebliche wirtschaftliche Opfer zu bringen, und solche in ärmeren, auf die Perspektive eines Lebensstandards, so wie wir ihn bereits haben, zu verzichten. Nur ein vernünftiges Miteinander von Wirtschaft und Umwelt ist zukunftsfähig.

Genau dies ist mein Ansatz, den Klimawandel positiv zu beeinflussen. Das oben skizzierte Multisystem lässt sich nicht durch direkte ökologische Maßnahmen nachhaltig beeinflussen, sondern nur durch indirekte Maßnahmen über die Ökonomie. Wenn wir die Ökonomie nur als Gegner der Ökologie begreifen und kritisieren, dann werden wir das komplexe Multisystem nicht im gewünschten Sinne beeinflussen können. Aber wir können dies auch nicht von der Kanzel herab predigen, sondern sollten im eigenen Land vorbildlicher handeln, als wir es bisher getan haben. Fangen wir damit sofort an!

Wie Deutschland voran gehen kann

Erstens durch Beendigung der Selbsttäuschung. Machen wir uns klar, dass unsere Energiepolitik gescheitert ist; wir sind nicht auf dem Weg zu einer regenerativen Nation, sondern weiterhin ein Land fossiler Energieverbraucher. Grüner Strom wird auf absehbare Zeit nicht reichen, um unser Elektromobilitätsambitionen zu decken. Zu groß sind die oft wirtschaftlich motivierten Einwände der Bevölkerung gegen Wind- und Solarparks oder die erforderlichen Stromtrassen. Ökologie ohne ökonomische Vernunft ist nicht durchsetzbar.

Zweitens sollten wir aufhören, zum Zwecke des Wachrüttelns überzogene Drohkulissen aufzubauen. Warum soll man etwas tun, wenn es ohnehin bereits zu spät ist. Ist nicht die stark abnehmende Bereitschaft der Bevölkerung,

Windräder und Stromtrassen zu akzeptieren, ein Zeichen genau dieses Verdrusses, der im permanenten Alarmismus begründet ist?

Drittens brauchen wir eine wirksame Motivation. Hätte man uns frühzeitig sehr offen und schonungslos vor Augen geführt, wie sehr wir von Russlands Gas abhängig sind, und welche Gefahren das beinhaltet, dann wäre die Bereitschaft zur Transformation in eine regenerative Zukunft vermutlich größer gewesen. Während die Warnung vor dem globalen Klimawandel für den Einzelnen nur schwer greifbar ist, hätte der Hinweis auf steigende Energiepreise vermutlich ein deutlicheres Umdenken der Bevölkerung bewirkt. Wer sich Gefahren realistisch vorstellen kann, weil sie wie bei Energiepreisen seinen eigenen Geldbeutel betreffen, der ist eher bereit zu Veränderungen als mit dem Hinweis auf abstrakte Weltbedrohung.

Alle Maßnahmen für das Klima müssen aber auch mit dem Klima in Verbindung gebracht werden können. Das ist nicht immer einfach. Bei Windrädern reden wir nicht mehr über die 1,5-Grad-Vision, sondern über Wertverluste von Immobilien, Gefahren für Fledermäuse oder Infraschallbelastungen von Menschen. Wo bitte ist der Bezug zum Klima? Und rettet das Verbot von Dieseln in Innenstätten auch nur einen Gletscher? Offensichtlich gibt es eine Entkopplung von Zielen und Maßnahmen, die sich vielleicht mit der Tatsache erklären lassen, dass unsere Maßnahmen auf das große Ziel der Weltrettung nur marginal einzahlen.

Viertens brauchen wir neue Ideen. Denn eines ist auch klar; unser deutscher Weg zur Weltrettung über unsere Klima- und Umweltschutzmethoden kann sich der Rest der Welt nicht leisten. Deren ökonomischer Status lässt keine nachhaltigen ökologischen Schritte zu, so wie wir sie uns für die Welt wünschen würden. Vielleicht ist unsere einzige Chance, das Klima positiv zu beeinflussen, die Entwicklung global kompatibler und ökonomisch realistischer Ökotechnologien? Dann sollten wir uns überlegen, wie wir dazu kommen. Das ist allerdings eine Aufgabe von Bildungsexperten, Volkswirtschaftlern und Wissenschaftlern, zusammen mit willigen Unternehmenslenkern. Ich habe da kein schlüssiges Konzept, meine aber, wir sollten uns weniger um Mülltrennung kümmern als um den Export sinnvoller und bezahlbarer Ökotechnologien.

Speziell für Deutschland, das mehr andere Länder von Innovation abhängig ist, würde ich noch ergänzen, dass Strategie weniger den (wie auch immer berechenbaren) Kundennutzen als die Problemlösungsfähigkeit für die Gesellschaft verfolgen sollte. Klingt das zu altruistisch? Was ist, wenn die Welt unsere klassischen Produkte des Anlagen- und Maschinenbaus nicht mehr so braucht wie heute? Was können wir mit unserer ganzen Ingeniösität, Kreativität, gesellschaftlichem Verantwortungsbewusstsein und Bildungsniveau machen? Die Probleme der Welt lösen, was sonst? Den gesellschaftlichen Anspruch haben wir bereits, aber wir haben noch nicht die Angebote an die Welt, die zur ökologischen, ökonomischen und sozialen Prosperität der Menschen beiträgt. Hierauf sollten sich Deutschland als Land, aber auch seine Wirtschaftsunternehmen konzentrieren, um den Rückgang klassischer Produktexporte zu kompensieren. Und daher sollten die Unternehmen mehr strategisch-volkwirtschaftlich als rein betriebswirtschaftlich denken und handeln. Entwicklung von ökonomisch realisierbaren und gesellschaftlich umsetzbaren Ökotechnologien als zukünftigen Exportschwerpunkt Deutschlands intensiver vorantreiben. Vielleicht werden wir in Zukunft Autos importieren und dafür Ökoprodukte exportieren? Wer weiß.

Dazu ist eine Allianz aus Expert*innen der Bereiche Wissenschaft, Volkswirtschaft, Politik und Wirtschaft erforderlich. Kooperation statt Konfrontation von Ökonomie gegen Ökologie. Da müssen manche über ihre Schatten springen und es ist vielleicht auch nicht medial so attraktiv wie gegenseitige öffentliche Schuldzuweisungen. Aber ich meine, anders geht es nicht. Und wir sollten etwas bescheidener sein bei der Einschätzung unserer moralischen Position und unserem realen Einfluss in der Welt. Mit Gewalt geht nichts, mit Überzeugung schon eher; aber die braucht Zeit. Lassen wir uns nicht von denen zu falschen Handlungen verleiten, die den Weltuntergang schon vor der Tür sehen. Die Geschichte der Menschheit hat schon mehrere dieser Scheinuntergänge überstanden und wir auch die Herausforderungen des Klimas bewältigen. Aber nur, wenn wir vernünftig handeln, wenn wir strategisch wirksam handeln.

Versuchen wir also einen neuen Strategieansatz, einen, der die Veränderung des Veränderbaren beginnt. Dann kann uns alles gelingen.

18.3 Bürgerinitiativen wirksam managen

Bürgerinitiativen sind ein gutes Beispiel, warum der neue Strategieansatz notwendig ist. Wer sich einmal mit dem vermeintlich einfachen Bau einer Umgehungsstraße befasst hat, der weiß, wie komplex die Realität und das öffentliche Geflecht zwischen Gemeinden, Städten, dem Land und dem Bund, und ebenso das Nichtwissen darum sein kann. Zudem sind Bürgerinitiativen per se nicht stark genug, etwas zu bewegen. Sie sind in einer schwachen

Position gegenüber den Organisationen oder Unternehmen, gegen die sie zu Felde ziehen. Daher braucht es eine Strategie der Veränderung des Veränderbaren. Dieses Kapitel basiert auf meiner früheren Veröffentlichung Schmidt (2016) [25].

Deutschland ist ein Land der Bürgerinitiativen. Manche Initiativen sind wahre Dauerbrenner und beschäftigen Generationen, etwa die gegen Atomkraft oder den Ausbau von Flugplätzen. Andere sind sowohl zeitlich als auch regional begrenzt, wie etwa die gegen den Ausbau von Straßen oder für die Errichtung von Kinderspielplätzen.

Bürgerinitiativen verzeichnen oft eine erhebliche Misserfolgsrate, trotz des in der Regel immensen Engagements ihrer Mitglieder. Frust schleicht sich schnell ein, wenn Ziele unerreichbar werden, Interessenskonflikte auftreten, unterschiedliches Engagement zu Spannungen führt oder man merkt, dass man nichts erreicht.

Was hat das mit dem neuen Strategieansatz zu tun? Nun, Bürgerinitiativen wollen etwas verändern, meist einen subjektiv empfundenen Missstand. Ihre Stärken sind aber oft begrenzt, denn sie haben weder eine rechtliche Legitimation noch Macht oder Geld, um Dinge schnell und wirksam zu bewegen. Sie haben nur die Wut und das freiwillige Engagement ihrer Freiwilligen. Diese geringen Stärken müssen sehr genau und zielgerichtet eingesetzt werden, will man überhaupt eine Außenwirkung erzielen.

> Bürgerinitiativen agieren unbewusst nach dem SWOT-Ansatz: sie gehen davon aus, dass ihre Stärken, die eigene Betroffenheit und Wut auf einen Missstand ausreichen, die Welt zu bewegen.

Im Zusammenschluss mehrerer Gleichgesinnter dem Prinzip der Stärkung der Stärken folgend fühlt man sich stark. Wenn da nicht die reale Welt draußen wäre, die

die eigene Betroffenheit nicht unbedingt teilt, oder sie sogar bekämpft, weil sie den eigenen Interessen zuwiderläuft. Wer aus der vermeintlich starken Position eigener Betroffenheit etwas verändern will, kann schnell scheitern, oder braucht einen sehr langen Atem. Am Thema Atomkraft und Klima haben und werden sich Generationen abarbeiten und womöglich zu Lebzeiten keine Erfolge sehen. Das muss man wissen, wenn man sich engagiert bei Themen, die nur schwer veränderbar sind. Daher sollte die Veränderung des Veränderbaren ein Schwerpunkt des Handelns von Bürgerinitiativen sein, will man nicht nur einen Zeitvertreib haben, sondern echte Erfolge sehen.

Strategische Tipps für Bürgerinitiativen
Die folgenden Ratschläge richten sich an Initiativen, die ihre Anliegen außerparlamentarisch, argumentativ, demonstrativ und auf der Basis demokratischer Grundsätze durchsetzen wollen. Wir sehen mehr und mehr »Wutbürger*innen« und Aktivist*innen, die für ihre vermeintlich moralisch gerechtfertigten Ansprüche bereit sind, die demokratischen Regeln zu missachten. Veränderungen durch Gewalt, auch gegen das Grundgesetz, lehne ich ab. Stattdessen gebe ich ein paar Ratschläge, wie Bürgerinitiativen mit dem Grundsatz der Veränderung des Veränderbaren etwas erreichen können. Meine Erfahrungen habe ich aus einer eigenen Initiative zum Bau einer Umgehungsstraße gewonnen.

Ein funktionierendes Team braucht jede Bürgerinitiative. Das unterliegt in der Regel einer Selbstorganisation, d. h., es gibt erstmal keine Leiter*in, sondern nur mehr oder weniger gleichberechtigte Betroffene, die sich zwanglos zusammenfinden, weil sie ein gemeinsames Interesse haben oder unter einem Umstand gleichermaßen leiden. Man redet miteinander, teilt sein Leid, kommt schnell überein, dass man was tun müsste, um das Problem zu lösen und schließlich kommt jemand auf die Idee, eine Initiative zu gründen. Dann trifft man sich in der Kneipe zu einer konstituierenden Sitzung. Nun beginnen die altbekannten gruppendynamischen Prozesse der Selbstorganisation. Irgendeiner muss nun die Führung übernehmen, ansonsten scheitert die Initiative schon am ersten Abend.

Hat sich nun eine Führungsperson gefunden, so muss diese versuchen, aktive Mitstreiter*innen zu finden und auch zu verpflichten. Hierbei kommt es auf Menschenkenntnis an. In jeder Gruppe gibt es »Ratgeber*innen«. Das sind diejenigen, die immer vermeintlich gute Ideen präsentieren, aber jede aktive Rolle kategorisch ablehnen. Dann gibt es die »Antreiber*innen« die durch viele aufmunternde Worte die Gruppe zu Aktionen bewegen, selbst aber ebenso wie die Ratgeber*innen keinerlei Aufgaben übernehmen. Die wichtigste Komponente jeder Initiative sind die »Aktiven«. Auf dieses Kernteam kommt es an, es trägt die Hauptlast der Arbeit und des Ärgers.

Strategie definieren ist die nächste Aufgabe. Das Corpus Delicti, also der Missstand, ist ja jedem in der Initiative klar; nun muss man auch die »Schuldigen« identifizieren, die Akteure, damit man einen Hebel hat, etwas zu verändern. Wer einmal anfängt, diese Akteure aufzulisten, und sei es nur bei einer vermeintlich einfachen Sache wie dem Bau eines neuen Spielplatzes, der stellt schnell fest, wie viele unterschiedlichen Interessengruppen und Personen mitmischen, oder zumindest mitreden. Nicht wenige Initiativen haben sich schon im komplexen Geflecht dieser Interessengruppen aufgerieben und schließlich aufgegeben. Das muss aber nicht sein, wenn man die Akteure strukturiert und entsprechend ihrer Bedeutung einsortiert.

18 Beispiele für wirksames strategisches Handeln 253

Zunächst sind da die Verursacher*innen, also »die Bösen«, gegen die sich der Zorn und das Engagement richtet. Das sind meistens die regierende Partei, »unfähige Bürgermeister*innen«, »die Großkonzerne«, »die Atomlobby«, die Politik oder die »internationalen Finanzmafia«. Vielfach findet man keine richtigen Verursacher*innen, wie das Beispiel Atomkraft zeigt. Der Kraftwerksbetreiber hat das AKW zwar gebaut, in der Regel aber mit behördlicher Genehmigung und damit völlig legal. Rechtlich lässt sich dagegen nichts machen. Wer weiter nachforscht, wird sich in einem Behörden- Dschungel wieder finden, allerdings keine echten Verursacher*innen finden. Letztlich entscheidet die Bundesregierung bzw. Bundestag und Bundesrat, ob AKWs gebaut werden dürfen, nachrangige Behörden setzen die Verordnungen entsprechend um. Mancher wird jetzt einwenden, die Bundesregierung entscheide ja auf Druck oder unter Einfluss der »Atomlobby«. Damit schließt sich der Kreis und wir sind so schlau wie vorher.

Zielgruppen identifizieren ist nicht immer einfach. Viele Initiativen richten ihr Engagement deshalb auch auf die Öffentlichkeit. Die ist eine legitime Zielgruppe, und meistens auch eine geduldige, zumal, wenn sie wieder einmal wegen einer Demo im Stau warten muss, deren Grund sie weder verursacht hat noch ändern kann. Manchmal ist die Öffentlichkeit die einzig sinnvolle und adressierbare Zielgruppe, insbesondere wenn man genug Zeit hat, die Wirkung der Öffentlichkeit auf die wahren Entscheider abzuwarten.

Dann gibt es die Betroffenen, »die Guten« im Spiel, die aus ihrer Sicht Recht haben. Allerdings gibt es nur bei einem Teil der Initiativen direkt Betroffene, so wie bei fehlenden Umgehungsstraßen, Kindergärten, Abgas- oder Lärmbelastungen oder auch städtebaulicher Veränderungen. Da ist die Zuordnung einfach und der

Anspruch durch die persönliche Betroffenheit meist auch legitimiert und glaubwürdig. Das ist nicht überall so.

Interessanterweise hat es bei der »Atomkraft Nein Danke«-Welle keine oder kaum echte Betroffene gegeben, also Personen, die unter einem Atomkraftwerk direkt gelitten und Schäden davongetragen haben, sei es körperlicher, psychischer oder finanzieller Art. Die meisten, die sich gegen Atomkraft engagieren, leben noch nicht einmal in der Nähe eines AKW. Die diffusen Ängste gegen Atomstrom sind im Laufe der Zeit zum gesellschaftlichen Allgemeingut geworden. Je weniger Betroffene direkt betroffen sind, desto schwieriger und langwieriger können die Proteste sein.

Bei vielen als Verursacher*innen von Missständen identifizierten Personen oder Organisationen hat man nicht direkt mit den Entscheidungsträgern zu tun, sondern mit deren Verwaltungen. Das vielleicht markanteste Beispiel sind Polizisten oder Politessen, die fast immer der erste Anlaufpunkt erboster Bürger*innen sind, aber weder Handlungsspielraum besitzen bei der Ausübung ihrer Aufgabe noch die Parkzonen festgelegt haben, deren Kontrolle ihnen nun obliegt. Je weiter man in der Bürokratiehierarchie nach oben geht, umso komplexer sind die Strukturen; selten jedoch findet man jemanden, der Herr seiner eigenen Handlungen wäre. Immer müssen sich Beamte an Anordnungen halten, die andere eingesetzt haben. Dies gilt z. B. für Leiter*innen städtischer Bauämter. Sie können zwar Verkehrspläne erstellen oder Straßenführungen zeichnen, haben aber keinen Einfluss darauf, ob die ersehnte Umgehungsstraße gebaut wird oder nicht.

Dies zu entscheiden ist Aufgabe der Politik, also der demokratisch gewählten Personen, die in Kommunen, Stadt, Land oder Bund in verschiedenen Funktionen agieren. Und auch die können nicht frei und unbeschwert

18 Beispiele für wirksames strategisches Handeln

entscheiden, sondern sind Mehrheitsverhältnissen unterworfen. Gerade in unserer deutschen Demokratie sind nach den Erfahrungen der Weimarer Republik sowie des Dritten Reiches eine Menge Kontrollinstanzen eingebaut worden, die verhindern sollen, dass einzelne Gruppen oder Personen ihre eigenen Interessen gegen die Mehrheit durchsetzen können.

Die Öffentlichkeit ist wie schon angemerkt eine wichtige Größe für jede Initiative. Dabei hängt die relevante Öffentlichkeit von der Reichweite der Initiative ab. Bei nationalen oder gar internationalen Initiativen ist die Öffentlichkeit die Bevölkerung des Landes oder der Länder. Bei Initiativen für den Bau eines Spielplatzes reduziert sich das auf die Anwohner der betroffenen Straße oder der Stadt. Die Öffentlichkeit ist nicht so sehr eine direkt handelnde oder eingreifende Größe, sondern vielmehr eine Gruppe, vor dessen Stimmung oder Meinung die Politiker*innen, also die Entscheider*innen, Respekt haben. Eine negativ eingestellte Öffentlichkeit ist schlecht fürs Geschäft. Daher ist diese Gruppe so wichtig. Erreichen kann man die Öffentlichkeit normalerweise über die Presse. Die Presse ist eine wichtige Größe für jede Initiative und sollte ganz besonders bearbeitet werden.

Die wohl wichtigste Gruppe sind diejenigen Personen, Gruppierungen oder Institutionen, die das Anliegen der Initiative positiv entscheiden könnten. Wegen der komplexen Entscheidungsstrukturen bei uns mit den vielen Institutionen, Behörden, Ämtern, Vereinigungen und politischen Gremien ist das nicht so einfach, diese zu identifizieren. Aber auch wenn man einen Missstand personifizieren kann, ist damit nicht unbedingt etwas gewonnen, denn man muss diese Person ja erst einmal dazu bringen, etwas zu verändern. Am einfachsten dürften sich Entscheider noch bei Firmen identifizieren lassen. Das sind die Geschäftsleitungen oder Aufsichtsräte.

Schon in einfachen Strukturen kommunaler Verwaltung ist die Zuordnung nicht trivial. Es gibt normalerweise die Gemeindeverwaltung, also Bauamt, Einwohnermeldeamt usw., den Gemeinderat (oder Stadtrat), die Parteien und Bürgermeister*innen, Grundsätzlich haben Gemeinden (Städte) im Rahmen der kommunalen Selbstverwaltung eine Menge Macht, Dies nutzen sie ja auch weidlich aus. Im Falle einer absoluten Mehrheit einer Fraktion im Gemeinderat können Bürgermeister*innen meistens auch ungehemmt regieren.

Ganz schwierig wird es mit der Identifizierung der Entscheider*innen, wenn die Initiative abstrakte Themen wie den Weltfrieden, das Klima oder die Globalisierung adressiert. Das muss man vor dem Hintergrund des Grundsatzes der Veränderung des Veränderbaren immer bedenken, will man nicht irgendwann frustriert aufgeben. Ich habe keine schlüssige Lösung dafür, aber es sollte jedem, der sich für solche Themen einsetzt, klar sein, wie gering seine Wirksamkeit möglicherweise ist.

Netzwerke sind nötig, um die Wirksamkeit zu erhöhen. Bei der Auswahl der Netzwerke sollte man sich ein umfassendes Bild machen, wer alles vom Anliegen der Initiative betroffen sein könnte. Manchmal finden sich Unterstützer*innen im weiteren Umfeld. Bei Verkehrsinitiativen sollte man auch die Interessenslage und Betroffenheit der örtlichen Industrie, des Handwerks, der Gastronomie oder des Tourismusverbandes anschauen. Meistens geht es um mehr als nur die Interessen von direkt betroffenen Anliegern. Gute Netzwerker*innen können z. B. die Industrie- oder Handwerkskammern sein, Schulbehörden oder Elternvereinigungen, Automobilverbände, Umweltorganisationen usw.

Das Netzwerk hängt von den Zielen der Initiative ab. Diese gilt es klar zu definieren. Die Frage lautet: was kann und will ich bewirken? Bei direkter Betroffenheit wie Umgehungsstraßen oder neuen Kinderspielplätzen ist das Ziel klar. Bei sehr abstrakten Themen wie dem Klimawandel muss man zwischen Ergebnis- und Handlungszielen deutlich unterscheiden. Keine Bürgerinitiative allein kann das 1,5-Grad-Ziel durchsetzen, denn es ist das mögliche Ergebnis globaler Anstrengungen. Die Initiative muss sich auf Handlungsziel konzentrieren, die sie selbst erreichen kann. Das sind wesentlich bescheidenere Ziele wie vielleicht lokale CO_2-Einsparungen durch Tempolimits, Recyclingkonzepte oder Förderung des ÖPNV. Das Potenzial kleiner, lokal wirksamer Maßnahmen ist gigantisch, aber eben nicht global wirksam. Das muss man einfach akzeptieren. Trotzdem kann es befriedigend sein, zum großen Ziel wenigstens einen winzigen Beitrag geleistet zu haben.

19

Nun liegt es an Ihnen

Zusammenfassung Die Leser*innen werden eingeladen, die neue Strategie der Veränderung des Veränderbaren in seiner unternehmerischen, organisatorischen oder persönlichen Praxis auszuprobieren. Wie alle bisherigen Strategieschulen und -Konzepte muss sich auch diese in der Praxis bewähren und für Anpassungen offen sein.

Letztlich werden Veränderungen von Menschen gemacht. Jeder und jede können einen Beitrag leisten. Wenn Sie als Strategieverantwortliche oder Unternehmenslenker*in tätig sind, dann haben Sie neue Anregungen bekommen, um ihre strategischen Maßnahmen zu überdenken und zu verbessern. Als engagierte Bürger*in können Sie mit dem Grundsatz der Veränderung des Veränderbaren effizienter und auch realistischer mit ihrem Engagement in Bürgerinitiativen umgehen. Und als Privatperson finden

Sie Anregungen, wie Sie Ihre persönlichen Ziele besser, oder überhaupt, erreichen können.

Ziele und Visionen sind wichtig, gestalten können wir aber jeweils nur den nächsten Schritt, den wir gehen, oder die nächste Entscheidung, die wir fällen müssen. Und dabei müssen wir so wirksam wie möglich im Sinne auf die Ziele sein. Dabei ist es selten zielführend, immer nur gerade aus loszustürmen. Strategie heißt auch, Umwege zu gehen, auszuprobieren, aus Fehlern zu lernen, neue Ziele zu setzen, Allianzen einzugehen und zu lösen, nachzudenken und wiederum sinnvoll zu handeln.

Ich habe kein in sich geschlossenes neues Strategiesystem entwickelt, sondern will Impulse setzen und Denkanstöße liefern. Ich hoffe, diese werden intensiv diskutiert, denn nur dann können sie eine Wirkung entfalten. Ich wäre zufrieden, wenn Sie die Art, Strategie zu entwickeln, nach diesem Buch ein wenig kritisch durchleuchten und den neuen Ansatz wagen. Für Strategieentwicklung gibt es keine allgemein gültigen formalen Checklisten, sie ist und bleibt ein hochintellektuelles, kreatives, komplexes und kontinuierliches Vorhaben. Strategieverantwortliche denken strategisch nicht nur während der Dauer eines Strategieprozesses, sondern ganzjährig über die Zukunft nach.

Es wird also Zeit, dass wir die Strategie so verantwortungsvoll und professionell wie möglich machen. Wir dürfen unsere Zukunft nicht in die geistigen Hände der Kriegskunst legen. Die Zeit des Kampfes ist nicht die Zeit der Zukunft. Werfen wir die alten Zöpfe über Bord uns bewältigen wir die Herausforderungen unserer Welt durch die Veränderung des Veränderbaren.

> Unsere Zukunft hängt entscheidend von wirksamen Strategien ab. Hören wir auf, zu kämpfen, und fangen wir an, das Veränderbare zu verändern.

Literatur

1. Rumelt R (2011) Good strategy – Bad strategy. Profile Books Ltd, London
2. Kasparow G (2007) Strategie und die Kunst zu leben. Piper, München
3. Brunken I (2007) Die 6 Meister der Strategie. Ullstein, Berlin
4. Grassi M (2007) Vom Kriege. Rororo, Reinbek bei Hamburg
5. Oetinger B, von Ghyczy T, Bassford C (2003) Clausewitz Strategie denken. dtv, München
6. Marix (2005) Sun Tsu Über die Kriegskunst. Marix, Wiesbaden
7. Mintzberg H, Ahlstand B, Lampel J (2009) Strategy Safari: the complete guide through the wilds of strategic management. FT International Publishing, Prentice Hall
8. Macciavelli N (2001) Der Fürst. Insel, Frankfurt und Leipzig
9. Haffner S (2014) Winston Churchill. Rowohlt, Hamburg

10. Stöger R (2007) Strategieentwicklung für die Praxis. Schäffer Poeschel, Stuttgart
11. Schietke R, Pinzger B, Werner T, Hoffknecht A, Teichert O, Braun M, Schulze J (2013) Pandemische Influenza in Deutschland 2020. Fraunhofer, Stuttgart
12. Hugenberg H (2000) Strategisches Management in Unternehmen. Gabler, Wiesbaden
13. Taleb N (2010) Der Schwarze Schwan – Die Macht höchst unwahrscheinlicher Ereignisse. dtv, München
14. Bonder N (2001) Der Rabbi hat immer Recht. Pendo, Zürich
15. Dixit A., Nalebuff B. (1995) Spieltheorie für Einsteiger. Schäffer Poeschel, Stuttgart
16. Holler J, Klose-Ullmann B (2007) Spieltheorie für Manager. Vahlen, München
17. Rieck C (2007) Spieltheorie – Eine Einführung. Christian Rieck, München
18. Dörner D (2003) Die Logik des Misslingens – Strategisches Denken in komplexen Situationen. rororo, Reinbek bei Hamburg
19. Malik F (2011) Navigieren in der Komplexität der neuen Welt. Campus, Frankfurt/Main
20. Pascale R, Millmann M, Gioja L, Herrmann, M (2002) Chaos ist die Regel – Wie Unternehmen Naturgesetze erfolgreich anwenden. Econ , München
21. Vester F (2003) Die Kunst vernetzt zu denken – Ideen und Werkzeuge für einen Umgang mit Komplexität. dtv, München
22. Watzlawick P (2005) Anleitung zum Unglücklichsein. Piper, München
23. Malik F (2007) Letter 10/07 Heuristiken für Gewinner. MZSG, St. Gallen
24. Schmidt B (2017) Krise Chance Veränderung. Selbstverlag, Neubiberg
25. Schmidt B (2016) Ich rette mal eben die Welt – Eine Bedienungsanleitung für Bürgerinitiativen. Selbstverlag, Neubiberg

GPSR Compliance
The European Union's (EU) General Product Safety Regulation (GPSR) is a set
of rules that requires consumer products to be safe and our obligations to
ensure this.

If you have any concerns about our products, you can contact us on

ProductSafety@springernature.com

In case Publisher is established outside the EU, the EU authorized
representative is:

Springer Nature Customer Service Center GmbH
Europaplatz 3
69115 Heidelberg, Germany

www.ingramcontent.com/pod-product-compliance
Lightning Source LLC
LaVergne TN
LVHW020343260326
834688LV00045B/1495